청소년 프로그램 개발과 평가

Development and Evaluation of Youth Programs

곽미정 정명희 홍희석 김재원
손혜신 신용식 이창수 전대성 공저

양성원

머리말

현대사회에서 청소년의 문제는 매우 중요하게 다루어져야 한다. 이들이 우리 사회의 미래를 담당하게 될 주역이며, 우리의 후손에 대한 문제를 담당하게 될 것이다. 청소년은 매우 큰 가능성을 지닌 존재들이다. 미래 우리 사회의 성장과 발전을 담당하게 될 사회의 중요한 계층이다. 따라서 이들을 위한 프로그램이 필요하며, 이들의 권리와 욕구를 반영하는 다양한 사업의 진행이 필요하며 건전한 의사소통의 장이 필요하다. 현대사회의 사회복지는 생태학적 관점과 통합적 관점 속에서 다양하며 복합적인 욕구를 지닌 클라이언트에게 다양한 지원을 할 수 있어야 한다. 청소년은 가족과 지역사회의 환경을 통하여 환경의 영향을 받으며 상호작용하며 성장해야 한다. 통합적 관점에서 볼 때, 청소년을 위한 프로그램의 전문성을 확립하고 사회복지 실천의 근간이 되는 3대 요소인 지식과 기술 그리고 가치가 청소년들을 위한 프로그램의 개발과 적용 및 평가의 곳곳에서 끊임없이 반추되며 적용되어야 한다. 향후 청소년 프로그램은 청소년이 자유와 인간의 존엄을 존중하는 궁극적 가치를 통하여 사회 속에서 성장할 수 있도록 도울 수 있는 도구적인 역할을 담당하게 될 것이다.

이러한 중요한 특성을 지니고 있는 청소년프로그램 개발과 평가의 과목에서는 청소년의 특성에 입각하여 인성의 성장과 발달단계에 적합한 프로그램을 제공하여 청소년을 원조하게 되는 역할을 담당하게 될 것이다. 청소년은 성장하는 존재이다. 따라서 이와 같은 특성을 반영하여 스스로 프로그램을 직접 설계할 수 있도록 하는 것이 중요하다고 본다. 이에 본 교재에서는 사회복지실천 분야의 한 분야로 참신한 아이디어를 접목하고 청소년프로그램에 대하여 보다 잘 이해할 수 있도록 하는 것에 주안점을 두고자 하였다. 부디 참신하고 다양한 아이디어들이 접목되는 청소년 프로그램이 각 영역에서 개발되고 적용되어 청소년 각 현장에서 기여하기를 바란다.

저자 드림

목차

CHAPTER 01 청소년기 특징 및 발달 이해 13

1절 | 청소년의 개념 이해 15

1 청소년 관련 제도를 통한 개관 15
2 청소년 권리의 발달의 이해 18
3 청소년 관련 법률의 발달 23
4 청소년기의 사회적 관계의 발달 및 특성 29
5 청소년 프로그램의 방향 및 의의 31

CHAPTER 02 청소년기 적응 및 지도이론 35

1절 | 청소년 발달의 이해와 관련이론 37

1 청소년 발달의 이해 37
2 청소년 관련 이론 38
3 에릭슨의 심리사회적 성격이론 41
4 행동주의적 학습이론 42

2절 | 청소년과 임파워먼트 및 삶의 질 51

1 임파워먼트 51
2 삶의 질 53

CHAPTER 03 청소년 프로그램의 이해 57

1절 | 청소년 프로그램 작성 시 고려사항 59

1 생태체계학 59
2 청소년들의 가정생활건강성과 학교생활만족도 60
3 사회체계적 관점 62
4 청소년의 발달과업과 메슬로우의 욕구단계의 활용 64
5 청소년 프로그램 개발을 위한 청소년기와 환경의 이해 68

CHAPTER 04 청소년 프로그램 개발의 이론과 모형 75

1절 | 청소년 프로그램 개발의 접근방법 77

1 지역사회와 청소년 프로그램의 개발 77
2 지역사회 안에서의 청소년의 이해를 위한 준거 틀과 접근방식 79
3 청소년 프로그램 개발을 위한 사고력의 훈련 82

2절 | 청소년 프로그램 개발의 이론적 모형 83

1 Mazmanian과 Sabatier(1981)의 분석 틀 83
2 제도 및 프로그램 적정성 점검을 위한 Flow Chart 84

3절 | 프로그램 기획의 특성 85

4절 | 청소년 프로그램의 기획과정 86

1 기획과정에서 고려되어야 할 프로그램 설계의 개입수준 86
2 사회 및 개인의 문제분석을 위한 기본활동 90
3 학교사회복지의 활용과 개념 92
4 학교사회복지의 발달 95

CHAPTER 05 청소년 문제 조사 및 욕구 분석 99

1절 | 청소년 문제의 조사 101

1 사회문제의 개념 102

2절 | 청소년 욕구조사의 설계 109

1 욕구의 개념 111

CHAPTER 06 청소년 프로그램 기획 및 계획수립 135

1절 | 청소년 프로그램 기획 및 계획의 수립 137

1 청소년 프로그램 개발의 구조 137
2 청소년 프로그램 기획 시 유의사항 138
3 청소년 프로그램의 기획 139

2절 | 청소년 프로그램의 목적 및 목표의 달성 141

1 청소년 프로그램의 개념 141
2 청소년 프로그램의 목적(Goal)의 개념 142
3 프로그램 목표(objective)의 개념 142
4 프로그램의 세부목표 145
5 청소년 프로그램의 목표설정 조건의 예시 및 유형 146
6 Relevant(타당성) 147

3절 | 청소년 프로그램의 세부 프로그램의 작성 148

1 청소년 프로그램의 하위 목표에 대한 내용의 선정방법 149
2 청소년 프로그램의 내용작성에 대한 점검사항 150

4절 | 프로그램 예산 수립 155

1 청소년복지조직 재정자원의 특징 156
2 예산의 관리 158
3 프로그램 예산편성방법 171

5절 | 청소년 프로그램의 평가계획 174

CHAPTER 07 사회복지 프로그램 실행 177

1절 | 청소년 프로그램 진행 중 점검될 사항 179

2절 | 청소년 프로그램의 진행과정 182

3절 | 청소년 프로그램의 모니터링과 평가 184

4절 | 사회복지 프로그램 평가점검 187

1 형평성 자료 187
2 과정자료 187
3 산출자료 및 비용 효율성 자료 188
4 결과자료 189
5 비용 효과성 자료 189
6 영향자료 189
7 성과측정, 모니터링, 프로그램 평가의 자료 유형 190

5절 | 청소년 프로그램의 품질 점검 191

1 서비스 품질의 정의 191
2 품질 성과측정의 유형별 접근차원 192

6절 | 사회복지 프로그램의 성과측정 193

1 프로그램 성과측정의 정의 193
2 성과측정의 의의 194
3 성과측정의 유형 196

7절 | 성과측정과 체계 모델 199

CHAPTER 08 청소년 프로그램 평가의 기초 203

1절 | 청소년 프로그램 개발의 평가의 개념 및 필요성 206

1 청소년 프로그램 평가의 의의 206
2 책무성 요구배경 207
3 청소년복지실천 주체의 점검 207

2절 | 청소년 프로그램 개발유형과 의사결정에 대한 평가준비 208

1 청소년 프로그램 개발원리와 유형 208
2 청소년 프로그램 개발모형 210

3절 | 청소년 프로그램 평가의 준비과정 213

1 청소년기관의 평가제도의 도입 213

CHAPTER 09 프로그램 결과의 평가 227

1절 | 청소년 프로그램 평가의 의미와 목적 229

2절 | 청소년 프로그램 평가의 요소 233

1 지표에 대한 자료준비 233

3절 | 평가의 유형 237

1 산술적 측정 237
2 표준화 측정 238

CHAPTER 10 프로그램 결과의 실행 및 결과보고 245

1절 | 프로그램 평가의 결과 측정 체계의 실행 247

1 프로그램 평가결과의 적용 247
2 청소년 프로그램의 주요특징을 반영한 자료를 분석하기 248

2절 | 청소년 프로그램의 결과보고 251

3절 | 사회복지 프로그램의 평가와 종결 252

1 청소년 프로그램의 욕구조사에 관한 평가 252
2 청소년 프로그램의 종결 및 평가 254

4절 | 청소년 프로그램의 평가 후의 과제 260

1 청소년 프로그램의 개선 260

5절 | 대상 청소년집단의 욕구 및 서비스 이용상태를 평가하는 방법의 요약 267

1 청소년 프로그램의 형성평가 268
2 청소년 프로그램의 총괄평가 268

6절 | 청소년 상담 프로그램의 개발의 점검 270

CHAPTER 11 청소년복지기관의 홍보 287

1 패러다임의 전환 290

[부록] 긍정심리를 활용한 임파워먼트 프로그램이 비행청소년에게 가지는 효과 295

[참고문헌] 313

CHAPTER

01

청소년기 특징 및 발달 이해

SECTION 01 | 청소년의 개념 이해 ······ 15

1절 | 청소년의 개념 이해

1 청소년 관련 제도를 통한 개관

청소년기본법에 따르면 청소년의 정의는 '9세에서 24세까지인 자'라는 기준을 충족하는 경우로 정의되나, 사회적인 통념상으로는 중 · 고등학교 학령기인 '14세에서 19세까지'를 생각하게 된다. 그러나 청소년기본법의 정의에 의하면 초 · 중 · 고등학교 및 대학생의 학생들이 이에 해당함을 알 수 있다.

우리나라의 청소년 관련법의 역사는 초기는 선도적 차원에서 진행되는 경우가 많았으나 최근에는 청소년의 역량을 극대화하고 잠재적인 능력을 함양하는 것에 초점이 있다고 할 수 있다. 이에 청소년 프로그램은 청소년 발달에 있어서 신체적, 인지적, 정서적 발달을 모두 고르게 고려할 수 있어야 하며 청소년들이 인격적으로 행복할 수 있도록 다양한 요인을 고려하여 작성하는 것이 중요하다.

또한 청소년관련 정책은 최근 청소년들이 지역사회를 통하여 생태체계와의 조화를 이루며 통합적인 성장을 이루고 적응적 적합성을 가지고 성장할 수 있도록 하는 것을 전제로 다양성을 지향하는 것이 특징이다. 따라서 현대사회의 청소년 관련 프로그램도 다양한 청소년을 고려하여 그 범주와 목적이 다양하게 작성되는 것이 필요하며 궁극적으로는 청소년의 건전한 성장을 도모하고 각종 청소년 문제에 대한 사전예방이 될 수 있도록 하는 것에 사명이 있다고 할 수 있다.

우리나라의 청소년 관련 현장에서는 모든 청소년이 건강하고 건전한 인격을 가지고 성장하도록 실천 현장을 통하여 각종 청소년 프로그램이 실시되고 있으며 이를 위하여 관련 기관이나 조직 및 학교 등이 활용된다. 이를 감안할 때 청소년 프로그램은 프로그램의 구성 이전에 청소년의 발달과 환경적 차원으로 생태체계 등을 고려하여 통합적으로 개발되어야 할 뿐 아니라 올바른 인격의 형성과 바람직한 여가활동이 될 수 있도록 다양한 영역에 대하여 개입이 이루어질 필요가 있을 것이다. 이를 통하여 청소년은 심리적으로 안정되며 사회와 조화를 이루며 임파워먼트되면서 미래지향적으로 성장할 수 있을 것이다.

그러므로 청소년 프로그램은 청소년의 기본적인 욕구를 충족할 수 있도록 관련 제도 및 법률을 통하여 설계되어야 하며, 이를 기반으로 정신적으로나 신체적 및 심리적으로 건강한 청년상을 구현하도록 제작되는 것이 필요하다. 이와 관련하여 청소년을 둘러싼 생태체계로는 가정과 학교 및 지역사회가 있을 것이며 거시 경제와 문화가 관련되어 있다. 따라서 이러한 각 체계의 협력적인 관계의 구축과 함께 우리나라 청소년의 삶의 질을 제고하며 청소년의 신체적 발달과 함께 정서 및 심리적 변화에 따른 정체성 형성 및 청소년기의 자기효능감의 발달이 도모될 수 있도록 올바른 사회성 형성에도 도움을 주어야 할 것이다.

이를 위해서는 자신과 타인의 사회적 발달과정을 이해하며 사회 내에서의 역할인식을 돕고 다양한 경험들을 통하여 책임감 있는 사회인으로 성장하며 올바른 시민으로 성장할 수 있도록 하는 것이 필요하다. 청소년기의 다양한 상호작용 활동은 훗날 건강한 성인으로 성장하고 사회의 변화에 대하여 진취적인 도전으로 직면하며 건강한 대처양식을 습득하는 것에 도움이 될 것이다. 청소년은 성장과정에서 가정, 학교, 지역사회를 통하여 다양한 환경의 영향을 받으면서 성장한다. 즉, 아동기에 비하여 학교뿐 아니라 지역사회의 참여가 확대되어 자신을 둘러싼 환경을 거시적인 맥락에서 이해하며 그에 따른 상호작용이 활발해지면서 사회적 관계(Social Relationship)가 형성되는 시기이다. 그러므로 건전한 청소년기를 통하여 사회적 관계의 형성을 도모하며 사회성 발달을 성취하도록 하여 성인이 된 이후 건강한 사회구성원으로서 성장할 수 있도록 보다 바람직하며 촉진적인 역량들을 갖추도록 하는 것이 필요할 것이다. 이를 위하여 청소년 프로그램이 기여할 수 있어야 하며 한편 각종 청소년문제를 예방할 뿐 아니라 미래 건강한 사회구성원으로서 성장할 수 있도록 하는 것은 아무리 강조해도 지나침이 없다.

이후 소개를 하겠지만 청소년기에는 성인 이전에 탐색되고 경험되며 형성되어야 할 다양한 심리적 자원이 점검되어야 한다. 즉, 청소년 역량의 기본이 되는 자기효능감과 심리적 안녕감 및 삶의 질이 고려되어야 한다. 건강한 사회적 관계의 형성은 결국 올바른 자아정체성을 바탕으로 하여 지속적인 성장과 발달을 도모하게 하는 것에 있다. 그러므로 청소년 프로그램 개발을 위해서는 대상자의 성장과 특성을 이해하여야 하며 청소년을 둘러싼 제도적 영역, 발달적 특성, 심리적 특성을 비롯한 사회적인 이론 등을 충분히 숙지한 이후에 프로그램의 본격적인 개발에 착수하여야 할 것이다.

2 청소년 권리의 발달의 이해

인권의 특성은 조건적인 것이 아니며 천부적인 권리이다. 즉, 이는 선천적이며 다른 권리로부터 침해받지 않는 특성이 있으면서 한편으로는 인간이면 누구나 당연히 가지는 권리이다. 이것은 인간의 존엄성에 근거하며 자연적으로 주어지는 선천적인 권리이므로, 연령이나, 성적, 인종적을 비롯하여 그 어떤 차별을 받지 않아야 한다. 그러나 역사적으로 볼 때 인권의 개념이 정착되기에 많은 난관이 있어 왔으며 사회적으로 제한적인 경우도 많아 다각적으로 검토되고 실천적으로 보완되어야 할 영역이 여전히 남아있다고 할 수 있다.

예를 들면, 여성의 정치참정권이나, 다문화 사회의 지향을 통한 다양한 인종의 존중은 최근의 일일 뿐 아니라 궁극적인 자유와 평등을 달성해야 하는 과제를 안고 있다. 또한 아동과 청소년이 학대받지 않으며 하나의 독립된 인격체로 존중받아야 한다는 것을 사회적인 합의 가운데 인지한 것도 그리 오래지 않는다.

즉, 18세기 후반에 들어서서야 시민의 인권이 선언되었는데 이는 미국의 독립선언과 프랑스 대혁명 등을 통하여 제안되었지만, 당시에도 아동과 청소년은 시민의 한 사람으로서 사회적으로 동의가 이루어진 대상은 아니었다. 당시의 시민이라는 개념은 납세의 의무를 기준으로 인정되는 분위기였으므로 일정한 소득이 있는 남자 성인에 비하여 여성이나 아동 및 청소년이 권리의 주체로 인식되기까지는 역사적으로 많은 시일이 소요되었다.

이에 대하여 루소는 아동과 청소년이 차별없이 평등하게 존중되어야 한다는 주장 및 사상을 설파하여 그 시대를 계몽하고자 하였으며 이러한 시도는 1989년에 이르러서야

전 세계를 통하여 마그나카르타라 불리우는 '아동권리의 국제협약'이 국제연합 총회에서 만장일치로 채택되면서 근대적인 아동의 인권이 논의되었고 더 나아가 청소년의 인권이 구체적으로 논의되었다.

이후 제네바 선언이 1924년 국제연맹 총회를 통하여 선언됨으로 하여 모든 나라의 남녀 및 인류가 아동에 대해 최선을 다할 의무를 가진다는 것을 인정하고 이는 인종이나 국적 혹은 신념에 무관하게 이루어져야 한다는 입장을 확고히 하였다. 이후 1959년에는 유엔의 '아동의 권리선언'을 통하여 아동 및 청소년의 권리 신장을 보다 촉구하게 되고 이러한 권리선언은 UN헌장과 1948년의 세계 인권선언과 함께 10개조의 본문으로 구성됨으로써 기존의 5개 조의 본문으로 이루어진 제네바 선언과 비교하면 보다 넓은 관점에서 내용을 상세화하였다.

그 기본 정신은 사회적 약자를 배려하고 인권에 준하여 권리를 보장하고 실현하도록 하는 것이며 아동 및 청소년을 단순한 보호의 대상에서 나아가 자유의 주체로서 파악하고자 하는 변화로 청소년에 대한 관점에 대하여 진일보한 측면을 보여주고 있다. 특히 아동권리협약의 제28조 제1항을 통하여 아동의 교육의 권리를 인정하며 아동에게 기회의 균등과 권리의 달성을 위하여 교육의 권리뿐만이 아니라 정보의 접근권과 문화활동 및 표현의 자유 등을 포함하였다. 이와 같이 아동뿐 아니라 국제사회에서 청소년의 권리는 오랫동안 아동의 권리를 통하여 언급되어 왔다.

이후 청소년의 권리는 1985년 UN의 '세계 청소년의 해'를 계기로 본격적으로 논의되기 시작한 이래 세계 청소년 회의를 통하여 청소년의 적극적인 참여를 인정하며 인류의 발전과 평화의 기여를 비로소 강조하게 되기에 이르게 된다.

특히, 청소년의 시민권적 정치적 권리, 경제적이며 문화 및 사회적 권리가 충분히 인식되고 행사됨으로 해서 청소년이 정치적 상황에도 영향력을 수행할 수 있음을 강조하였다. 또한 같은 해에 열린 '세계 청소년의 해'에는 세계회의(국제연합 총회)를 통하여 청소년이 인류의 미래를 형성하는데 직접 참여하며 사회의 모든 분야에서 기여하도록 하기 위하여 청소년의 견해를 인정하도록 하였다.

한편 1995년 유엔 총회에서는 '청소년 분야의 청소년 정책 실행지침'을 통하여 청소년의 참여가 국가발전의 목표 달성과 사회정의의 실현에 중요하다는 것을 언급하였다. 또한 '2000년과 세계청소년 행동프로그램'을 통하여 "모든 국가는 모든 청소년이 인권과 관련하여 국제기구와 UN헌장과 일치하는 기본적 자유와 인권을 전적으로 향유할 수 있도록 보장해야 한다"는 것을 강조하였으며 이는 유엔 총회에서 채택된 바 있다.

이처럼, 국제사회에서 청소년의 권리에 대한 논의가 보다 본격화되었고 청소년의 권리가 구체적으로 실현되어야 함이 강조되면서 청소년의 참여에 의해서 권리가 실현될 수 있다는 것이 공표되고 청소년들은 시민활동에 보다 적극적으로 참여하게 되었다.

우리나라에서는 1990년 제정된 청소년 헌장을 통하여 청소년이 우리 미래사회의 주인공이며 그에 따른 보호의 대상이라는 청소년에 대한 가치관을 지향하고 있다. 청소년은 미래의 새 시대 주역이고 따라서 국가는 청소년을 위한 정책의 수립에 최대한의 노력을 기울이며 도움을 필요로 하는 청소년이 사회에 적응하며 자립하도록 이끌어야 한다고 명시하고 있다. 당시에는 청소년에 대한 보호적인 입장을 가지고 있는 특징이 있었으며 반면 1998년에 새롭게 제정된 청소년 헌장에서는 청소년이 삶의 주인이며 따라서 마땅한 권리를 누리고 책임을 져야 한다고 명시하고 있다. 청소년은 자기 삶의 주인이며 인격체로서 존중받을 권리를 가지고 있을 뿐 아니라 시민으로서 미래를 열어갈 권리를 가지며 스스로 선택하는 존재로, 활동하는 삶의 주체로서 자율과 참여의 기회를 가진다는 것이다. 또한 청소년이 생명의 가치를 존중하고 정의로운 공동체의 성원으로 책임감 있는 삶을 살아가는 존재라고 하고 있다. 그러므로 가정 및 지역사회와 국가는 이러한 정신에 따라 청소년의 인간다운 삶을 보장하며 청소년 스스로 행복한 삶을 가꾸고 살아갈 수 있도록 환경을 조성해야 한다.

한편 새로 규정된 청소년 헌장에서는 전문과 12개의 조항을 통하여 청소년의 권리와 9개 조항을 통하여 청소년의 책임을 규정하였다. 청소년의 권리를 살펴보면 청소년이 성장할 권리, 차별받지 않을 권리로 평등권, 폭력에서 보호받을 권리, 사생활의 권리와 표현의 자유, 결사의 자유, 학문의 자유, 일할 권리, 문화예술의 참여권리, 정보 접근의 권리, 의사결정에 참여할 권리 등을 명시하고 있다. 이와 같이 새로 규정된 청소년 헌장은 평등권과 보호받을 권리와 같은 기존의 전통적 권리에서 좀 더 나아가 명시되지 않았던 다양한 권리를 명시하고 있다는 것이 진보한 점이라고 할 수 있다.

그러나 오늘날에도 많은 청소년들은 현실적으로 가정, 학교, 사회에서 일상생활을 통하여 상기의 아동권리협약과 청소년 헌장에서 규정한 권리를 충분히 누리지 못하고, 권리를 박탈당하는 상황하에 놓여 있는 경우도 많은 것이 사실이다. 그러나 청소년 헌장의 개정은 청소년의 권리의식을 강조하여 프로그램상의 규정뿐 아니라 실생활을 통하여 청소년에게도 성인과 같은 다양한 권리와 자유가 보장되어야 함을 강조하고 있다.

이에 따라 우리나라는 청소년을 위하여 다양한 정부와 민간의 협력이 강조되고 있는 추세이며 사회적으로 청소년을 바라보는 관점이 진일보하고 있으며 과거에는 청소년이 불안정하고 보호를 받아야 하는 존재로 인식된 반면 오늘날 청소년의 개념은 다양한 개성을 가지고 있으며 성장지향적인 집단으로 인식되고 있다.

그러므로 청소년 관련 프로그램도 보다 다양한 청소년의 권리를 인정하는 방식으로 접근되는 것이 필요하다. 현대사회의 특징은 각 계층이 지니는 독특한 문화를 인정받는 방향으로 나아가고 있으며 보다 통합적인 접근이 요구되고 있는 것이 현실이다. 따라서 시민사회에서의 정책의 의사결정에 있어서도 청소년의 권리와 참여와 관여가 증대되고 있으며 단순 보호 및 육성의 차원[1)]이 아닌 당당한 미래의 주인으로서 또한 시민으로서 책임을 다할 수 있도록 청소년에 대한 개념이 변화하고 있는 추세이다. 이것은 청소년의 포괄적인 욕구의 충족과 함께 문제의 예방 및 해결에 관하여 보다 적극적인 태도를 견지하는 노력이다. 그리고 매년 청소년과 관련하여 가정 · 학교 · 사회 각 영역에 걸쳐 종합계획을 수립하고 이를 시행하고 있다.

그밖에 청소년기본법(1991)에서는 한국 청소년상담원, 시도 청소년종합상담실, 시군구 청소년상담실에 관한 사항을 보다 상세하게 규정하고, 청소년기본법의 개정을 통하여 청소년 자원봉사센터, 청소년 쉼터 등에 관한 규정을 제시하고 있다. 한편 1997년에는 청소년 보호법이 제정되면서 청소년에게 유해한 매체, 유해 시설, 유해 약물이나 유해

1) 우리나라는 중앙청소년보호대책위원회(1964)의 설치 등을 통하여 청소년들이 국가와 사회로부터 보호되고 육성되어야 하는 존재로 인식된 바 있다.

행위에 관련한 규제가 강조되어 각종 유해한 환경으로부터 청소년을 보호하려고 하는 적극적인 시책도 마련되기에 이르렀다.

3 청소년 관련 법률의 발달

앞서 제시한 것처럼 청소년의 건전한 성장과 육성을 위하여 청소년기본법이 제정되고 청소년 수련활동 등이 강조되면서 각종 청소년 활동의 법률 및 제도적인 지원과 다양한 참여가 가능하게 되었다. 청소년의 시기는 사회 발달적 측면에서 볼 때 정체성뿐 아니라 문화와 가치 확립의 시기이다. 이 시기에는 풍부한 삶의 경험을 축적할 수 있는 기회를 제공받는 것이 무엇보다 중요하다. 청소년기의 다양한 삶의 경험은 사회활동을 통해서 획득되게 되는데, 학교나 지역사회 혹은 실천 현장을 통하여 바람직한 기회를 얻기 위한 활동으로 청소년 시기의 프로그램의 참여는 중요한 의미를 갖는다.

이를 위하여 교육개혁위원회는 사회의 교육 강화, 실천중심의 교육, 인성교육의 강화, 개별성을 고취하는 교육을 강조하고자 하였으며, 특히 체험학습과 자원봉사활동을 적극적으로 권장하였다. 또한 청소년의 수련활동을 '학교생활 기록부'에 반영하고 있으며 이를 상급학교 진학 시 반영하도록 규정화하고 제도화하였다. 이러한 활동은 청소년시기에 공동체 의식을 일깨워 주며 타인을 위하는 이타성을 깨닫도록 하는 데 큰 역할을 하는 것으로 기대되었기 때문이다. 이를 위한 청소년의 제도적인 지원은 청소년의 의식 및 태도에 변화를 가져오는 데 도움이 된다. 청소년의 다양한 문화는 청소년을 지원하는 각종 제도를 통하여 지원을 받을 수 있는데, 미래창조과학부 등에서도 청소년을 지원하는 각종 제도적 접근을 실천하고 있다. 그러나 앞으로도 청소년 문화가 하나의 독립된 영역으로 존중받고 진정한 의미의 청소년 관련 활동이 종합적이고 체계적으로 이루어지기 위해서는 독립적이며 보다 체계적인 청소년 중심의 정보체계가 구축되어야 하며, 각종 청소년 활동의 의미와 가치에 대한 교육실시와 사회적인 공감대 형성이 이루어져야 한다.

청소년의 일반적인 활동은 가족 친화단계를 거쳐 조직 및 지역사회로 나아가게 되는데, 가장 중요한 것은 단일체계와의 교류가 아닌, 가정과 학교 및 지역사회의 조화와 협력적인 관계를 통하여 형성되어야 한다는 점이다. 따라서 청소년 지원정책 및 제도는 궁극적으로 청소년의 행복한 성장의 삶의 질을 제고할 수 있는 환경을 조성하고, 나아가 미래의 긍정적인 자아실현과 자립기반을 조성할 수 있도록 하기 위하여 청소년이 주체가 되도록 하는 것이 중요하며 한편 청소년의 역량을 향상시키고, 다양한 삶의 기회를 제공하여야 한다.

이에 대한 사각지대의 개입으로 청소년 관련 제도는 사회적으로 소외되거나 사회적응에 장애요인이 있는 청소년들에게 각종 서비스의 전달을 통하여 사회구성원으로서의 정당한 성장과 생활을 가능하게 하는 제도적 지원을 고려하여야 한다. 반면 적극적인 차원에서의 청소년지원 제도와 정책은 모든 청소년을 대상으로 자원 활용과 연계를 극대화하는 것과 청소년의 역량을 향상시키며 모든 청소년이 인간다운 바른 인권을 존중받고 청소년으로서의 권리와 책임을 다하면서 청소년으로서의 삶을 풍요롭게 누릴 수 있도록 하며 역량을 기르도록 하고 각종 문제를 사전에 예방하는 활동을 지원하게 하는 것이 포함된다.

또한 보다 거시적인 환경과 제도적 차원에서 볼 때에는 장기적인 청소년복지에 대한 지원 역시 청소년의 권리에 대한 옹호와 청소년의 권리를 실현하기 위한 실천방법의 구체화 및 제도화를 통하여 발전해 나가고 있다. 이를 정리하면 다음과 같다.

1) 헌법

헌법은 모든 법 중에서 최상위의 법이며 청소년을 포함한 국민의 인권과 기본 생존권을 지원하는 최고의 법규범이라고 할 수 있다. 헌법에서 규정하는 것을 살펴보면 다음과 같다.

헌법 제11조에서는 모든 국민은 인간으로서 존엄과 가치를 가지며 행복을 추구할 권리를 가진다. 이에 국가는 개인이 가지는 불가침의 기본적 인권을 확인하고 이를 보장할 의무를 가짐을 명시하는 것이다. 그리고 제 제31조에서는 모든 국민은 능력에 따라 균등하게 교육을 받을 권리를 가짐을 명시하고 있으며 제34조에서는 모든 국민은 인간다운 생활을 할 권리를 가진다고 명시하고 있다.

2) 청소년기본법

청소년기본법은 특별법의 일종으로 헌법 다음으로 효력을 가지는 정책의 존재형식이다. 청소년기본법은 청소년정책을 다루는 법령을 제정, 개정할 때에나 행정기관이 청소년에 관련되는 계획을 수립하는 때에 헌법규정과 함께 청소년기본법의 규정에 위반해서는 안 된다고 명시하고 있다.

청소년기본법의 제2조의 기본이념에서는 청소년이 사회구성원으로서 정당하게 대우받고 권익을 보장받으며 스스로 생각하고 자유롭게 활동할 수 있도록 하며, 미래사회의 주역으로서 국가와 사회가 필요로 하는 건전한 민주시민으로 자랄 수 있도록 하여야 함을 명시하고 있다.

그리고 제3조에서는 청소년의 복지를 증진하고 청소년의 수련활동을 지원하며 청소년 교류를 진흥하고, 각종 사회여건과 환경을 청소년에게 유익하도록 개선하여 청소년에 대한 교육을 상호 보완함으로써 청소년의 균형 있는 성장을 도와야 한다고 하고 있다.

또한 제5조에서는 청소년의 권리와 책임을 명시하고 있는데 이는 한 인간으로서 청소년의 가치는 권리 및 의무와 더불어 청소년에게 주어지는 권익에 관하여 제시하고 있다. 이에 따라 청소년은 안전하고 쾌적한 환경 속에서 자기발전을 추구할 권리가 있으며, 정신 및 신체적 건강을 해치거나 혹은 해칠 우려가 있는 모든 형태의 환경으로부터 보호되어야 함을 제시하고 있다. 이와 같이 청소년은 자신의 능력 개발과 건전한 가치관의 확립에 힘쓰고 가정, 사회 및 국가의 구성원으로서의 책임을 다하도록 노력해야 한다고 하고 있다.

3) 청소년보호법

청소년보호법에서는 청소년으로 하여금 음란 및 폭력성에 대하여 청소년 유해 매체물과 유해약물 등의 청소년에 관한 유통과 유해한 업소의 청소년의 출입 등을 규제하고, 성장과정에 있는 청소년들을 각종 유해한 환경으로부터 보호하고 건전한 인격체로 성장할 수 있도록 하기 위해 제정되었다고 할 수 있다(청소년보호법 제2조에서는 이 법의 보호대상자인 청소년을 19세로 규정하고 있다). 한편 제6조에서 청소년 유해환경의 규제에 관한 형사처벌에 있어서 이 법은 청소년과 관련한 특별법의 차원에서 다른 법률에 우선하여 적용된다고 명시하고 있다. 그리고 제4조, 제5조, 제12조에서는 국가의 책임, 국가의 지방자치단체의 역할을 강조하고 있으며, 제27조, 제33조에서는 청소년보호를 위한 전담 행정조직으로 청소년보호위원회의 설치근거를 규정하고 있다.

4) 청소년 관련법

청소년 관련법이란 함은 청소년 또는 청소년 보호와 직접 및 간접적으로 관계가 있는 법으로, 청소년을 직접 대상으로 하거나 청소년의 권리와 의무에 관계된 조항을 포함하는 모든 법령과 규칙을 의미하고 있다. 청소년관련법은 다음과 같이 발달하였다.

우리나라는 1961년의 미성년자보호법과 1962년의 아동복리법이 제정되었으며 이는 청소년을 대상으로 하는 최초의 법률이 되었다. 이후 1981년 아동복지법을 전면 개정하였고, 1987년 청소년육성법을 통하여 청소년정책을 위한 본격적인 근거법이 마련되었고 1988년 소년법이 전면 개정되었다. 이후 1990년 청소년 헌장이 제정되어 청소년정책의 기본 이념과 방향을 제시하고 1998년에 개정된 바 있다. 이후 1991년 청소년기본법이 제정되어 청소년육성법을 전면 개정하여 청소년 육성을 위한 기본 법제를 재정립하게 된다. 이후 1997년 청소년보호법이 시행되었고 2000년 청소년 성보호에 관한 법률이 시행되었다.

5) 청소년정책

(1) 청소년정책의 개념

청소년정책이란 모든 청소년들의 건전한 성장과 사회적응과 삶의 질을 위하여 청소년의 사회적 욕구를 충족시키고 청소년들의 문제해결을 돕기 위해 국가와 지방자치단체가 청소년을 위한 방향을 제시하는 국가적 차원의 제도라고 할 수 있다.

(2) 청소년정책의 내용

청소년정책의 기본 내용으로는 우리나라의 독자적인 정책적 영역으로 청소년정책 계획이 수립된 것은 1984년의 '청소년 종합대책 추진방안'이 있는데 청소년 기본계획의 수립으로 장기적이고 종합적인 청소년정책이 제시되고 있다. 청소년정책 방향에서는 청소년을 사회구성원으로서 권익증진에 힘쓰겠다는 것을 명시하며 청소년 참여정책 주체로 청소년을 바라보며 소수 문제 청소년의 지도 및 선도나 보호의 차원에서 다수 건강한 청소년의 활동을 지원하고자 하고 공급자 주도보다는 수요자 중심의 프로그램 제공과 질적 향상을 제안하고 있으며 중앙 중심의 규제보다는 지역과 현장 중심의 자율성을 지향하고 있다.

(3) 청소년행정

청소년행정을 살펴보면 청소년행정은 청소년정책이 구체화되어 청소년에게 이르는 과정까지 포함하는 일련의 공적 운영체계로 이에 대한 일련의 운영의 실제라고 할 수 있다. 효율적인 행정으로는 체계적인 기능분담으로 청소년정책에서부터 최일선 현장까지의 기능이 체계적이고 일관성있게 구축되는 것이 필요하다. 또한 전문성이 최대로 발휘되며 상호 보완적 관계로 지역사회 전체의 참여와 협조가 이루어져야 한다. 아울러 청소년 행정체계는 다양한 서비스를 통합하여 조정하여야 하며 상호 협조 및 조정하고 기획할 수 있도록 하는 방향이 바람직하며 이를 위해서는 지역사회와의 참여 및 협조가 요구되고 지역사회와의 교류가 필요하다.

사회복지행정의 전달체계 차원에서의 서비스 제공의 원칙으로는 평등성의 원칙으로 모든 청소년이 평등하게 서비스를 받으며 정보에 접근할 수 있어야 한다고 하고 있다. 청소년정책에는 연령, 성, 신분, 지역 등에 의한 차별이 있어서는 안 된다. 그리고 적절성의 원칙으로 청소년에 대한 행정에서 전달되는 서비스의 양과 질의 정도는 대상자의 욕구와 단계에 따라 적절하게 제공되어야 한다. 포괄성의 원칙으로는 청소년 문제와 욕구를 사전에 파악하여 제공되는 서비스는 포괄적 차원에서 이루어져야 하며, 연속성으로 사회복지행정에서 청소년관련 서비스는 연속적인 차원에서 이루어져야 한다. 마지막으로 지속성으로 각종 정보나 서비스가 지속적으로 제공되어 청소년이 한 사회구성원으로서 건강하게 성장해 나갈 수 있도록 지속적으로 이루어져야 하는 것이 전달체계의 주요 점검사항이다.

4 청소년기의 사회적 관계의 발달 및 특성

청소년기의 심리 및 사회적 관계의 발달과 성장은 다양한 이론들을 통하여 설명된 바 있는데 이는 대인관계이론, 관계성숙이론, 사회학습이론 등으로 설명될 수 있을 것이다.

먼저, 대인관계이론(Interpersonal Theory)을 통하여 본다면 인간의 발달은 생애 초기단계로부터 출발하여 주 양육자의 태도로부터 타인과의 관계가 각 연령대에 따라 발전적인 특성을 이루고 있음이 일반적으로 지지되고 있다. 한편 관계성숙이론(Relationship Maturity)에 따르면 인간관계의 수준은 개인뿐 아니라 사회적 역할과 교류적 관계로 설명되기도 한다. 즉, 아동이나 초기 청소년기에는 개인 수준의 자기중심적 관계가 주된 관계성을 형성하게 되나 연령이 증가함에 따라서 타인에 대한 공감 및 사회성이 형성되고 관계성숙을 이루게 된다. 그리고 사회학습이론(Social Learning Theory)은 인간이 성장함에 따라서 사회적 행동에 대한 학습으로 관찰과 모방이 이루어지며 이러한 경험을 통하여 성장한다는 관점이다.

인간의 행위는 이와 같이 대인관계이론, 관계성숙이론, 사회학습이론 등을 통하여 설명될 수 있으며 환경과의 상호작용을 통하여 인간은 개인의 자아정체감 및 자아존중감에 영향을 받는다. 또한 청소년기에 발달하게 되는 사회적 접촉이나 사회적 상호작용은 청소년기의 발전과 성숙을 통하여 향후 가정, 또래, 학교, 지역사회의 사회구성원으로서의 역할의 습득뿐 아니라 나아가 타인과 공존하는 방식을 사회적 관계를 통하여 습득하게 된다. 즉, 청소년기는 사회적 관계의 주요한 대상을 넓혀가는 시기로 '사회성의 발달'을 이루어 나가는 시기이다.

이러한 시기에 청소년 프로그램은 전인적 성장을 도모할 수 있도록 하며 청소년으로 하여금 관계성숙, 사회학습을 촉진하고 또래와의 적절한 관계를 형성하고 정서적 안녕과 적절한 사회적 지지를 제공받고 책임감을 배우며 심리사회적 발달에 중요한 역량 형성에 기여하게 될 것이다. 청소년 프로그램은 다양한 활동들을 제공할 뿐 아니라 지역사회 자원봉사활동의 참여 및 다양한 직·간접 체험을 제공하고 지역사회의 자원과의 접촉 기회가 많아지게 한다. 또한 청소년 프로그램은 청소년기에 경험할 수 있는 각종 중독 현상을 치유할 수 있는 도구로 사용되며 올바른 네트워크의 형성과 관계형성에 도움이 되므로 매우 유용한 사회투자라 할 수 있다.

5 청소년 프로그램의 방향 및 의의

청소년 프로그램은 각종 청소년 문제의 예방과 치료를 위하여 꼭 필요한 활동이며 청소년 개입방안을 활용하여 긍정심리, 자기효능감, 역량강화 프로그램과 같이 청소년에게 유익한 프로그램으로 개발되고 적용된다. 즉, 청소년 문제로 각종 청소년 집단 따돌림, 학교폭력, 결손이나 가족해체, 각종 약물중독을 비롯하여 학업 스트레스에 대한 프로그램 개입이 가능하다.

그런데 청소년 프로그램의 개입에는 생태체계적 환경이 필수적으로 고려되어야 하는데 청소년 역량강화(임파워먼트)를 다루거나 환경에 대한 적응적 적합성을 기르고 개인과 환경 간의 상호작용을 촉진하여 삶의 질을 함양하는 것에 중점을 두는 것이 바람직하다. 이것은 청소년 개인의 입장뿐 아니라 환경의 다차원적인 문제를 함께 고려하고자 하는 움직임에서 비롯되었다. 또한 개인의 문제를 '사회와 인간 양자 간의 상호관계성'에 주목하여 접근하는 것이다. 상호주의 접근은 인간 상호작용과 개인의 역동성에 있어서 환경을 고려하여 주목하는 것이다. 즉, "문제의 원인을 사정하고 문제해결을 시도하려고 할 때 문제해결방안을 개인의 변화에서만 찾을 것이 아니라 그 개인의 문제에 영향을 미치는 주변 사회환경의 변화 또는 개선에서도 찾아야 한다는 것"을 강조하고 있다(엄명용, 2009).

이에 대하여 임파워먼트 접근의 전문적인 목적은 '인간과 환경의 두 측면 모두에 관심을 갖는 것'이라고 하였다(Judith, 2001). 이것은 현대사회에서 문제시되는 청소년들의 문제가 개인의 문제로만이 아니라 생태학적인 고려 및 상호작용으로써 바라보아야 한다는 것에 그 의미가 있다. 그러므로 청소년 프로그램의 접근은 상호주의 접근법과 생태체계적인 접근을 고려하고 청소년의 환경이 역량강화의 측면에서 청소년에 미치는 영향을 고려하여야 한다.

즉, 청소년의 문제는 가정과 학교 및 지역사회와 매우 밀접한 관련이 있다. 엄명용(2009)의 생태체계적 이론에서 언급된 환경을 살펴보면 청소년에게 밀접한 환경을 미시와 중간체계로써 분류한 바 있다. 또한 청소년의 임파워먼트의 정도의 분류도 개인적 수준인 개인내적 측면과 대인관계적 측면 그리고 정치적 측면으로 다면적으로 접근하는 것이 필요하다. 이것은 청소년들의 심리와 행동을 이해하는 것에 앞서, 청소년들에게 영향을 미치고 있는 생태체계적인 요인과 다양한 차원을 고려하여야 한다는 것이다.

우리나라는 청소년기본법에서 9세부터 24세까지를 청소년으로 보고 있다. 이 시기는 아동기에서 성인기로 넘어가는 아주 중요한 단계이다. 청소년기는 아동기에서 성인기로 이행하는 과도기이며 인간의 어떤 발달단계보다도 많은 중요성을 내포하는 시기이다. 그런데 이 시기의 청소년들은 급격한 신체발달과 더불어, 사회적으로 요구되는 과다한 과업으로 인하여 정서적으로 불안정한 상태를 경험하게 된다(홍봉선, 남미애, 2010). 따라서 청소년에게 있어 심리적 안녕감, 자기효능감, 임파워먼트, 긍정심리 등 청소년에게 유익한 정서를 함양하고 사회적 지지를 강화하기 위한 청소년 프로그램의 개입은 매우 중요한 의미를 지닌다. 예를 들면, 심리적 안녕감은 청소년들의 긍정적 발달에 주요한 지표로써 작용하므로 그 자체로도 중요하다고 할 수 있으나, 이것이 다른 긍정적인 결과에 공헌하게 되므로 더욱 중요하다고 할 수 있다(Park, 2004). 여기에서 심리적 안녕감이란, 일상생활의 사건에 사람들이 적응하면서 느끼는 정서이며, 환경의 자극이나 개인의 반응 사이의 상호작용의 결과로써 개인이 지각하는 총체적 감정이다(McDowell & Newell, 1990; Ryff & Keyes, 1995).

따라서 청소년을 이해하고 효율적으로 지원하기 위해서는 청소년의 특성에 대한 이해뿐 아니라 그들의 행동에 영향을 미칠 수 있는 환경에 대한 이해가 필수적이다(홍봉선, 남미애, 2010). 모든 인간은 가정에서 태어나고 영향을 받으며 성장하므로, 청소년들의 삶이 제1차 사회화기관인 가정의 영향을 크게 받을 수 있다(홍봉선, 남미애, 2010). 또한 학교는 가정으로부터 교육기능의 전담을 부여받은 장소이며 청소년들은 학교생활을 통하여 자신의 장래를 설계하고 진로를 결정하게 될 뿐 아니라 청소년들에게 학교가 차지하는 비중은 크고 많은 영향을 받는다(홍봉선, 남미애, 2010).

우리나라에서는 법률 제10298호의 청소년기본법의 제5조를 통하여 청소년들이 '안전하고 쾌적한 환경 속에서 자기발전을 추구할 권리'가 있음을 명시하고 있다. 우리나라 청소년정책은, 시행된 청소년기본법(법률 제 4,477호)과 청소년 육성 5개년 계획에서 볼 때, 소수 청소년 문제의 지도와 보호의 차원으로부터 다수의 건강한 청소년들의 삶의 질을 고려하는 취지로 그 범위가 확장되고 있다. 더욱이 2003년 12월 청소년기본법 개정을 통하여, 청소년기본법 이외에도 청소년활동진흥법, 청소년복지 지원법의 하위 법이 제정되었다. 또한 최근 제4차 청소년정책기본계획(2008~2012)에 의하면, 정부가 청소년들의 건전한 성장을 돕기 위하여 '건강하고 안전한 성장 환경 조성'에 힘쓰며 가족 기능 및 사회 안전망을 강화하겠다는 내용을 명시하고 있다. 이것은 가정과 학교 및 지역사회에서 다수의 청소년들이 건강하고 안정되게 성장할 수 있도록 하겠다는 입장을 표명하고 있는 것이다.

정리

청소년들의 환경적인 측면의 요소를 고려하여 청소년들의 프로그램의 개발과 평가에 관하여 학습하고 환경속의 인간(person-in-environment)의 개념으로 청소년들의 역량을 강화하는 것은 매우 의미가 깊은 작업이라 할 수 있다.

CHAPTER

02

청소년기 적응 및 지도이론

SECTION 01 | 청소년 발달의 이해와 관련이론 ················ 37
SECTION 02 | 청소년과 임파워먼트 및 삶의 질 ··············· 51

1절 | 청소년 발달의 이해와 관련이론

1 청소년 발달의 이해

본 장에서는 청소년 프로그램의 이론적 기초가 될 수 있는 기본적 이론을 개략적으로 살펴보면서 청소년 프로그램 개발의 기본적 토대를 살펴보고자 한다.

청소년 프로그램의 개발은 청소년의 발달단계를 고려하여 작성되어야 한다. 청소년의 발달은 단계적으로 이루어지며 그에 대한 세부사항은 다음과 같다. 첫째, 청소년기의 전기는 12~18세로 구분되며 이 시기에 신체적인 급성장 및 인지적 발달이 활발히 일어나게 된다. 인지적 발달의 특징으로는 추상적인 사고와 인과관계의 추론이 가능하게 되며, 형식적 조작적 사고로 인하여 자신의 사고를 비판적으로 검토하고 가설을 세울 수 있는 능력을 가지게 된다. 또한 논리적 사고와 상상력 증진의 특징이 있으며 다양한 역할 수행에 있어서 갈등이나 양립적 관계의 균형을 취할 필요가 있다.

그 밖에 이 시기의 흥미로운 특징으로는 자기가 속한 집단에 의하여 자신을 정의하고자 하는 특성이 있다는 것이다. 따라서 청소년에게 있어서 또래의 개념은 매우 중요하며 경우에 따라 부모님의 역할보다 청소년들에게 더 큰 비중을 차지하기도 하는데, 중요한 것은 사회 및 경제적 계층의 영향뿐 아니라 가족의 가치관이나 개방적 의사소통의 정도도 이에 영향을 미치게 된다.

또한 청소년들은 모방과 학습능력에 따라 자신이 속한 집단이 가지는 사회적 활동의 특성 중 삶의 다양한 측면에서 영향을 받게 된다. 이와 같은 것들은 청소년기의 가치, 태도, 성격, 신뢰감을 바탕으로 하는 호혜성 등의 성격 형성에 영향을 주므로 청소년을 둘러싼 환경의 질은 매우 중요하다 할 것이다. 이러한 환경은 청소년 전기의 정서에 영향을 미치게 되며 그 밖에도 낙관성, 자기효능감 등에 영향을 미치게 된다.

한편 청소년 후기인 18~22세의 시기는 자아정체감 확립의 과제와 성인기를 준비하는 시기로 삶에 있어서 중요한 시기이다. 즉, 자아정체감은 물론 진학, 결혼, 이성교제, 부모의 준비에 대하여 매우 중요한 가치관을 형성하는 시기이다. 특히 사회 심리적인 발달적 특성을 살펴보면 부모로부터 독립을 준비하는 시기로 자신을 책임질 수 있는 범위에서 자율성을 함양하고 사회적인 지지관계를 확장하며 상호교류의 범위를 확대해 나가는 시기이기도 하다. 이 시기에 중요한 과업 중의 하나는 직업에 대한 준비를 통하여 다가오게 될 성인기를 준비하는 시기라는 것이다.

2 청소년 관련 이론

1) 아들러의 개인심리학적 성격이론

아들러는 청소년의 건전한 발달을 위한 많은 연구를 하였으며 이를 위하여 사회적 유용성과 바람직한 생활양식을 발달시킬 것을 권유하고 있다. 아들러는 프로이드의 영향을 받았으나 이후 독자적인 학문의 영역을 수립하여 개인심리학의 학문적 기틀을 정립한 학자이다. 아들러의 학문적인 특성과 전제로는 인간을 통일되고 자아가 일치된 유기체로 바라보는 관점을 견지한다는 것이다. 한편으로 인간은 결정론적 존재가 아닌 역동적인 존재로서 개인적으로 중요한 인생의 목표를 향하여 전진한다는 특징을 전제로 하고 있다. 그러므로 개인이 창조적인 힘을 가지고 자기 삶을 결정할 수 있으며 모든 사람은 상호작용하고 사회적 관계를 맺을 수 있는 선천적인 능력을 타고났다고 보았다. 그리고 개인이 자신을 어떻게 지각하느냐에 의하여 생활의 행동양식이 결정된다고 보았다. 아들러의 주요개념의 특징을 간단히 설명하면 다음과 같다.

(1) 우월을 지향하는 노력과 사회적 관심

아들러는 인간발달의 원동력을 우월성을 지향하는 열등감에 대한 보상으로 보았다. 인간의 발전은 열등감을 보상하려는 욕구로부터 출발되며 주어진 환경을 더욱 잘 통제할 수 있도록 자신의 권력이나 힘을 보다 우월하게 성취하고자 한다고 하였다. 따라서 이를 성취하기 위한 바람직한 사회적 관심의 형성에 대하여 아들러는 큰 관심이 있었다. 그는 프로이드와는 달리 인간이 사회적인 충동에 의하여 동기화된다고 주장하면서 사회적으로 유용함에 기여하는 관심에 좌절될 때 사회적으로 유용하지 않은 영역에 관심을 기울이며 따라서 청소년에 대한 지도는 사회적으로 유용한 부분에 대하여 관심을 가질 수 있도록 유도하는 것이 무엇보다 필요하다고 보았다. 이러한 관심은 보다 나은 미래를 추구하는 것을 가능하게 할 뿐 아니라 개인의 심리적 건강을 측정하는 척도가 되기도 한다고 하였다.

이를 지지하기 위하여 아들러는 생활양식의 개념을 통하여 삶에 대한 개인적 생활의 양식을 설명하고자 하였다. 아들러는 디양한 영역을 탐구하였는데 자아, 성격, 성의 통일성, 개성뿐 아니라 문제에 대처하는 방법, 삶의 공헌에 대한 소망을 이야기하면서 정형화된 생활양식의 중요성을 설명하고자 하였다. 아들러에 의하면 생활양식은 4~5세경에 형성되어 그 이후로는 거의 변화하지 않는다고 보았으며 이러한 생활양식의 독특성은 인간의 행동을 구체적으로 실행시키는 역할을 한다. 그리고 인간의 독특한 생활방식을 통하여 인간이 생각하고 느끼고 행하는 모든 것의 기반이 되면서 개인의 인생문제에 접근하고 해결하는 방법이 된다는 것을 관찰하였다.

인간은 이러한 사회적 유용성과 생활양식을 통하여 성장하면서 직업, 우정, 사랑과 결혼과 같은 과업적인 문제들을 사회체제 속에서 조화를 시키며 중요한 '인생과업'을 달성하게 된다고 보았는데, 이때 자아는 우월성을 지향하면서 창조적인 힘을 발휘하게 된다. 아들러는 자아의 창조성을 통하여 자아의 힘이 인생의 목표와 자신의 목표 사이의 간극을 줄이고 사회적 관심을 통하여 성장을 도모하게 된다고 하였다. 이렇게 볼 때 인간은 스스로 자신의 삶을 만들어가며 성취하고 자신에게 적합하게 환경을 새롭게 창조해가는 능력을 발휘하게 되는 것이다. 이러한 창조력은 목표를 결정하고 실현하는 것에 도움을 주게 된다.

정리

아들러는 가족 내에서 서열상의 위치에 따라서 부딪히는 독특한 문제들이 발생할 수도 있음을 이야기 하는데, 주장의 초점은 인생에서 부딪히게 되는 독특한 상황에 따른 문제들이 있을 수 있다는 것이며 이를 극복하기 위한 인간의 생활양식을 중요하게 보았다.

3 에릭슨의 심리사회적 성격이론

에릭슨의 심리사회적 성격이론은 결정론적인 프로이드의 정신분석적 성격이론과 다음과 같은 차이가 있다. 첫째, 인간의 행동과 기능에서 볼 때 본능적인 원초아보다 자아를 강조하는 개념으로 설명하였다. 둘째, 에릭슨이 지향하는 인간관은 평생을 통한 단계적인 발달을 강조하고 있으며, 프로이드의 인생 초반의 결정적 사고관을 비판하였다. 셋째, 삶의 단계별로 접하는 '과제의 해결'을 통하여 심리사회적 위험을 극복할 수 있는 인간의 능력에 보다 연구의 초점을 두었다.

따라서 에릭슨은 다음과 같은 단계별 과제에 대응하는 자아의 개념을 통하여 독특한 이론의 장을 제시하였다. 첫째, 자아의 개념으로 에릭슨은 인간에게 있어서 자아가 중요한 기능을 한다고 보았다. 자율적인 자아의 기능은 사회의 구성원의 영향을 받으며, 자신의 정체감을 형성하고 인생의 단계별 과업을 성취해가는 자기주도적인 역할을 한다. 이러한 자아의 정체감은 '점성 원칙'을 통하여 성장하는 모든 것의 기초 안을 형성하며 이러한 기초 안은 다음 단계로의 발달의 토대를 이루며 발전해 나가는 기본 역할을 하게 된다고 하였다.

아들러의 심리사회적 발달의 8단계는 다음과 같다. 첫째, 인간은 일생을 통하여 성장하는 존재이다. 둘째, 인간은 환경적인 영향에 대하여 전적으로 좌우되지는 않으며 자아의 자율적인 기능에 의하여 발전하게 된다. 다음은 인생의 각 단계에 따른 심리사회적 위기이며 여기에는 각각의 기본가정이 있고 그에 대한 성취와 좌절에 따른 독특한 결과와 특징이 있다. 이는 다음과 같다.

표 2-1 에릭슨의 인간발달 8단계

단계	심리사회적 위기	기본 강점	병리적 현상
유아기(0~2세)	신뢰감 대 불신감	희망	공포감, 고립감
아동전기(2~4세)	자율성 대 수치심	의지	의심, 강박증
아동후기(4~6세)	주도성 대 죄책감	목적	생각이나 표현의 억제
학령기(6~12세)	근면성 대 열등감	능력	자신감 상실, 타성(inertia)
청소년기(12~22세)	정체감 대 정체감 혼미	성실	새로운 역할의 수행에 대한 좌절과 불확실성
성인초기(22~34세)	친밀감 대 고립감	사랑	사랑의 능력의 상실에 따른 배타성
성인기(35~60세)	생산성 대 침체성	배려	침체성에 의한 이기주의
노년기(60세 이상)	자아통합감 대 절망감	지혜	인생의 무의미에 대한 좌절감

에릭슨이 주장한 중요한 관계의 범위는 유아기 때의 어머니로부터 점차 환경적 확대를 통하여 궁극적으로는 인류애와 같은 거시체계로 확장됨을 알 수 있다.

4 행동주의적 학습이론

1) 스키너의 행동주의적 학습이론

행동주의의 특성은 행동의 수정을 위하여 인간이 가지는 학습능력과 행동 수정 및 치료의 조건화의 형성을 중요시하였다. 이러한 특성은 바람직한 행동을 강화하고 바람직하지 못한 행동을 소거하는 방식으로 권장되었다. 청소년들의 행동은 올바른 행동양식이 형성되지 못한 예가 많으므로 청소년 프로그램의 개발과 적용은 올바른 행동을 학습하는 것으로 활용될 수 있다는 것이다. 행동주의는 과학자들에 의하여 탄생되었으며 과학적인 측면의 실험적이고 과학적 관찰법은 주로 동물들을 활용한 실험과 연구가 많았으나 인간의 행동과 상담에도 많은 영향을 미쳐 바람직한 행동의 학습과 모방, 강화와 소거의 형식으로 다양하게 활용될 수 있음을 보여주었다.

특히 복잡한 행동이나 기술은 강화를 통하여 학습하는 과정임을 강조하며 인간의 성격과 행동을 형성하는 데 있어서 환경의 역할을 강조하고 있다. 환경에 대응하는 독특한 행동양식은 오늘날 문화의 다양성이 존중되는 가운데에서 자극에 대한 적절한 일반화와 변별능력의 강화가 적절한 발달경로를 통하여 중요한 교육효과로 나타날 수 있다고 보는 의미를 갖는다. 따라서 이러한 방식이 청소년 프로그램으로 개발되어 적용된다면 개인의 성장을 더욱 효과적으로 도모할 수 있을 것이다.

2) 반두라의 사회학습 이론

반두라는 사회에 다양한 모델이 있으며 이에 대한 모방과 학습을 통하여 습득된 자기효능감의 형성을 중요하게 본다. 따라서 적절한 자극과 경험을 통하여 습득된 자기효능감의 형성을 위해서 올바른 형식의 모델링이 중요하며 이에 대한 관찰과 모방이 청소년의 유용한 학습의 경험이 될 수 있도록 프로그램으로 응용될 수 있다.

(1) 주요 개념

① 모방

모방은 모델링을 통하여 다른 사람이 행동한 것을 주의깊게 관찰하고 그 행동과 그 행동으로 인하여 주어지는 보상 등을 관찰하고 학습하여 내면화하는 것으로 인하여 형성된다.

② 인지

인지는 모든 학습의 기본이되 학습되고 관찰된 수행의지는 인지의 과정 속에서 기능하게 되며 다음 행동에 영향을 미치게 된다. 모든 사회적 학습은 인지적 과정을 통하여 형성되며 인간의 사고 및 계획은 현재의 행동과 장래를 계획하거나 내적 기준에 근거하여 자신의 행동을 조정하고 행동의 결과를 미리 예측하게 하므로 다양한 모방행동은 인지의 과정을 통하여 수행과정, 판단과정, 자기 반응의 과정을 반복하면서 습관화된 행동으로 형성되게 된다.

정리

청소년 프로그램은 이러한 모델링에 관여하여 잘못된 부분을 긍정적이고 생산적인 과정으로 변화시키는 것에 청소년 프로그램이 기여할 수 있다.

(2) 자기효능감

자기효능감은 어떤 행동을 잘 수행할 수 있다는 신념이라고 할 수 있다. 자기효능감은 과거의 성공경험을 통하여 성공신화와 신념으로 내면화되는 일종의 신념적 체계라고 할 수 있다. 따라서 바라는 목적에 대한 적극성의 여부를 결정하고 미래의 행동을 예측하여 현재의 행동을 보다 구체화하는 것에 도움을 주는 개념이다. 자아효능감(self-efficacy)은 자아존중감(self-esteem)이 자기 가치에 관한 평가와 판단의 개념을 강조하는 반면 자기효능감은 개인의 능력에 대한 신념을 포함하는 개념이라 하였다. 반두라는 인간이 바로 이러한 자기효능감에 의하여 스스로의 행동을 수행하며, 자기효능감 평가가 인간의 동기의 수준에 강력한 영향을 발휘한다고 믿었다. 반두라는 이러한 동기의 형성은 대리학습과 대리 조건화와 같은 과정을 통하여 그 강화의 정도가 영향을 받는다고 보았다.

즉, 이러한 개념을 청소년을 위한 프로그램으로 개발한다면 청소년으로 하여금 성취경험, 대리경험, 언어적 설득, 정서적 각성의 효과를 활용하여 긍정적인 영향을 주도록 하는 것이 중요할 것이다.

첫째, 성취경험이란 목표달성을 위해 시도한 결과로 인하여 그 경험이 성공을 경험하느냐 혹은 실패를 경험하느냐에 따라서 자기효능감과 동기가 달라질 수 있다고 보았다. 둘째, 대리경험은 각종 풍부한 간접 경험으로 독서나 타인의 모델링이 내면화되면서 향후 개인적 행동의 동기의 방향이 결정될 수 있다고 보는 개념이다. 셋째, 언어적 설득이란 삶의 중요한 타인으로부터 어떤 것을 잘 할 수 있다는 신념에 관한 이야기를 얼마나 자주 듣는지에 의하여 각종 동기나 행동이 강화될 수 있다는 개념이다. 넷째, 정서적 각성이란 정서적 반응으로써 각종 심리적 연구에서 동일한 사건에 대한 심리적 대처기제가 결과에 영향을 미칠 수 있는 가능성을 함의하고 있다.

정리

청소년기에는 이러한 청소년의 이해가 교육적 프로그램으로 적용되어야 하며 청소년기에 올바른 롤 모델의 제공은 매우 중요한 역할을 한다. 반두라는 모델링의 개념을 통하여 관찰자가 존경을 받거나 매력적이거나 자신의 미래의 희망과 가능성에 대하여 유사한 면 혹은 닮고 싶은 면이 있을 때 보다 효과적으로 작용하게 된다고 하였다. 그러므로 청소년기의 다양한 탐색은 중요한 의미를 갖는다.

(3) 인본주의적 성격이론

청소년 프로그램에는 전인적이며 창조적인 내용과 활동이 담기는 것이 바람직하다. 이를 위하여 로저스는 이를 강조하였으며 현상학적 성격이론을 창시한 바 있다. 현상학적 성격이론이란 개인의 존엄성과 가치, 자기결정권, 사회적 책임과 상호성에 대하여 늘 열린 가능성을 인정하며 선입견을 배제하므로 청소년들에게 적합한 가치관을 가지고 있다. 모든 개인은 선천적으로 창의적 능력을 가지고 있으며 따라서 진실과 일관적인 태도로 무조건적인 긍정과 관심이 필요하다는 것을 강조하고 있다. 또한 인간을 이해하는 것에 있어 '지금 여기에'를 강조하는 현상학적 성격의 이론을 강조하고 있는데, 여기의 중심개념으로 인간은 통합된 유기체로 행동하며 전체론적 관점에서 접근하는 것이 필요하다고 보았다.

즉, 개인의 행동을 잘 이해하기 위해서는 개인이 가지는 내적 준거 틀에 대한 이해가 중요하다고 하였다. 따라서 로저스는 인간 본성의 핵심이 건설적이고 현실적이며 신뢰할 수 있다고 하면서 충분히 기능하는 사람이 될 수 있도록 도와주는 역할을 하는 것이 무엇보다 중요하다고 주장하였다.

인본주의의 주요개념으로는 현상학적 장으로 개인의 경험적인 세계 또는 주관적인 경험을 중요시하였으며, 이러한 현상학적 장은 선입견과 판단을 중지하고 상대방을 있는 그대로 받아들이는 자세를 견지하고 있다. 또한 과거사건은 그 자체가 가지는 의미보다 과거 경험을 현재 어떻게 해석하는지에 따라 현재나 미래의 행동이 결정된다고 보았다. 그러므로 한 사람을 이해하기 위해서는 무엇보다 그가 현실을 체감하는 방식과 구성하는 방법에 대하여 먼저 이해하는 것이 중요하다고 보았다. 청소년은 특히 자신의 행동에 대하여 타인의 반응을 지각하면서 자아상을 형성해 나가게 되는 특성이 있다. 이것에는 현재의 모습뿐 아니라 미래의 이상적인 모습까지 포함하는 개념이다. 그러므로 현재 자신이 어떤 존재인지를 인식하며 성장을 위하여 끊임없이 노력할 수 있는 상태로 이끌어 주는 것이 매우 중요한 작업이라 할 수 있다. 즉, 인간은 잠재적인 능력을 실천해 나갈 수 있는 존재이다.

로저스는 충분히 기능하는 인간에 대하여 다음과 같이 언급하였다. 충분히 기능하는 사람(the fully functioning person)은 다음과 같은 특성이 있다. 첫째, 충분히 기능하는 사람은 현재 진행되는 자신의 자아를 완전히 지각하여 최적의 심리적 적응, 성숙, 일치, 경험에 대하여 개방적인 태도를 지니고 있다. 따라서 정적이지 않으며 과정지향적으로 지속적으로 변화하는 과정 중에 있다. 중심개념을 정리하면 첫째, 충분히 기능하는 사람은 경험에 관하여 개방적인 특징이 있다. 둘째, 충분히 기능하는 사람은 실존적인 삶을 통하여 매순간에 충실한 삶을 영위하는 특징이 있다. 셋째, 충분히 기능하는 사람은 자신의 유기체를 신뢰하며 창조적인 특징이 있다. 넷째, 충분히 기능하는 사람은 선택의 자유를 가지며 어려움을 회피하지 않고 직면하는 특징이 있다. 따라서 청소년 프로그램의 개발은 이러한 면이 잘 드러날 수 있는 프로그램으로 개발되어야 할 것이다.

(4) 심리적 안녕감(Psychological Well-being)

심리적 안녕감에 대한 학문적 언급은 '긍정적 정신건강(positive mental health)'이란 용어를 처음으로 사용한 제이호다(Jahoda, 1959)로부터 시작되었다. 그는 주관적 안녕감을 구성하는 6가지 하위요인을 다음과 같이 제시하였다. 그것은 자신에 대한 수용, 성장을 향한 노력과 자기실현, 성격의 통합성, 사회적인 압박으로부터의 자율성, 현실의 정확한 지각, 환경의 통제능력이다. 그는 이와 같은 요소들이 이상적인 정신건강의 상태를 구성한다고 보았다. 그 이후 리프(Ryff)와 그의 동료들은, 제이호다(Jahoda, 1959)를 비롯한 여러 학자들(Maslow, Rogers, Jung, Allport, & Erikson)의 주장을 통합하여 심리적 안녕감을 개념적으로 정의하였다(Ryff, 1989; Ryff & Keyes, 1995; Ryff & Singer, 1996).

리프와 그의 동료(Ryff & Keyes, 1995)는 심리적 안녕감에 대하여 다음과 같이 정의내리고 있다. 즉, 심리적 안녕감이란, 일상생활의 사건에 사람들이 적응하면서 느끼는 정서이며, 환경에 대한 개인의 반응 혹은 환경의 자극 및 개인반응 간의 상호작용의 결과로써, 개인이 지각한 행복감 혹은 총체적 감정을 의미한다.

리프(Ryff, 1989)는 인간에게 필요한 심리적 안녕감이 다음과 같은 요인들로 구성된다고 하였다. 첫째, 자아수용(self-acceptrance), 둘째, 긍정적인 대인관계(positive relations with others),

셋째, 자율성(autonomy), 넷째, 환경에 대한 통제(environmental mastery), 다섯째, 삶에 대한 목적(purpose in life), 여섯째, 개인적인 성장(personal growth)이다. 이에 따르면 심리적 안녕감이 높은 사람이란, 자기를 있는 그대로 수용하고, 긍정적 대인관계를 유지하며, 자신의 행동에 대한 조절능력과 환경에 대한 통제력 및 삶의 목적을 통하여 스스로 잠재력을 실현시키고자 하는 동기를 지닌 사람을 말한다(김명소, 김혜원, 차경호, 2001). 이러한 심리적 안녕감의 개념은 기존의 주관적 안녕감이 심리학 이론의 배경을 충분히 반영하고 있지 못하며 심리적인 기능의 측면을 간과하고 있다는 비판을 반영한 것이다(류정희, 이명자, 2007).

심리적 안녕감에 관한 국내연구를 특성별로 분류하면 개인의 내면적인 심리특성이 심리적 안녕감에 미치는 영향을 분석한 연구(유주연, 박경, 2010; 이현주, 이미나, 최인수, 2008)와 심리적 안녕감의 구조와 개인의 사회적 특성과의 관계를 다룬 연구(류정희, 이명자, 2007; 김혜원, 홍미애, 2007) 그리고 스트레스요인이 심리적 안녕감에 미치는 영향에 관한 연구(주현숙, 방희정, 2006) 등이 있다.

이를 대상별로 살펴보면 다음과 같다. 즉, 성인중심의 연구(김명소, 김혜원, 차경호, 2001; 이정민, 이유리, 2010; 곽윤영, 정문자, 2010; 정대영, 최정아, 2010; 이종신, 문혁준, 2010), 여성을 대상으로 한 연구(김혜원, 김명소, 2000; 이민아, 2010)가 있다. 직업에 관한 연구로는, 직무만족도와 심리적 안녕감과의 관계를 다룬 연구(이채호, 고태순, 2008; 신경숙, 2009; 신현정, 박진성; 2010)와 남성의 다중역할 몰입과 심리적 안녕감과의 관계를 다룬 연구(송진영, 2009)가 있다.

그 밖에 청소년을 대상으로 하여 진행된 연구(이미화, 조증열, 2003; 고재흥, 조기영, 2003; 신주연, 이윤아, 이기학, 2005)가 있으나, 청소년을 대상으로 한 연구들은 주로 대학생들을 위주로

한 연구(차경호, 2004; 김경순, 2006; 김현미, 방희정, 소유경, 옥정, 김은경, 2006; 정민, 노안영, 2008; 이명자, 신현숙, 염시창, 2009; 신정인, 강영걸, 김영호, 2010)가 주를 이루고 있다.

고등학생에 관한 연구는 지각된 사회적 지지와 정서표현이 심리적 안녕감에 미치는 영향에 관한 연구(민경미, 송현종, 2004)와 심리적 안녕감 프로그램 진행의 효과연구(강진호, 유형근, 손현동, 2009) 및 가족관계, 교우관계, 학교적응도와 심리적 안녕감과의 관계(김기형, 2006)를 다룬 연구 등이 있으나, 성인이나 대학생을 대상으로 한 연구들에 비하면 소수로 진행되어진 경향이 있다.

심리적 안녕감에 영향을 미치는 변인에 관한 연구를 살펴보면, 성인의 경우에 연령 및 건강이라고 조사된 연구(Adelmann, 1994; Ahrens & Ryff, 2006; 송진영, 2009)가 있으며, 청소년의 경우는 부모-자녀의 의사소통(김현주, 2010)이라고 응답하거나, 가족의 응집성 및 학교적응이라는 연구(김기형, 2006)가 있다. 한편 대학생들의 심리적 안녕감과 관련된 변인으로는 대학생활의 적응정도라는 연구(이은우, 2005)가 있어 '가정생활'과 '학교생활'의 요인이 청소년들의 심리적 안녕감과 유의미한 관계가 있음을 알 수 있다.

정리

청소년들의 심리적 안녕감을 증진시킬 수 있도록 가정과 학교를 중심으로 청소년의 다양한 심리적 영역을 측정하는 심리적 안녕감을 증진시키는 프로그램을 개발하는 것이 중요하다.

2절 | 청소년과 임파워먼트 및 삶의 질

1 임파워먼트

임파워먼트(역량강화)에 대한 구성요소로 스프라이져(Spreitzer, 1995)는 기존의 임파워먼트의 차원을 단일차원이 아닌 다차원으로 해석하여 이를 의미성, 능력, 자기결정성, 영향력으로 구분하였다. 또한 리(Lee, 2001)는 이를 개인내적, 대인관계적, 정치적 차원으로 구분하여 개인내적 레벨(level)이란 문제를 인식하고 이를 해결하고자 하는 감정과 사고를 말하며, 대인관계적 레벨이란 문제해결과정에서의 다른 사람들과의 경험을 의미하고 정치적 레벨이란 궁극적으로 정치적인 해결을 요구하며 정치적 과정들에 영향을 미치는 기술들이 요구되는 레벨이라고 하였다.

리(Lee, 2001)는 임파워먼트 실천이 상호 간 혹은 사회적, 경제적, 정치적 환경 속에서 스스로 '힘'에 접근하도록 돕는 것을 목표로 하고 있다고 하였다. 이러한 임파워먼트는 청소년에게도 매우 중요하며 임파워먼트의 측정에 관해서 짐머만(Zimmerman, 1992)은 개인적, 대인관계, 사회 정치적인 세 영역으로 나누는 것이 가장 효과적인 측정법이라고 제안하였다. 여기에서 개인적 임파워먼트는 자기효능감, 자아인식, 자기수용, 자아존중감, 권리를 가졌다는 느낌, 비판적인 사고를 포함한다. 대인관계 임파워먼트는 지식과 기술, 자기주장, 한계설정, 도움요청, 문제해결, 새로운 기술연습, 자원동원을 포함한다. 그리고 사회 정치적인 임파워먼트는 사회 및 정치적인 행동과 참여, 보상, 기여, 통제감과 행동을 포함하는 개념이라고 할 수 있다.

청소년 임파워먼트에 관한 주제와 관련하여 발표된 연구들을 살펴보면 오정옥(1999)은 가족의 건강성은 청소년의 자아존중감을 높인다고 하였다. 또한 황윤경(1996)은 청소년 또래집단의 지각된 사회적 지지가 심리사회적 성숙에 긍정적인 영향을 미친다고 하였다. 그리고 이승재(1999)는 청소년의 가족체계와 학급체제에 대한 지각이 사회성에 영향을 줄 가능성이 있다고 하였다. 더불어 청소년생태학적 지원체계로써 여가의 만족도는 청소년의 새로운 문화 창조에 기여한다는 연구가 있다(박미석 외, 2001).

그러나 우리나라의 일반적인 청소년들에 관한 임파워먼트의 연구는 빈곤이나 장애 혹은 중독 및 비행청소년과 같은, 특수상황에 있는 청소년들에 대한 연구에 치중하는 경향이 있으며(변귀연, 2002; 김희성, 2002; 이경림, 2006; 주애란, 2006; 이혜경, 2007; 국영희, 2008 등) 일반 청소년에 대한 연구는 아직도 '현저히 부족한 실정'이다(유평수, 2008).

특히, 청소년 임파워먼트에 관하여 생태학적 측면의 요소를 고려한 입장의 프로그램은 앞으로 더욱 활발히 논의될 필요가 있다. 청소년과 생활환경에 대한 연구에서 보면, 청소년의 주거환경, 가족환경, 친구환경, 학교환경, 대중매체 환경 등이 청소년의 사회환경에 유의한 영향을 미친다(정영숙 외, 1999). 또한 김미옥(2003)은 생태체계적 관점을 통해 개인뿐 아니라 가족, 집단, 지역사회 등의 환경체계에서 적절한 자원을 찾아내고, 이를 개인의 문제해결로 연결시키는 실천이 임파워먼트 실천이라고 주장하였다. 이와 같이 개인과 사회는 상호 밀접한 영향을 주고받으며 성장한다고 볼 수 있다.

정리

청소년 프로그램의 개발은 청소년들의 생태체계적인 환경적인 요소의 강점을 증진하고 청소년 임파워먼트를 강화하여 청소년들이 생태체계 환경인 가정, 학교, 여가적 측면에 있어서 청소년들이 환경으로부터 힘을 얻고 임파워먼트될 수 있도록 하여야 할 것이다.

2 삶의 질

삶이란 안화선(2008)에 의하면 살아있는 존재, 살아가는 방식, 살아있는 현상, 생명, 목숨을 의미하며, 질은 어떠한 것이 소유한 우월성의 정도, 어떤 대상의 특성을 일컫는 추상적인 복합어라고 하였다. WHO(세계보건기구)에서 삶의 질이란, 한 개인이 살고 있는 문화권 및 가치체계 안에서 자신의 목표, 관심, 기대, 사회규범과 관련하여, 삶에서 자신이 차지하는 상태에 관한 개인적 지각이라고 하였다.

우리나라의 경우에 삶의 질의 개념은 박대식 등(2007)에 의하면 1980년 이후부터 이에 대한 연구가 본격적으로 착수되었다고 하였다. 그 이후 삶의 질에 관하여 박대식 등(2011)은 2000년대 초 여성가족부가 외국인 여성인권 위협에 대한 사업을 추진한 것을 기점으로 하여, 2000년대 중반부터 다문화가족의 안정적인 가족생활 영위와 삶의 질 향상 그리고 사회통합을 위한 정책으로 추진되어오고 있다고 하였다. 이에 대하여 송건섭(2007)은 삶의 질의 개념이 인간의 안녕과 복지의 정도를 표현하는 포괄적이며, 다차원적 개념이라 하면서 삶의 질을 신체적, 정신적 및 사회 경제 영역에서 각 개인이 지각하는 주관적 만족감과 행복감으로 정의하였다. 따라서 청소년의 삶의 질도 최근 중요한 관심이 되고 있다.

이러한 삶의 질에 관한 본격적인 연구는 김봉선(2007)에 의하면 1960년대 지속되는 경제성장에도 불구하고 사회구성원들의 행복이 증가하지 않았다는 자성의 목소리로부터 시작하였다고 하였다. 즉, 사회가 지속적인 경제성장을 통하여 경제자원이 풍족해졌음에도 불구하고 빈곤, 양극화, 자살증가와 같은 사회문제가 높아짐에 따라 경제성장과 삶의 질과의 상관관계에 관하여 학문 및 정책적인 측면의 본격적인 논의가 시작된 것이다. 이에 대하여 관점에 따라서는, 삶의 질의 개인적인 요인, 경제적 요인, 정치적 요인이 행복도에 미치는 영향에서 소득은 행복도에 영향을 미치는 정도가 다른 요인에 비해 미미했다고 분석되었다(Frey & Stutzer, 2000). 이후 삶의 질은 노인, 장애인, 빈곤층 등 다양한 사회적 취약계층에 대한 개입과 사회복지정책과 서비스의 목적이 되기 시작하였다(김봉선, 2007).

삶의 질과 유사하게 인간의 행복을 설명할 수 있는 이론으로는 욕구이론, 비교이론, 문화이론이 있다. 먼저 욕구이론(need theory)에서는 대다수 사람들의 보편적인 욕구, 즉 성취욕구, 명예욕구, 생리욕구 등이 있으며 욕구의 충족 여부에 의하여 행복이 결정된다. 그리고 비교이론(Michalos, 1985)은 비교대상과의 차이에 대한 지각을 전제로 출발하는 이론이다. 이 이론은 사람들이 어떤 기준과 스스로를 비교하며 특정 기준과의 괴리를 긍정적으로 인식할 때 행복감을 느끼게 된다고 하였다. 그러므로 이것은 객관적 사실 혹은 상태 그 자체보다는 특정 대상과의 비교기준에 의한 기대수준이 스스로 지각하는 행복에 영향을 주게 된다고 보는 이론이다. 이러한 이론을 적용하여 각각의 영역을 강화하는 청소년 프로그램을 개발하는 것도 무척 흥미있는 작업이 될 것이다.

그 밖에 우리 자신이 누구이며, 무엇을 생각하고 느끼며, 어떻게 행동하는가에 관한 것이 결국 문화에 의해 결정된다고 보는 관점이 있다(Diener & Oishi, 2000). 따라서 문화에 대한 경험과 강화를 중점적으로 실시하여 청소년들의 삶의 질을 높이는 프로그램도 그 효과성을 검증할 필요가 있다. 그 밖에도 삶의 질이란 복합적인 개념으로 개인적인 특성에 따라 다르게 형성되며 인적자본으로 교육, 취업 등도 포함된다(Schulz, 1961). 또한 외부

환경이나 내부환경의 영향을 받는데, 외부환경 요인은 자연환경과 정치환경, 사회환경이 해당되며, 내부환경 요인은 신체건강, 개인역량, 사회활동, 물질적 풍요가 해당된다(Lindstrom & Ericsson, 1993; Pukeline & Starkaukiene, 2011; Veenhoven, 2000). 그리고 교육수준이 높을수록 안정적인 직업과 사회관계를 가질 확률이 높으므로 개인으로 하여금 심리적 안정감을 갖게 할 수 있다(Ross et al.,, 1997). 그러나 이에 대하여 글랫저(Glatzer, 2006)는 생활환경 등의 객관적인 차원이 향상되었음에도 사람들이 느끼는 만족도는 저하되는 객관적인 차원과 주관적인 차원이 반드시 비례하는 것은 아니라고 주장하였다. 따라서 삶의 질은 객관적 영역과 주관적 영역으로 구분할 수 있는데, 객관적인 영역은 소득, 주거형태 등이 포함되며 주관적 영역은 개인의 주관적 감정을 통해 측정되는 소득의 만족도, 직업의 만족도 등이 포함된다(Delhey, Bohnke, Habich, & Zapf, 2002).

그리고 삶의 질에 관하여 우리나라의 송건섭(2007)은 삶의 질이 인간의 안녕과 복지의 정도를 구체적으로 표현한 포괄적이고 다차원적인 개념이며, 삶의 질을 주관적 관점으로 신체적, 정신적 및 사회 경제적 영역에서 개인이 지각하는 주관적 만족과 행복감으로 정의하였다. 그 밖의 삶의 질과 관련하여 임진택(2003)은 일정한 범위 내에서 지역주민들이 보다 만족하며 안락한 삶의 물리적인 상태나 조건을 영위하는 것이 삶의 질(행복)이라고 하였다. 그리고 이원일 등(2000)은 인간의 만족스러운 생활에 영향을 주는 객관적인 삶의 조건에 관하여 분석하였으며, 김구(2003)는 삶의 질 평가 및 측정대상자가 거주하고 있는 환경적 요소와 물리적 요소를 포괄하는 삶의 종합적인 상태가 삶의 질이라고 정의하였다.

구체적인 삶의 질의 측정방식으로 펠스와 페리(Felce & Perry, 1995)는 삶의 질의 평가영역이

5가지 영역, 즉 신체, 물질, 사회, 정서, 생산적 안녕으로 구성되며, 신체적 안녕은 건강과 연관이 있고 물질적 안녕은 수입과 관련되며 사회적 안녕은 대인관계, 사회참여, 그리고 정서적 안녕은 정서상태나 스트레스와, 생산적 안녕은 발전적 성장을 하위요인으로 하고 있다고 하였다. 또한 에스테스(Estes, 2004)는 교육, 건강, 경제, 환경, 여성지위, 문화다양성, 인구학적 특성, 사회적 혼돈, 복지노력을 통해서 삶의 질이 측정된다고 하였다.

삶의 질은 크게 두 가지 방식으로 정리될 수 있다. 첫째는 김영란 등(2005)은 삶의 질을 객관적인 자료를 통하여 측정하는 방식으로 각종 사회지표나 인구사회학적 요인을 통한 측정방식이 있다고 하였다. 두 번째는 개인의 주관적인 차원에 의하여 삶의 질을 측정할 수 있다고 하였다. 즉, 삶의 질을 주관적인 차원에서 보았던 대표적인 학자인 캠벨(Campbell, 1976)은 삶의 질이 결국 개인이 삶에 대하여 느끼는 만족감이나 행복감이라고 정의하였다. 따라서 이정규(2009)는 객관적으로만 삶의 질을 측정하는 측정지표는 인간의 삶의 내면적 수준을 고려하지 못하므로 사람들의 삶에 있어서 주관적인 만족을 반영하지 못한다고 하였다. 그 밖에는 이 두 가지 방식 모두를 적용하여 삶의 질을 측정하는 방식이 있다(김미령, 2006; 박희봉, 이희창, 2007; 안화선, 2008).

정리

청소년의 삶의 질은 다양한 방식으로 측정될 수 있을 것이다. 당신이라면 상기의 어떠한 방식으로 삶의 질을 규정하겠는가? 혹은 어떠한 방식으로 삶의 질을 평가하고자 하는가? 당신의 삶의 질 혹은 청소년의 삶의 질을 향상시킬 수 있는 청소년 프로그램은 어떻게 구상될 수 있는가?

CHAPTER

03

청소년 프로그램의 이해

SECTION 01 | 청소년 프로그램 작성 시 고려사항 ············ 59

1절 | 청소년 프로그램 작성 시 고려사항

1 생태체계학

생태체계학은 체계적 관점과 생태적 관점이 합성되어 사용되는 용어이다. 생태학은 유기체와 환경 간의 관계를 연구하며, 환경과 유기체가 균형을 이루며 성장하는 과정을 중요시한다. 이에 대하여 엄명용(2009)은 인간과 인간의 주변 환경 간의 상호작용 또는 역동적 교류와 적응에 초점을 두어, 개인과 환경은 특정상황 속에 양자가 끊임없이 영향을 주고받는 관계적인 측면에서 관찰되고 파악되어야만 충분히 이해될 수 있다고 하였다. 따라서 청소년 프로그램은 청소년의 환경을 반드시 고려하여 작성되어야 한다.

이에 대하여 Zimmerman(1990)은 '인간을 환경 안에서의 개념'으로 보고 있으며, 개인 내적 임파워먼트가 '생태학적이며 문화적인 영향' 등과 무관하지 않다고 하였다. 또한 개인적 차원의 임파워먼트는 단순히 능력에 대한 자기인식만을 의미하는 것은 아니며, '환경속의 인간'이라는 개념으로써 지역사회에서의 적극적인 참여와 사회정치학적 환경에 대한 이해를 포함한다고 하였다. 생태적 체계의 개념은 다음의 그림 3-1과 같이 나타낼 수 있다.

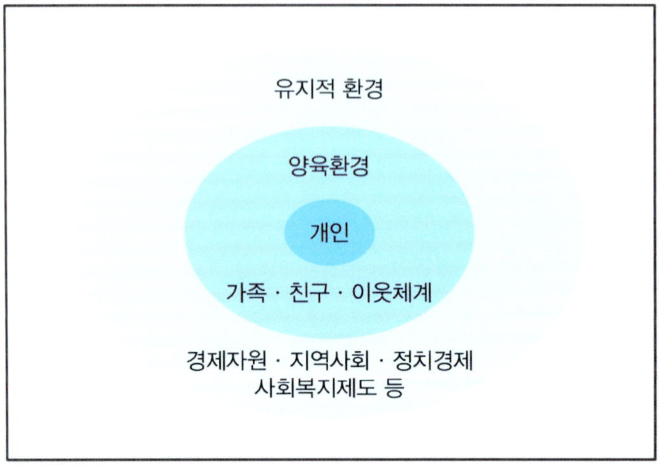

[그림 3-1] Norton, D.(1978). The Dual Perspective. N. Y. CSWE.

청소년 프로그램을 작성할 때에는 청소년의 생태학적 특성을 참작하여, 이것이 청소년들의 다차원적인 임파워먼트 향상에 미치는 영향을 살펴볼 필요가 있다. 엄명용(2009)의 생태체계적 환경에 대한 구분을 참고하여, 청소년의 미시와 중간수준의 환경으로 구분하였다. 체계를 고려한 청소년 프로그램의 개발이 고려되어야 함은 청소년 프로그램의 작성에서 전제되어야 할 것이다.

2 청소년들의 가정생활건강성과 학교생활만족도

가정이란 공동의 주거, 경제적인 협력 및 생식 등의 특성을 갖는 사회조직으로써, 초기 사회화의 바탕이 이루어지며 정서적인 안정과 인격의 기초가 형성되는 곳이다(김경아, 2002). 또한 가정은 개인생활의 기초로써 많은 시간을 보내는 곳이며 인생과 사회생활의 출발점이기도 하다. 이에 관하여 반두라(Bandura, 1977)는 자기효능감의 경험이 가족으로부터 얻어질 수 있다고 하였다. 한편 가정의 요인이 심리적 안녕감에 미치는 요인을 살펴보면, 부모-자녀의 세대 및 부모간의 연합이, 가족의 심리적 건강과 유의미한 정적인 상관관계가 있다고 하였다(Kleiman, 1981). 그 밖에는 가족의 건강이 개인의 심리적 안녕감에 밀접하게 연관되어 있다는 연구가 있다(Adelmann, 1994).

가정이 청소년의 심리적 안녕감에 미치는 영향에 관한 연구를 살펴보면 다음과 같다. 즉, 부모와의 관계가 청소년의 심리적 안녕감 형성에 일차적 영향을 줄 수 있다는 결과(송성자, 1996)가 있다. 그 밖에 청소년의 부모-자녀 의사소통이 심리적 안녕감에 미치는 영향(강해자, 이길자, 2001; 이유리, 2009)과 가족구성원 간의 관계가 심리적 안녕감에 미치는 영향(김기형, 2006)에 관한 연구 등이 있다.

또한 청소년들에게 가정과 더불어 가장 밀접한 영향을 줄 수 있는 공간은 바로 학교공간이다. 청소년에게 있어 학교는 가정과 함께 주된 생활영역이며 사회적, 지적 발달에 지대한 영향을 미칠 수 있는 곳이다. 청소년들은 학교생활을 통하여 자신의 장래를 설계하고 진로를 결정을 하며 교사와 친구관계를 통해 사회관계를 경험하게 된다(홍봉선, 남미애, 2010). 또한 청소년 개인의 학교적응은 심리적인 정서의 상태와 연관이 있다(권순용, 2006). 이에 대하여 허승연(2009)은 학교생활만족이 청소년의 행복에 영향을 미칠 수 있다고 하고 있다. 이와 같은 결과는 학교의 여러 세부적인 요인들이 청소년들의 심리적 안녕감에 영향을 미칠 수 있는 요인임을 짐작하게 한다.

정리

청소년들을 둘러싸고 있는 가정과 학교에서의 행복감을 증진시키고 선순환적인 영향을 주고 받도록 도움을 줄 수 있는 청소년 프로그램의 개발은 어떻게 접근될 수 있을까? 이에 대한 생각을 발표해보자.

3 사회체계적 관점

청소년 프로그램의 개발을 위하여 사회체계관점이 적용될 수 있는데, 사회체계관점이란 모든 조직의 수준과 인간관계에 있어서 체계론적 관점을 적용하여, 사회의 사람들이 공동의 장소와 문화를 공유하고 상호작용하는 것을 설명하고 있다. 개인은 사회체계 내에서 부분성과 전체성 간의 조화를 이루며 생활하게 된다. 다시 말하면 사회체계는 대상체계, 상위체계(suprasystem) 및 하위체계(subsystem)로 구성되어 있으며 부분성과 전체성을 동시에 가지고 있다고 할 수 있다. 예를 들면, 가족이라는 체계는 개인이라는 부분에 대해서는 전체가 될 수 있으며 거시적인 환경에 대해서는 부분이 될 수 있다. 그리고 대상체계(subject system)는 분석의 대상이 되는 특정한 사회체계를 의미하게 된다.

그리고 개인은 수많은 체계와 소통하는 관계에 놓이게 되며 그에 따른 의사소통과 피드백은 관계성의 형성에 있어서 매우 중요하다. 따라서 청소년기에 경험하는 의사소통과 피드백의 훈련이나 프로그램은 유용한 경험이 될 수 있다. 사회체계는 에너지와 정보의 이전에 대한 이해가 중요하므로 청소년이 환경과 상호작용에 있어서 올바로 상호작용할 수 있도록 하는 분야는 시연 및 모델링의 활동을 통해 활용되며 청소년 프로그램에도 적용될 수 있다. 이에 대한 개념은 다음과 같다.

1) 의사소통과 피드백(feedback) : 언어는 정보의 투입에 대한 반응으로 작용하며, 연속적인 행동을 수정하도록 하는 것에 작용하고 그 행동의 결과를 새로운 정보로 포함시키는 것에 작용한다. 가족의 의사소통의 바람직한 방법으로 활용되는 나 전달법, 긍정심리, 상호 지지하기, 감사편지 쓰기 등이 프로그램으로 활용될 수 있다. 이러한 다양한 활동의 구성은 청소년으로 하여금 체계 안에서 선순환적으로 활동할 수 있도록 하는 능력을 함양하게 하고 올바른 신념을 형성하게 한다.

이를 통하여 사회체계는 목표와 관련된 피드백을 통하여 조정되는 사회체계로 에너지를 교환하며 발전하게 된다. 이때 부정적인 피드백은 체계가 목표를 성취하기 어려운 방식으로 행동하고 있다는 정보를 주게 되며 목표와 조화를 이루도록 행동을 수정하게 하는 메시지를 전달하게 될 수 있으며, 반면 긍정적인 피드백은 체계가 목표와 관련하여 적절하게 행동하고 있으며, 그와 같은 행동이 요청된다는 의미를 전달하면서 강화된다. 인간은 사회의 환경으로부터 끊임없이 반응을 받고 환경으로부터의 신호에 적응하기 때문에 인간이 효과적 피드백과 의사소통 양식을 수립하는 것은 매우 중요한 생활양식이 될 수 있다.

2) 프로그램의 투입(input), 전환(conversion operations), 산출(output) : 프로그램의 투입은 참여자의 동기로 전환되고 새로운 활동으로 산출될 수 있다. 이러한 과정은 프로그램이 가진 독특한 메커니즘으로 각 체계를 구성하는 청소년들의 지각된 욕구나 사회문제 혹은

기회의 점검을 통하여 프로그램화될 수 있다. 즉, 프로그램을 통하여 문제를 다루거나 기회를 잘 활용하는 것에 필수적인 과정이 될 수 있다. 이러한 프로그램의 참여과정은 중요한 전환(conversion operations)의 역할을 하게 되며 이때 일어나게 되는 상호작용은 행동 그 자체로 환경과의 상호작용을 도모하게 된다.

4 청소년의 발달과업과 메슬로우의 욕구단계의 활용

1) 청소년과 자아정체감의 형성

청소년기의 자아정체감은 자신이 개별적 존재이며 독특성을 형성하고 있음을 인지하는 것으로 자신의 행동, 사고 그리고 감정의 변화에 가지게 되는 일관성이라 할 수 있다. 이에 대하여 에릭슨(Erikson)은 자신이 누구인가에 관해 갖게 되는 개인적 느낌은 타인이 자신을 보는 견해와 함께 일관성이 있어야 한다고 강조한 바 있다. 그의 인간의 발달의 8단계에 나타나는 특성은 각 단계에서 심리사회적인 발달과업과 위기를 어떻게 해결하느냐에 따라서 개인의 독특한 성격이 형성된다고 보았다.

그에 따르면, 청소년기에 달성하여야 하는 과업은 자아정체감이며 이것을 이루지 못했을 경우 나타나는 현상이 역할혼미이다. 이러한 청소년의 시기에 "나는 누구인가"라는 존재에 대한 물음을 던지기도 하며 갈등하기도 한다. 이 시기는 자신의 존재와 추구하고자 하는 정체감의 획득이 이루어지면 정체성의 형성에 긍정적인 영향을 주게 되지만 그렇지 못하는 경우에는 정체감 혼란에 빠질 수 있다는 것이다.

따라서 청소년기의 정체감 확립은 매우 중요하며 인생에 있어서 중요하게 다루어져야 하는 과업이 될 수 있다. 현대사회가 분화되고 아동기와 성인기 사이에서 정체감의 유예와 같은 기간이 길어지면서 청소년기는 길어지는 양상을 보이고 있다. 또한 사회적응에 대한 기술도 다양해지고 있는 것이 현실이다. 또한 청소년기는 정체감 확립과 함께 직업을 준비하는 시기이기도 하므로 학업과 함께 진로에 대한 깊은 관심과 탐색 및 준비가 중요하며 이에 대한 진로탐색의 프로그램 등이 제작되고 보급되는 것도 무척 중요한 함의가 있다고 할 것이다.

2) 매슬로우의 욕구단계설

청소년 프로그램의 개발에 있어서 인간의 욕구단계에 대한 위계를 고려해보는 것이 중요하다. 매슬로우는 인간욕구의 위계설을 통하여 인간의 욕구는 위계를 가지며 하위의 욕구가 달성되어야 상위의 다음 욕구로 나아갈 수 있다고 하였다. 매슬로우에 의하면 인간의 욕구는 기본적으로 5가지로 설명될 수 있는데, 그것의 위계는 생리적 욕구, 안전의 욕구, 애정과 소속에 대한 욕구, 자존감의 욕구, 그리고 자아실현의 욕구이다.

먼저 가장 하위 단계에서 충족되어야 하는 생리적 욕구(physiological needs)는 음식, 물, 공기, 수면에 대한 욕구가 해당할 수 있다. 청소년 복지학에 있어서도 기본적인 생리적 욕구가 먼저 충족되어야 한다고 하고 있는데, 이들 욕구의 충족은 우리의 생존을 위해서 필요불가결한 것이라고 볼 수 있다. 그 다음 단계가 안전의 욕구(safety needs)인데 이 단계에서는 안전과 안정을 느끼는 생활의 보장이 필요하며 따라서 불안과 공포로부터의 보호

등과 같은 욕구가 이에 포함된다. 이러한 생리적 욕구와 안전의 욕구는 유아기와 아동기를 통하여 주 양육자에 의해 형성되며, 또한 이를 기반으로 애정과 소속의 욕구, 자존의 욕구, 자아실현의 욕구는 청소년의 행동에 의미를 부여하게 된다.

생리적 욕구와 안전의 욕구보다 상위에 있는 애정과 소속의 욕구(love and belongingness needs)는 인간의 기본적인 욕구로 사람들과 친밀한 관계를 맺으며, 어떤 집단에 소속되고자 하는 청소년의 욕망으로 표현될 수 있을 것이다. 인간은 사랑의 욕구가 충족되는 것이 매우 중요하며 특히 청소년은 다른 사람과 원만한 관계를 맺고 친구나 가족 및 의미있는 타자와 가깝고 뜻 깊은 관계를 유지하는 것이 중요하다.

이후 성취되어야 하는 자존감의 욕구(self-esteem needs)는 삶에 대한 기술을 습득하고, 맡은 일을 훌륭하게 성취하며 성취나 칭찬과 성공의 경험을 통하여 타인으로부터 긍정적인 평가를 들음으로써 달성될 수 있을 것이다. 혹은 자신 스스로가 경험하는 일상생활 속에서 스스로에게 자족하는 정도로 평가될 수도 있으므로 이는 주관적인 성격이 강하다고 할 수 있다.

이후 인간의 욕구 5단계 중에서 가장 상위에 있는 자아실현 욕구(self-actualization)는 인간 욕구의 위계 중에서 가장 높은 수준이라고 할 수 있으며 자아실현을 이룬 사람들은 자신에게 솔직하며, 지혜롭고 창의적인 특징을 지니며 자신이 가지고 있는 자아를 실현하므로 삶에 있어서의 목적을 충분히 달성하고 있다고 느끼며 자신이 달성하고자 하는 삶을 달성한 단계라고 할 수 있을 것이다. 따라서 청소년기에 이러한 자아실현을 달성하기 위한 토대가 충분히 마련될 수 있도록 하는 것이 청소년 프로그램에서 고려되어야 할 부분이며 그에 대한 가치관이나 사회탐색이 충분히 이루어질 수 있도록 하는 다양한 문화나 활동을 중심으로 하는 프로그램의 구성도 구상될 수 있을 것이다.

3) 청소년기의 발달과업

청소년기의 발달과업으로 모든 청소년은 자신의 발달단계에 맞는 발달과업을 수행하는 것이 중요하며 이를 통하여 다음 단계를 준비해야 하는 과제가 있다. 발달과업이란 매 발달단계에서 개인이 환경에 적응하기 위해 요구되는 기술이나 능력을 뜻하며 만약 한 단계에서 발달과업의 성취가 만족스럽지 못한 경우에 다음 단계의 발달은 영향을 받을 수 있다. 이에 대하여 해비거스트(Havighurst)는 청소년기의 발달과업으로 다음과 같은 정서와 사회적 발달을 강조한 바 있다. 청소년기의 발달과업은 다음과 같다.

1. 청소년기는 자기의 체격을 인정하고 자신의 역할을 수용하여야 한다.
2. 청소년기의 특성은 동성이나 이성의 친구와 새로운 관계를 형성하는 시기이다.
3. 청소년기는 부모와 다른 성인들로부터 정서적으로 독립하는 시기이다.
4. 청소년기는 경제적 독립의 필요성을 느끼는 시기이다.
5. 청소년기는 직업을 선택하고 준비하는 시기이다.
6. 청소년기는 유능한 시민으로서 갖추어야 할 지적 기능과 개념을 획득하는 시기이다.
7. 청소년기는 사회적으로 책임있는 행동을 원하고 이를 실천하는 시기이다.
8. 청소년기는 결혼과 가정생활을 준비하는 시기이다.
9. 청소년기는 적절한 과학적 세계관에 맞추어 가치체계를 형성하는 시기이다.

청소년기의 발달과업을 요약하면 건강한 시민으로 성장하는 것과 건강한 성인으로 성장하여 부모로부터 독립하는 것이라고 할 수 있다. 청소년들은 신체적 발달과 함께 지적 인지능력의 조화를 이루며 다가올 성인기를 대비해하게 된다. 청소년이 아동에서 성인으로 이행하는 과정에서 특히 중요한 것은 또래와의 관계의 형성이며 이 시기에 형성되는 우정은 성인이 되어서도 중요한 영향을 미치게 된다.

청소년기의 중요한 관계는 부모에게서 의미있는 친구로 이행되며 동성의 친구에서 동성과 이성의 친구와의 조화로운 관계형성이 이루어지는 시기이기도 하다. 이러한 시기에서 청소년이 성인기로 진입하는데 있어서 또 하나의 중요한 과정은 자신의 적성을 탐색하고 직업을 결정하면서 이루어야 하는 경제적인 독립이라고 할 수 있을 것이다. 따라서 청소년기에 이행되어야 하는 친구관계의 형성, 직업의 탐색과 경제적 자립의 모색, 건전한 가치관의 형성과 시민의식 함양 등을 달성할 수 있도록 하는 청소년 프로그램의 개발이 고려되어야 할 것이다.

5 청소년 프로그램 개발을 위한 청소년기와 환경의 이해

청소년기는 특성적으로 학업성취문제, 신체 및 정신의 발달, 생활습관의 형성 등 다양한 환경으로부터 불안정성과 함께 각종 스트레스를 경험하기 쉽다. 청소년기의 스트레스 경험은 생리적인 변화를 가져올 뿐만 아니라 심리적으로도 큰 변화를 가져올 수 있는데, 청소년 개인이 스트레스원(stressor)을 어떻게 지각하느냐에 따라 그 이후의 생활이 결정될 수 있다. 청소년들은 급변화하는 신체적 발달과 함께 자신이 속해 있는 다양한 환경 속에서 성장하고, 자신을 둘러싼 환경과 교류하게 된다. 청소년기에 가장 큰 영향을 미치는 환경은 가정환경이다. 청소년에게 있어 가정환경은 정서적 안정성의 기반이며 청소년의 능력 개발 및 발달, 사회성의 형성, 인성, 상호작용을 통한 광범위한 사회생활의 준비 및 사회화 학습이 가능한 장이다. 그런데 이러한 가정환경의 기능이 제대로 작동되지 않는 경우에 청소년들은 우울, 불안, 행동상의 품행장애 등의 문제들을 경험하기 쉽다.

청소년에게 중요한 환경으로는 학교환경을 들 수 있다. 우리나라의 학교환경은 특성화 교육도 많으나 입시구도의 경쟁적 학습이 주를 이루므로 청소년들의 이기적 사고방식이나 부정적 자아상 그리고 낮은 효능감 등이 문제가 될 수 있다. 그리고 교사와 또래와의 적절한 관계맺기에 실패한 경우는 많은 품행장애나, 우울, 낙인감, 낮은 자기성취 등으로 나타날 수 있으므로 주의가 필요하다. 그뿐 아니라 기존의 청소년을 보호대상으로 간주해왔던 우리 사회의 소극적인 인식은 보다 적극적으로 우리 사회에서 청소년들이 진취적인 활동을 하는 것에 대한 제한점이 되어왔던 것이 사실이다. 이에 대하여 OECD에서 평가한 청소년 핵심역량에 있어서 우리나라는 청소년들의 사회참여나 자율성 및 거시적 맥락의 형성 등에 있어서 높은 위치를 점하지는 못했던 것이 사실이다. OECD에서 제시한 핵심역량의 정의는 다음과 같다.

OECD에서 핵심역량의 의미는 결국 개인이 성공적인 삶을 영위하고 보다 잘 기능하는 사회건설을 위해, 개인적 · 사회적 차원에서 가치있는 결과를 산출하는 능력이라 정의하였다(Rychen & Salganik, 2003). 2007년 우리나라의 교육혁신위원회에서는 미래 교육비전과 전략에서 지식중심의 교육과정의 탈피와 다양한 문제를 합리적으로 해결하는 핵심역량을 중심으로 교육과정을 개편할 것이 제안된 바 있다(최승현, 황현정, 2012).

우리나라의 청소년 복지정책의 기본방향을 살펴보면 과거에 비하여 국가적으로 청소년들의 역량강화에 보다 중점을 두고 있음을 알 수 있다. 그런데 우리나라 청소년들은 입시경쟁과 학업위주의 학습구도에 따라 자율적 행동에 많은 위협을 받을 수 있는 것이 현실이다. 더욱이 우리나라 청소년들에게 자율성이 가장 부족한 요소인 것으로 나타났다(권혜수, 김기헌, 2010). 또한 거시적 맥락으로 사회에 대한 관심과 사회관습에 대한 이해, 도덕적 기준, 개인의 역할, 문제해결방안 등의 합리성을 반영하는 개념이 필요하다(청소년정책연구원, 2009). 이와 같은 개념은 OECD의 국제적 차원에서도 그 중요성을 인식하고 있다.

역량의 개념은 업무성과와 관련된 광범위한 심리 및 행동적 특성으로 1973년 사회심리학자인 McClelland에 의하여 소개되었으며, 기존의 전통적 적성과 지식내용을 평가한 시험이 직업수행이나 성공적 삶을 예언하지 못하므로 지능 대신 역량을 측정해야 한다고 주장하였다(김연희, 정재삼, 이종경, 이유진, 2010).

이후 1997년부터 2005년에 걸친 OECD의 DsSeCo(Definition and Selection of Competencies) 프로젝트에서 핵심역량의 개념이 일반적 삶의 차원에서 논의되기에 이르렀다. 이러한 OECD의 DsSeCo 프로젝트는 삶의 특정한 맥락이나 지점에서 필요로 하는 것을 산출하는데 초점을 두기보다는, 오늘날 복잡하고 변화하는 삶에 대처하기 위해 광범위한 역량에 그 초점을 두고 있다(김연희, 정재삼, 이종경, 이유진, 2010).

이와 같은 OECD의 DsSeCo에 의하여 2005년에 제시된 청소년들의 핵심역량의 커다란 세 가지 범주로는 첫째, 사회의 이질적 집단에서 상호작용하기, 둘째, 자율적으로 행동하기, 셋째, 언어, 상징, 텍스트, 지식, 정보 등의 기술적인 도구를 활용하는 능력을 들고 있다. 이 같은 역량은 21세기 사회를 성공적으로 살아가는 데 있어서 모든 사람이 반드시 갖추어야 하는 공통적인 능력, 즉 핵심역량이다(소경희, 2007).

핵심역량 중 자율성이란 Webster 사전(1988)에 의하면 스스로 자치적이고 독립적으로 통제하는 상태를 의미하는데, 즉 인식하고 있는 목적을 향한 심리적 준비에 대하여, 달성하고자 하는 목적을 위해 의도적으로 행동하는 심리상태의 수준을 의미한다. 이에 대하여 Deci와 Ryan(1991)은 자율성이 능력과 관계성뿐 아니라 인간의 기본적인 욕구라고 정의하였다(손덕순, 2001). 이에 OECD의 DsSeCo에 의하면 자율적 행동이란 개인과 집단이 스스로의 권리와 이익을 요구하고 그들의 물리적 · 사회적 환경과 활발하게 교류하며 계획을 세우고 실천하며 목표를 달성하는 전략을 개발하는 것으로 정의하고 있다(김기헌, 맹영임, 장근영, 구정화, 강영배, 조문흠, 2009). 즉, DsSeCo 프로젝트에서는 자율적 행동역량은 개인이 삶을 관리하고 자기주도적으로 생활하는 데 필요한 역량이라는 것이다. 그런데 이러한 자율적 태도는 결국 자기이해를 기반으로 하며 의사결정과 선택, 목표설정, 권리주장 및 자신의 환경과 기능을 이해하는 거시적 맥락으로 구성되고, 중요한 것은 개인이 타인에게 기대를 두는 것이 아니라 자신을 기준으로 하여 이들을 지향해야 한다(Rychen, 2003).

Rychen과 Salganik(2003)는 청소년의 자율적 태도가 자신의 자원, 권리, 한계 및 욕구를 분명하는 것과 자신의 과제를 결정하고 전략을 개발하여 이를 수행하기 위해 삶과 환경을 통제하고 의사결정에 참여하는 것을 포함한다고 하였다. 자율적 태도의 하위요인은 다음과 같이 요약될 수 있다. 김기환과 그의 동료들(2009)은 OECE의 DeSeCo를 인용하여 첫째, 거시적 맥락에서 행동하기, 둘째, 목표와 과제를 수립하고 실천하기, 셋째, 권리와 이익의 한계를 알고 요구하기로 정의된다고 하면서, 거시적 맥락에서 행동하는 것이란 법과 규정을 이해하고 준수하는 것 뿐 아니라 성문화되지 않은 사회적인 합의와 절차 그리고 도덕성에 부합하는 행동을 수행하는 것을 의미한다고 하였다.

이러한 점에서 자율적 태도란 개인이 생활과 환경통제뿐 아니라 의미있고 책임감 있는 방법으로 자신의 삶을 관리해 나가는 역량을 의미하는 것이다(김기헌 외, 2009). 따라서 DeSeCo에 의하면 자율적 태도란 자기이해를 기반으로 의사결정과 선택을 행동으로 전환하는 능력을 포함하며, 이러한 자율적 행동역량은 개인이 의미있고 책임있는 방법으로 자신의 삶을 관리하고 자기주도적으로 생활하는 데 필요한 역량이다(권혜수, 권기헌, 2010).

그리고 핵심역량 중 사회적 상호작용이란, 사회적 관계 속에서 나타나는 개인과 집단에 대한 행동양식을 지칭하는 것으로 사물의 교환은 물론 언어, 의사, 인정 등의 교환을 의미한다(최혜순, 1992). 즉, 사회적 상호작용은 두 사람 이상이 접촉하여 서로의 행동에 영향을 미치는 과정으로 인간들은 사회적인 지위와 역할과 문화뿐 아니라 인간의 각종 심리적 상황조차도 이 사회적 상호작용 속에 활성화되고 의미를 가진다(강운선, 1997). 따라서 강운선(1997)은 사회적 상호작용이 어떤 구성원에 의해 다른 구성원의 능력을 발달시키는 사회화 과정으로써 의미가 있으며 환경을 형성하는 주요 근원이라고 하였다. 이것은 사회적 요구를 고려하여 다양한 배경을 가진 타인들과의 상호작용을 의미하고 사회질서를 배우는 그 과정에서 차이와 갈등을 성공적으로 다룰 수 있는 역량이다(권혜수, 김민성, 강영신, 2011).

이러한 취지에서 학교교육은 전통적인 지식의 습득보다는 실제 삶의 맥락에서 실천할 수 있는 역량의 개발에 초점을 두는 방향으로 나아갈 필요가 있다(김연희, 정재삼, 이종경, 이유진, 2010). 학교생활이란 학교에서 학생이 받는 교육적 영향의 총체이다(교육학사전편찬위원회, 교육학대사전, 1992). 홍봉선과 남미애(2010)는 청소년에게 학교의 의미는 주된 생활영역으로 청소년들은 학교생활을 통해 자신의 미래를 설계하며 진로를 결정하고 교사와 친구관계를 통해 사회관계를 경험하며 발전시킨다고 하였다. 학교교육에 관한 역량담론은 학교의 교육이 학생들이 향후 사회적 삶을 성공적으로 살아가는 데 있어서 필요로 하는 능력을 제공해야 한다는 방향으로 형성되어, 모든 학습은 가치와 핵심역량 그리고 학습영역을 상호 관련시키는 자연스러운 연계가 되어야 할 것이다(소경희, 이상은, 이정희, 허효인, 2010).

한편 OECD의 DsSeCo(Definition and Selection of Competencies)에 의하면 자율적 태도의 구성요인은 주변체계의 작동원리에 관심을 갖는 거시적 맥락의 이해와 자기주도, 자기통제, 자기관리의 개념을 포함하는 목표와 과제수립, 그리고 권한의 한계를 알고 요구하기 등의 개념이 포함되며 이를 위해서는 자기 자신의 이해를 토대로 자신을 둘러싼 사회의 규칙이나 원리를 이해하고 정당한 방법의 주장과 적절한 대안 모색이 요구되며, 자기정체성, 자기 모니터링, 충동조절, 계획수립, 권리인지, 의무이행, 자율성의 내용이 포함된다(김기헌 외, 2009). 따라서 청소년 프로그램은 보다 진취적인 미래를 건설하는 핵심역량에 대한 고려가 필요하며 보강된 학교생활에 대한 고려도 필요할 것이다.

CHAPTER

04

청소년 프로그램 개발의 이론과 모형

SECTION 01 | 청소년 프로그램 개발의 접근방법 77

SECTION 02 | 청소년 프로그램 개발의 이론적 모형 83

SECTION 03 | 프로그램 기획의 특성 85

SECTION 04 | 청소년 프로그램의 기획과정 86

1절 | 청소년 프로그램 개발의 접근방법

다음은 청소년 프로그램 개발의 접근에 앞서서 청소년 복지기관의 사업수행에 있어서의 기본사항을 통하여 실천적 프로그램의 접근방식과 의사결정에 관해서 살펴보고자 한다. 지역사회의 기관은 종합적인 청소년복지사업을 제공할 수 있으며, 지역사회 문제를 예방 및 치료하고 지역사회의 구성원 간의 통합감을 조성할 뿐 아니라 균형있는 복지증진을 수행할 수 있다.

1 지역사회와 청소년 프로그램의 개발

다음은 환경을 고려하는 청소년 프로그램으로써 지역사회 청소년복지기관의 점검사항을 나타낸 것이다.

1) 청소년의 지역사회사업의 수행에 있어서 점검되어야 할 사항

① **전문성**: 전문적 지식과 기술을 통하여 전문적인 계획에 의하여 사업이 수행되어야 한다.

② **시설성**: 사회복지실천에 준하여 필요한 기준 시설을 확보해야 한다.

③ **복지성**: 청소년복지에 정치활동, 영리활동, 특정 종교활동이 직접적으로 개입할 수 없다. 수혜자에게는 자존과 인권의 존엄성 등이 유지되면서 서비스가 제공되어야 한다.

④ **자주성:** 청소년이 당면한 욕구와 지역사회의 실정과 특수성에 따라 자주적으로 운영되어야 한다.

⑤ **예방 및 치료:** 치료적 차원과 예방적 차원의 사업이 연계적으로 수행되어야 한다.

⑥ **참여의 원칙:** 자조정신에 입각하여 청소년 및 전문가 그리고 지역사회의 구성원 스스로 참여하여 해결해 나갈 수 있도록 한다.

⑦ **다목적성:** 지역사회와 청소년의 문제는 상호 연계되어 있으므로, 지역사회와 청소년사업의 연계적인 운영에 의해 다각적으로 반영되어야 한다.

⑧ **잠재적인 자원활용의 원칙:** 청소년 욕구의 다양성에 따라 인력 및 자원이 다양하게 요구되므로, 사회의 잠재자원을 동원할 수 있도록 하고 이를 활용하는 것이 바람직하다.

⑨ **민주주의적 원칙:** 모든 서비스는 민주주의적인 방법으로 진행되는 것이 바람직하다.

⑩ **예산, 평가 및 피드백의 원칙:** 모든 청소년서비스는 사회복지서비스와 함께 지속적으로 평가되어야 하며, 예산배정의 적정성과 피드백의 원리가 지속적으로 적용되어야 한다.

2) 지역사회의 청소년 복지관의 역할

① **서비스 제공의 중추적 역할:** 청소년의 욕구와 문제에 부응하여 조정하고 통합하여 효과적인 서비스 체계를 수립하는 것이 필요하다.

② **토론 및 활동의 장:** 지역사회의 청소년이 모여 집단활동을 하거나 토론을 할 수 있도

록 한다. 그 밖에도 다양한 활동의 장이 되도록 지역사회의 청소년 활동의 구심점이 된다.

③ **직업 진로센터**: 청소년의 진로훈련과 직업 탐색에 대한 기능을 담당할 수 있다.

④ **역량강화센터**: 청소년의 욕구를 반영하여 다양한 역량을 강화하는 기능을 담당할 수 있다.

⑤ **사회통합의 장**: 청소년의 지역사회활동을 통한 사회의 통합이 가능하도록 한다.

⑥ 그 밖에 청소년 지역사회참여의 운영 및 지역사회 조사 및 평가 등의 역할을 수행할 수 있다.

2 지역사회 안에서의 청소년의 이해를 위한 준거 틀과 접근방식

지역사회 내에서의 청소년에 대한 이해를 위한 준거 틀로써 지역사회 안에서 청소년의 표적 집단의 특성과 지역사회의 특성에 대한 인식이 필요하다. 이를 위해서 지역사회의 특성을 이해하고 지역사회와 함께 할 수 있는 청소년의 표적 집단에 영향을 미치는 사회 문제를 분석하고, 표적 집단에 영향을 미치는 지배적인 가치를 이해하는 것이 중요하다. 이에 대한 사정의 종류는 다음과 같은 것이 있다.

① **문제중심의 사정**: 전체 지역사회와 관련되며 지역사회의 청소년에 대한 중요 문제에 보다 초점을 둔 사정을 의미한다.

② **강점관점의 사정**: 청소년들의 지역사회에서 담당할 수 있는 특정 부분이나 일면을

중심으로 접근하는 것을 뜻한다.

③ **자원중심 사정**: 지역사회의 행사나 지역사회의 자원을 활용하여 청소년의 개입을 하는 것을 의미한다.

④ **협력중심 사정**: 지역사회 참여자들이 파트너로서 다양한 개입과 접근하는 방식을 의미한다.

다음은 접근방식으로 대표적인 욕구사정을 위하여 의사결정이 고려될 수 있으며 자료수집방법으로 질적 조사방법과 양적 자료수집방법을 생각할 수 있다.

1) 의사결정

대표적인 의사결정의 모형으로 제시할 수 있는 모형은 합리모형, 점증모형, 혼합모형, 쓰레기통 모형이 있다. 현실적으로 최적화된 초합리 모형은 존재하지 않으며, 보통 점증모형이나 만족모형의 차원에서 프로그램 개발의 피드백이 활용된다.

그러나 경우에 따라 극단적인 불확실 상태에서 랜덤형식이라 볼 수 있는 쓰레기통 모형이 제작과정에서 발언권이 강한 구성원에 의하여 채택되는 경우도 있을 것이나, 조직의 의사결정을 위해서 먼저 문제로부터 출발하여 해결책이 제시되기까지 문제가 무엇인지 파악하는 것이 무엇보다 중요하다.

해결책이 서로 연관되지 않는 경우에는 의사결정에 관계되는 조직 내의 제반요인(문제, 해결책, 참가자, 선택기회)으로 문제 자체가 지니고 있는 복합적인 속성과 해결책이 지니고 있는 또 다른 문제 및 참가자들의 이질성 및 참가자들 간의 선택기회의 우연성과 의사결정자에게 부과되는 외부의 압력과 같은 요인들로 적절한 선에서 타협될 수도 있는 것은 잘 관찰되어야 한다. 이러한 과정에서 유용하게 활용될 수 있는 의사결정 모형은 사고모형으로, 이는 청소년이 경험하는 현상들을 이해하는 체계 또는 준거의 틀로 작용할 수 있다. 이러한 청소년에 대한 개입에 대한 의사결정의 사고의 틀은 청소년과 지역사회기반의 선택체계 및 개입양식에 간접 및 직접적인 영향을 미치게 된다. 또한 그 밖에도 이와 같은 의사소통의 기반을 부단히 성찰하는 것은 새로운 사고의 전환을 도모할 수 있게 한다.

아울러 공유비전으로 지역사회나 조직이 추구하는 방향이 어떠하며, 그것이 왜 중요한지에 관하여 조직구성원의 공감대 형성이 무엇보다 중요하다. 이러한 비전은 개인이나 소수집단에 의하여 제시되는 것이 아니라, 리더와 구성원 간의 합의된 방식으로 형성되는 것이 바람직하다. 일단 비전이 형성되면 팀 학습을 통하여 팀 구성원들이 바람직한 결과를 얻기 위해 체계적이며 지속적인 학습행위가 필요한데, 결론의 도출과정에서 타인의 관점이나 청소년 당사자의 의견존중을 통한 상호작용이 중요하며 민주적 의사결정이 기본이 되는 것이 바람직하다.

2) 질적 조사방법

청소년 프로그램을 위한 질적 조사방법으로는 사례관리, 델파이 기법, 명목집단 기법, 핵심 정보제공자 기법, 인터뷰, 민속학적 방법 등이 있다. 이에 적용되는 연구방법으로는 현상학적 방법, 나레이션 방법, 근거이론의 적용 등이 있다. 이 중 델파이 기법은 전문가의 의견을 우편이나 이메일을 통해서 질문의 형식으로 수행될 수 있는 기법으로, 전문가 중심의 주요 정보제공자들을 활용하는 방법이다. 이는 설문지를 통한 반복 또는 통제된 환류를 정보수집과정의 여러 단계에서 제공하게 된다.

3) 양적 자료수집방법

청소년 프로그램을 위한 양적 자료수집방법으로는 사회지표 분석, 구조화된 서베이, 프로그램 모니터링, 지역사회 집단 접근, 실험연구 등이 해당할 수 있다. 연구방법으로는 회귀분석, 다변량 분석, 구조방정식 등 다양한 방식이 있으며 변수의 특성이 고려되어야 한다. 이를 위해서는 신뢰도, 타당도를 비롯하여 내적 타당성과 외적 타당성 등이 확보되어야 한다.

3 청소년 프로그램 개발을 위한 사고력의 훈련

청소년 프로그램 개발을 위한 사고력의 훈련은 사회현상을 단선적이고 평면적으로 이해하는 것이 아니라, 시스템적인 사고로 전체를 보고 전체에 포함된 부분들 사이의 순환적이며 동태적 인과관계를 이해하는 문제해결의 수단으로 활용될 필요가 있다.

2절 청소년 프로그램 개발의 이론적 모형

이번 절에서는 청소년 프로그램 개발에 앞서 이에 적용할 수 있는 분석 틀 및 이론적 모형을 학습하고, 이를 적용해보도록 할 것이다. 청소년 프로그램 개발의 이론적 모형은 다양하며, 이곳에서는 정책 분석 틀을 먼저 제시하고자 한다.

1 Mazmanian과 Sabatier(1981)의 분석 틀

Mazmanian과 Sabatier(1981)의 일반정책 분석 틀은 문제의 용이성, 집행 구조화 능력, 정책 혹은 프로그램의 집행에 영향을 미치는 변수, 집행의 과정과 단계에 관한 점검을 통하여 점검 및 평가를 하고 있다.

각각의 지표구성요인으로는 문제의 용이성에 대하여 활용 가능성, 요구되는 변화범위, 대상집단 등이 있으며, 구조화 능력으로 명백하고 일관성 있는 목표, 적절한 인과이론, 재정적 자원, 의사결정원칙, 담당자의 충원 등이 점검될 수 있다.

또한 정책집행에 영향을 끼치는 변수로는 문제에 대한 사회 등의 관심, 대중적 지지, 주권자로부터의 지지 등이 있으며, 집행과정에서는 산출물의 영향, 인지된 영향 등을 바탕으로 피드백에 의한 수정이 이루어진다.

정리

정책이나 프로그램의 분석 틀은 전체적 과정의 중요한 부분을 한눈에 살펴보는 것을 용이하게 한다.

2 제도 및 프로그램 적정성 점검을 위한 Flow Chart

제도 및 프로그램 적정성 점검을 위한 지표의 체계 검토에 있어서는, 정책이나 프로그램의 적정성을 점검하기 위해서 검토가 필요하다. 먼저 제1단계로는 제도나 정책 혹은 프로그램의 필요성을 점검하는 단계를 거쳐야 한다. 다음 2단계로는 제도나 정책 혹은 프로그램의 운영에 따른 준수, 목표달성 정도, 목표성취 정도, 만족도 등의 운영차원의 검토가 필요하며, 마지막으로 실시 및 유지를 위한 적정성과 운영의 효율성 점검이 필요하다.

프로그램 시행결과의 적정성에 관련한 평가항목은 목적에 따라 다양한 항목이 포함될 수 있다. 즉, 프로그램 시행결과에 대한 평가에서는 성과, 목표달성도, 목적성취도, 만족도를 점검하여 시행결과가 얼마나 적정한지를 판단하게 된다. 그리고 시행역량의 적정성을 평가하고자 할 때는 제도 자체의 적정성과 제도 운영의 효율성을 점검하여, 시행결과가 만족스럽지 못할 경우 그 원인을 반영할 수 있다.

3절 프로그램 기획의 특성

기획은 미래에 대한 계획인 목표를 달성하기 위한 행동방안을 선택하는 일련의 과정으로, 미래에 대한 '목표설정'과 이를 달성하기 위한 '최적의 접근방법의 선택'이 기획의 과정이다. 기획의 궁극적 가치는 기관의 목표를 보다 효과적이고 효율적으로 성취하여 기관 책임성을 증진시키는 데 있다(김형식, 이영철, 신준섭, 2010: 141). 이 절에서는 프로그램 기획의 특성에 대해 알아보자.

청소년 프로그램 기획의 특성

① **미래지향적**: 프로그램의 기획활동은 '미래'의 목적 및 목표를 설정하고, 이를 달성하기 위한 '미래'의 행동을 규정하는 특성이 있다.

② **과정지향적**: 청소년 프로그램의 기획활동은 '연속적'인 준비과정으로, 계속적으로 진행되는 의사결정의 과정이며 활동으로 규정된다.

③ **적응지향적**: 청소년 프로그램의 기획활동은 외부 환경 변화에 '적응'하기 위한 노력이 투입되는 산물이다.

이를 종합하면 프로그램 기획은 미래지향적이며 과정을 중요시하며 환경을 고려하는 특성을 가지고 있다.

4절 청소년 프로그램의 기획과정

사회복지실천분야에 있어서 사회복지 행정가(social administrators)의 전문적 기술이 적용되는 분야가 바로 프로그램 설계분야이다. 청소년 프로그램도 마찬가지로 사회적인 문제 혹은 청소년의 문제해결을 위하여 정부나 단체의 재원의 자원을 통하여 특수한 목적을 성취하기 위하여 실시되는 경우가 많다. 이때 충분한 문제의 파악과 성찰은 목적달성에 중요한 직결요인이고, 이를 통하여 청소년의 욕구충족이 가능하게 된다.

프로그램의 기획과정은 반복적인 일련의 과정이기보다는 순환적인 과정으로 보는 것이 타당하다. 청소년 프로그램을 진행하면서 지속적으로 점검되고 개선되어야 하는 부분을 측정하여, 하나의 산출물로서 청소년 프로그램의 궁극적인 목적을 성취할 수 있도록 청소년 프로그램의 설계는 클라이언트에게 도움이 되면서 동시에 사회적인 지지를 얻기 위해 일관성 있게 진행되어야 한다.

1 기획과정에서 고려되어야 할 프로그램 설계의 개입수준

청소년 프로그램 설계는 사회복지정책을 상위개념으로 하여 실천적 효용성을 증대시키기 위하여 개입의 수준(Levels of Intervention)을 고려하여야 한다. 계획이란 어떤 일을 실행하기에 앞서 진행방법, 진행순서, 진행규모 등을 미리 구상하여 수립한 내용들을 뜻한다. 계획을 수립하는 과정을 기획이라 하며, 기획은 과정과 결과가 포함된다.

청소년조직의 전문가는 청소년 프로그램에 대하여 전문적인 자세로 제반자원을 활용하여 문제해결에 대한 합리적인 기술을 제공하고 문제해소에 기여하여 사업에 대한 책임성을 높이고 정책참여를 증진시켜 대상 청소년에게 도움이 되도록 하여야 한다.

기획은 이를 가능하게 하는 미래지향적, 계속적, 목표지향적, 목표와 수단의 연결성이라는 성격을 가진다. 칸(Kahn)은 기획에 대하여 사회계획이 여러 가지 대안들의 결과를 예측한다는 것을 통해 일회적이 아닌, 연속과정으로 선택적인 작업을 통하여 바람직한 결과를 도모할 수 있도록 모니터링과 환류를 중요시하였다.

이러한 기획을 생태학적인 관점에서 볼 때, 대상자인 청소년은 다양한 단계의 성격을 가질 수 있다. 즉, 개인, 집단, 조직, 기관, 지역사회, 사회의 수준을 통하여 개입이 이루어질 수 있다. 이때 각각의 계층이 지향하는 목적을 달성하기 위해서는 여러 가지 아이디어와 전략들이 적용되는 것이 바람직하다. 이는 과거 수준의 답습에 그치지 않고 끊임없이 새로운 대안의 모색과 적용을 필요로 하는 것이기도 하다. 현대사회 문제의 다면적이고 복잡한 성격은 보다 합리적인 결과를 도출해내기 위하여 단계적인 개입을 요구한다.

예를 들면, 클라이언트의 문제해결을 위하여 심리사회학적 프로그램, 자조집단의 프로그램, 직업훈련 프로그램, 환경의 적응을 돕는 다양한 상담 프로그램 등으로 매우 다양하다. 따라서 사회복지 프로그램의 개입에 있어서 기획과정에서는 첫째, 대상이 누구인가? 둘째, 어떠한 문제를 해결하고자 하는가? 셋째, 어느 정도의 수준으로 해결할 것인가? 하는 점이 선행되어 고려되어야 할 것이다. 따라서 다음과 같은 학자의 이론을 통하여 고려되어야 할 점을 생각해 보아야 한다. 우리나라의 이무근(1994)은 여러 학자들의 이론을 종합 정리하여 다음과 같이 제시하고 있다.

① 1단계: 문제의 정확한 파악이 필요하다.

② 2단계: 목표 설정이 필요하다.

③ 3단계: 꼭 필요한 활동을 제시해 본다.

④ 4단계: 활동상의 문제점을 나열해 본다.

⑤ 5단계: 문제의 원인을 해결하기 위한 해결책들의 제시해 본다.

⑥ 6단계: 활동 및 해결책의 우선순위를 결정한다.

⑦ 7단계: 우선순위별 구체적 목표를 설정한다.

⑧ 8단계: 목표달성을 위한 단계별 활동계획을 수립한다.

그 밖에 정규서, 강태룡(1999)은 일반적 기획과정을 다음과 같이 10단계로 나누고 있다.

① 사회 내에 존재하는 문제점을 인지한다.

② 목표를 설정한다.

③ 목표에 관련된 자료와 정보를 수집한다.

④ 기획의 전제, 즉 장래의 가정을 설정하는 단계로 여기는 사태의 개연성(蓋然性), 예측 또는 전망 등이 포함된다.

⑤ 목표달성을 위하여 필요한 모든 대안을 탐색한다.

⑥ 이 대안들의 장단점 및 문제점들을 분석하고 이들을 비교 및 검토한다.

⑦ 분석, 비교, 검토된 여러 대안들 중에서 가장 바람직한 대안, 즉 최선의 방안을 선택 및 결정한다.

⑧ 선택된 최선안을 중심으로 효과적인 집행을 하기 위한 부수적인 세부계획을 수립하고, 기타 집행에 필요한 준비를 한다.

⑨ 집행계획에 예산이 책정되면 상부에서 내리는 기획의 해석에 따라 지시와 조정 및 통제과정을 거치면서 집행을 하게 된다.

⑩ 사업이 진행되거나 또는 집행이 완료되면 심사 및 분석 등에 의하여 계획을 평가하며, 평가에서 나타난 결과는 시정조치로 이어짐과 동시에 목표에 환류된다.

한편, 참고로 로퍼(Lauffer)는 기획을 위하여 필요한 활동을 다음과 같이 제시하였다.

① 문제의 정의와 개념화를 위한 단계가 요구된다.

② 인간관계의 구조와 네트워크의 수립이 필요하다.

③ 정책의 형성과 대안전략 수립이 필요하다.

④ 계획안 및 프로그램 수행 감독이 필요하다.

⑤ 환류 및 평가의 단계가 필요하다.

2 사회 및 개인의 문제분석을 위한 기본활동

현대사회는 다양하고 복잡한 문제와 양상을 갖는다. 이에 대하여 Taber와 Finnegan(1980), 그리고 Taber(1987)은 사회복지서비스인 프로그램을 제공하기에 앞서서 다음과 같은 것들에 관한 점검이 선행되어야 한다고 주장한다.

첫째, 사회에 대한 문제의 파악이다.

이것은 사회의 구성원에 대한 건강과 안전을 위협하는 요인과 사회통합과 같은 사회의 가치를 위협하는 요인에 대한 점검을 포함한다.

둘째, 개인에 관한 문제의 점검이다.

이것은 개인의 존엄에 대한 최소한의 품위와 건강을 박탈하는 것은 무엇인가? 혹은 개인의 인권과 관련하여 학대와 착취의 위협을 가하고 있는 것은 무엇인가 하는 것으로부터 사회적 참여로부터 소외되는 것은 무엇인가 하는 점을 다루고 있다.

셋째, 기타 문제에 관한 요인으로는 개인, 가족, 지역사회, 역사, 정치, 심리, 경제, 사회, 생물학적 혹은 물리적인 사회의 이슈들을 통하여 문제를 진단하고 파악해보는 것이 필요하다고 하고 있다.

그렇다면 청소년 프로그램의 기획을 위한 문제분석의 과정은 어떻게 시작하는 것이 바람직할까? 그것은 보다 구체적일수록 그 결과 역시 더욱 구체적일 수 있다. 구체적인 문제로의 접근은 구체적인 결과를 도출해 낼 수 있다.

이를 위하여 첫 단계로는 큰 종이나 노트에 그룹으로 함께 문제와 관련한 단어들을 연상하여 적어보는 것이 필요하다. 이것은 사회문제에 대하여 사회복지학도로서의 문제의식을 문서로 옮겨보는 첫 작업이 될 것이다. 이후 이 단어들을 목록화하고 이에 영향을 주는 인과관계를 파악해 본 후 문제가 되는 것, 그리고 그로 인한 결과를 예측함으로써 어떠한 개입이 필요한지에 관하여 살펴보는 단계를 기획자 스스로 도출해보는 과정이 필요하다. 즉, 왜 그러한 문제가 발생하게 되었는지, 어떠한 개입이 있다면 보다 유용한 결과로 개선해갈 수 있는지에 관한 사고훈련이 요구된다.

과제

청소년 문제와 문제의 해결에 필요한 과정을 범주화하고, 이를 위한 해결방안에 대한 브레인스토밍을 해보자.

구체적인 작업은 의사소통을 가능하게 하고, 복잡한 문제를 유형화하여 해결책을 도출하는 데 도움이 될 수 있다. 또한 청소년 프로그램의 목적과 목표를 달성하기 위한 아이디어를 얻고 이를 적용할 수 있는 명확한 기준과 활동을 구상할 수 있게 된다. 물론 이에 대한 과정은 윤리적이며 민주적인 과정이 감안되어야 함은 물론이다. 이러한 구체적인 활동을 다음 장을 학습하면서 진행하면 보다 효과적인 작업이 될 것이다.

3 학교사회복지의 활용과 개념

1) 학교사회복지의 개념

학교사회복지는 학교가 청소년이 가지는 총체적인 욕구와 문제해결에 도움을 주고자 학교현장에서 활동하는 전문적 사회복지실천분야이며 학교와 지역사회 및 학부모의 연계를 통해 학생 개개인이 잠재력과 사회적 기능을 최대한 향상시킬 수 있도록 돕는 동시에, 사회환경이나 교육환경에 개입하여 학교가 주어진 역할과 기능을 극대화할 수 있도록 도와주는 연계활동이며 청소년복지실천의 전문적 영역이다.

2) 학교사회복지의 목적

학교사회복지는 청소년으로 하여금 학교를 통하여 전인적 성장이 가능하고 필요한 상담 등을 받을 수 있도록 하는 환경을 조성하여 청소년의 바람직한 성장을 돕는다. 한편 위기에 처한 청소년에게 환경의 적응적 적합성을 함양할 수 있도록 한다. 따라서 청소년의 심리 사회적 기능을 향상시킬 뿐 아니라 사회적, 가정적, 정서적 문제에 대하여 적극적으로 돕는 역할을 한다. 학교사회복지의 목적은 청소년들의 삶의 질을 도모함에 있다.

3) 학교사회복지의 역할 및 기능

학교사회복지의 역할 및 기능은 학교의 재학생인 청소년이 당면한 문제에 대하여 학부모와 학생에게 꼭 필요한 청소년 복지에 대하여 청소년의 권리와 이익을 위해 활동하는 실천기관이다. 청소년의 거시적인 인권과 현장의 교육권과 관련하여 학교사회복지사는 다양한 측면에서 청소년들의 권리를 보장하는 역할을 한다. 또한 학교사회복지는 복합적 청소년 문제를 지역사회와 연계하여 효과적으로 개입하고 청소년 문제의 효과적 해결책을 기획하고 제시한다.

이를 위하여 청소년을 둘러싸고 있는 다양한 환경으로 가정, 학교, 지역사회를 상호 연결하여 생태체계학적으로 접근하는 관점과 협업적 관계를 강조하고 있다. 학교사회복지의 변천과정을 살펴보면 다음과 같다. 1900년 초기에는 가정과 학교를 연계해주는 방문교사의 역할을 주로 담당하였으며 1900년 중반에는 청소년들의 심리치료 및 사회의 역기능을 예방하는 관점으로 진행되었고, 1970년대 이후 비로소 생태학적 관점의 영향으로 체계이론적 차원에서 다원적인 개입이 이루어졌으며 가정-학교-지역사회를 긴밀하게 연계하도록 하였다. 2000년 이후에는 학교를 중심으로 하거나 학교를 기반으로 통합적 청소년복지서비스의 제공에 초점을 두고 있다. 학교사회복지사의 업무내용은 다음과 같다.

4) 학교사회복지사의 업무내용

① 청소년과 관련된 학교 내의 정책에 대한 기획

② 위기 청소년에 대한 개별사회복지서비스의 제공

③ 학부모에 대한 상담

④ 교사에 대한 서비스 제공

⑤ 학교 내 발생하는 사례관리

⑥ 학교사회복지사 간의 연계

⑦ 가정과 지역사회기관과의 협업의 연결역할

⑧ 청소년의 욕구나 문제에 대한 옹호

⑨ 심리상담 및 임상적 치료

5) 학교사회복지의 대상

① 재학생: 학교사회복지사는 재학생을 대상으로 하여 발생할 수 있는 문제의 예방을 위한 다양한 활동으로 각종 프로그램, 청소년 캠프 등을 기획하고 재학생의 정신건강교육, 진로상담교육, 학교적응력향상교육, 의사소통교육, 스트레스 대처 교육, 자기주장훈련 등 재학생에게 필요한 활동을 실시하고 평가하고 환류하는 역할을 담당한다.

② 위기청소년의 개입: 학교사회복지사는 학교폭력으로 왕따현상, 자살 등의 학생 간 혹은 학생의 심리내적 문제에 상담자, 중재자, 옹호자, 조력자 등 사회복지사로서의 역할을 담당한다.

③ 가정문제에 대한 개입: 학교사회복지사는 특수한 가정환경에 대한 개입이 필요한 경우 청소년의 환경개선 및 가족치료 상담 등을 실시할 수 있다.

④ 학교사회복지사는 정서적 문제를 가진 학생에 대한 우울감, 스트레스, 사회부적응,

왕따 가해 및 피해학생 등에 대한 상담 및 프로그램의 개발 및 적용을 실시할 수 있다.

⑤ 품행장애학생에 대한 개입: 학교사회복지사는 무단결석, 무단조퇴, 등교거부, 잦은 지각, 수업불참 등 출결석문제, 흡연문제, 음주문제, 교사와의 갈등문제 등을 보이는 학생에게 효과적인 개입안을 기획하고 실행할 수 있다.

4 학교사회복지의 발달

1) 미국 학교사회복지의 발달

(1) 1900년대 초반 – 1930년대: 방문교사 시기

1900년 당시의 방문교사들은 주로 보호가 필요한 학생들의 학교적응 및 학업성취를 지원하였고, 가정, 학교 및 지역사회가 연계서비스를 제공하였으며, 학교가 환경의 변화에 적절한 교육정책을 실행할 수 있도록 지원하였다는 의의가 있다. 1913년에는 뉴욕에서 방문교사를 정식교사로 고용하였고, 이것은 학교사회복지사가 학교제도 내의 전문적인 인력으로 인정받는 계기가 되었다. 이후 1919년에 미국방문교사협회(National Association of Visiting Teachers)가 창설되었다.

(2) 1940년대 – 1980년대 초반: 전문화 시기

1920년대 후반부터는 본격적으로 정신건강의 사회적 관심이 증가하여 학교사회복지사의 역할은 초기의 가정–학교–지역사회의 연계의 역할에 정신건강의 전문적 개입이 중시되었다. 이에 따라 사회복지사의 학교 내의 전문 인력으로 방문교사의 역할이 인정받으면서 학교사회복지사로 명칭이 바뀌었고 이에 따라 미국방문교사협회는 1945년 미국학교사회복지사협회(National Association of School Social Workers)로 개칭되었다.

이후 1960년대 인권운동이 활발히 일어나면서 학교사회복지사의 미시적 접근은 학생들의 정신건강뿐 아니라 학생에게 영향을 미치는 사회의 환경에 개입하는 거시적인 접근을 강조하게 되었다. 또한 학교사회복지의 책무성과 평가가 강조되면서 학교사회복지의 표준화, 전문화 작업에 대한 필요성에 따라 1976년 미국사회복지사협회는 학교사회복지의 표준을 제안하였고, 1992년과 2002년에 개정되었다.

(3) 1980년대 중반 – 현재: 학교연계 통합서비스 제공

1980년대에 일어난 교육개혁 운동은 학교의 교육기능 외에도 포괄적 복지서비스를 제공하며 사회체계로 이해되고, 학교사회복지에서도 사회문제와의 연계에 있어서 통합적이며 예방적인 접근을 강조하게 되었다. 학교사회복지의 새로운 모델로 학교연계서비스(school-linked services)나 학교 기반의 통합서비스(school-based full services)는 학교가 청소년들에게 필요한 다양한 서비스를 연계하고 공급하는 중심이 되어야 함을 강조하였다. 학교사회복지사는 기존의 학생에 대한 서비스뿐 아니라 지역사회 내의 다양한 자원을 상호 연결하고 관리하는 사례관리자의 역할과 함께 가정과 학교, 지역사회의 물질남용이나 폭력 근절 등의 서비스에 적극 관여하는 조정역할을 담당하고 있다.

2) 한국 사회복지의 발달

(1) 1945년-1960년대: 아동, 청소년복지 중심의 시기

지역사회에서 청소년 복지사업의 형태로 운영되던 사회복지가 1960년대에 들어와서 학교와의 연계를 통해 학생들에게 개입하는 움직임을 보이기 시작하였다.

(2) 1970년대-1980년대: 학교사회복지 이론도입의 시기

1980년대 후반 지역사회복지관이 급증하였고 서비스 제공으로 청소년 복지사업이 의무화되었고 지역사회의 청소년에게 광범위한 사회복지서비스를 제공하는 것이 가능하게 되었고 전문화되었으나 당시로는 사회복지서비스의 대부분은 학교와 연계하지 않은 채 사회복지기관에서 독자적으로 제공되는 경향이 있었으나 1970년대 학교사회복지의 이론이 소개되고 적용되었다.

(3) 1990년대 이후부터 현재: 학교사회복지 실천전개의 시기

한국사회복지학회와 학교사회사업실천가협회가 설립되었으며 국민복지기획단의 학교사회복지 도입에 대한 건의 이후에 교육인적자원부와 서울시 교육청의 지원 하에 학교사회복지 시범사업이 진행되었다. 정부는 2003년부터 교육복지 투자 우선지역 지원 사업을 기점으로 시작하여, 저소득층 지역 학생들에게 교육, 복지, 문화서비스를 총체적으로 제공하려고 노력하였으며 현재 모든 학교로 확대되고 있다. 따라서 다양한 지역과 학교의 현장에서 학생들의 특성을 고려하는 맞춤형 청소년 프로그램 개발이 더욱더 필요하게 되었다.

그룹토의

1. 우리생활 주변의 청소년 문제를 뉴스나 기사를 중심으로 스크랩해보자.

2. 청소년문제를 어떠한 문제로 규정할 수 있는가 발표해보자.

3. 문제의 대상에게 적용할 수 있는 청소년 프로그램을 구상해보자.

4. 청소년 프로그램의 기획을 위하여 어떻게 접근하는 것이 좋으며 어떠한 방식이 적용될 수 있는지 사전 분석해보자.

5. 이와 관련한 이슈나 기사 등을 조사해보자.

이러한 준비과정을 청소년 사회문제 조사 및 욕구의 분석으로 보다 구체화해 보기로 하자.

CHAPTER

05

청소년 문제 조사 및 욕구 분석

SECTION 01 | 청소년 문제의 조사 ········· 101

SECTION 02 | 청소년 욕구조사의 설계 ········· 109

1절 | 청소년 문제의 조사

생태체계 관점에서 청소년과 관련한 문제에 관한 정의 및 개념 도출을 해보자. 사회 내의 청소년 문제는 한 지역의 집단이나 그 집단의 구성원들이 인간의 존엄과 생활 질을 유지하는 데 필요하다고 믿는 사회 기준으로부터 박탈된 사실이 지각될 때 존재한다.

그 밖에 사회문제의 중요성이나 청소년 문제의 양상은 사회의 구성원이 인지하고 사회생활의 위협의 정도에 대한 인식이나 위협을 사회문제라 규정짓는 사람들의 상태나 규모에 따라 다를 수 있다. 사회의 문제규명에 대한 첫 단계로는 「사회문제의 조사」가 중요한데 청소년 서비스 관리자들은 학교나 지역사회를 통하여 문제로 확인되고 규정되면 청소년 프로그램 설계작업을 착수할 수 있다.

이를 위해 전제되어야 하는 것은 명확한 사회문제를 인식하는 것이 중요하다. 또한 청소년 문제에 대한 명확한 문제파악은 프로그램의 목표를 확립하고 문제의 개선에 대한 필요성을 정당화시킬 수 있는 근거가 된다. 반면에 불완전한 문제 분석은 필연적으로 애매하고 모호한 목표를 낳게 되고 잘못된 개입전략을 사용하게 하며 서비스 대상의 선정에 있어서도 오류를 범하게 만든다(정무성, 2014: 8). 이에 대한 분석을 살펴보기 위하여 사회문제의 개념 및 정의에 관하여 살펴보자.

1 사회문제의 개념

1) 사회문제의 정의

사회문제는 사회의 상황이 개선될 필요가 있다고 다수가 인지할 때 존재한다. 다시 말해, 사회문제란 "사람들의 가치규범을 침해하고 정서적 · 경제적 고통을 주는 사회적 반응을 유발하는 인간과 인간, 인간과 환경 간의 조건들"이라 정의되며, 사회문제의 대표적 예로는 범죄, 사회적 일탈행위, 사회적 불평등, 빈곤, 인종차별주의, 약물남용, 가족문제 등 제한된 자원의 불공정 분배 등에 기인하고 있다(중앙사회복지연구회 역, 1996: 109).

사회문제를 보다 구체적으로 보면 노동문제, 실업문제, 여성문제, 노인문제, 청소년 문제, 가정문제, 범죄문제 등이 있으며, 사회제도나 사회구조에서 생기는 문제들이 많다. 따라서 사회문제를 해결하려면 개인적 차원이 아닌 사회 정책적 차원에서의 해결방안을 모색하여 시정하여야 한다(류종훈, 김근식, 김철진, 배성찬, 2013). 사회문제에 대해 학자들은 다음과 같이 정의하였다(김종명, 구재관 외, 2013).

① Mertom과 Nisbet(1966): 사회문제란 사회질서의 상당부분이 일반적으로 받아들여지고 있는 하나 혹은 그 이상의 규범을 위해하고 있다고 간주되는 행동양식이라고 정의하였다.

② Hortom과 Leslie(1970): 사회문제란 바람직하지 않은 방식으로 많은 사람들에게 영향을 주는 조건 그리고 집합적 사회행동을 통해 해결되어져야 한다고 느끼는 것이라고 정의한다.

③ Barker(1991): 사회문제는 사람들의 가치와 규범을 침범하여서 사람들을 사회적 대응으로 이끌고 사람들을 감정적 경제적 어려움으로 이끄는 조건이다.

④ Moony, Knox, 그리고 Schact(2002): 사회구성원의 일부가 사회에 해가 된다는 판단하에 치료가 필요하다고 생각하는 조건이라고 정의하였다.

출처 : 김종명, 구재관 외, 2013.

이러한 사회문제의 정의에 따라 인터넷 검색과 신문기사 등을 통하여 우리의 일상생활 중에서 규정할 수 있는 사회문제를 찾아보고, 문제를 분석해보는 활동이 필요하다.

2) 문제의 분석을 위한 단계

(1) 사회 및 개인의 문제의 분석

① 사회문제의 규정

청소년 프로그램의 개발은 사회문제를 통하여 청소년 분석으로부터 시작될 수 있다.

자신의 주변과 매스컴의 관심은 문제 분석의 기준으로 사회에 대한 문제, 즉 사회구성원의 심신이나 사회적 건강성과 사회적응, 사회통합과 같은 다양한 문제와 사회적 가치 등을 기준을 점검해보는 것에 유용하게 활용될 수 있다.

② 청소년 개인문제의 규정

개인에 대한 문제로 개인의 일상생활 중에서 심리적 안녕, 사회적 안녕, 임파워먼트,

자존감, 사회적 적합성, 자립 등이 점검될 수 있는 요인이며, 환경과 일상생활을 통하여 건강을 위한 최저기준의 박탈, 사회적 참여에 대한 장애 등이 점검될 수 있다면 그것을 개인의 문제로 규정할 수 있을 것이다.

이것은 청소년도 사회적인 존재인 만큼 개인뿐 아니라 청소년이 몸담고 있는 지역사회, 가족, 사회, 역사, 정치적인 요인들에 의해 발생될 수 있으며, 타인과 더불어 다양한 사회 및 심리 그리고 경제적인 문제들이 복합적으로 상호 연결되어 있음을 알 수 있다.

이러한 과정이 끝나면 청소년 프로그램의 상위 목적을 달성하기 위해서 다양한 목표설정이 필요하며 이에 선행하여 문제의 분석이 필요하다. 무엇이 문제인지를 규정하는 단계가 필요하다.

즉, 문제가 무엇인가? 과학적으로 분석하여 해결하고자 하는 문제의 분석단계에서는 문제의 확인, 청소년 욕구의 사정, 대상자의 선정 등의 과정으로 진행된다. 이 단계에서 해결하고자 하는 청소년 문제에 대한 문제와 원인분석과 목적과 목표의 설정, 그리고 프로그램을 통해 이 문제를 해결해야 하는 이유에 대하여 어떠한 대상을 가지고 어떻게 해결해 나갈 것인가? 어느 정도의 문제를 해결해 갈 것인지, 그리고 어느 정도의 문제가 어느 정도로 해결 가능한지에 관한 실현 가능성이 관건이 된다.

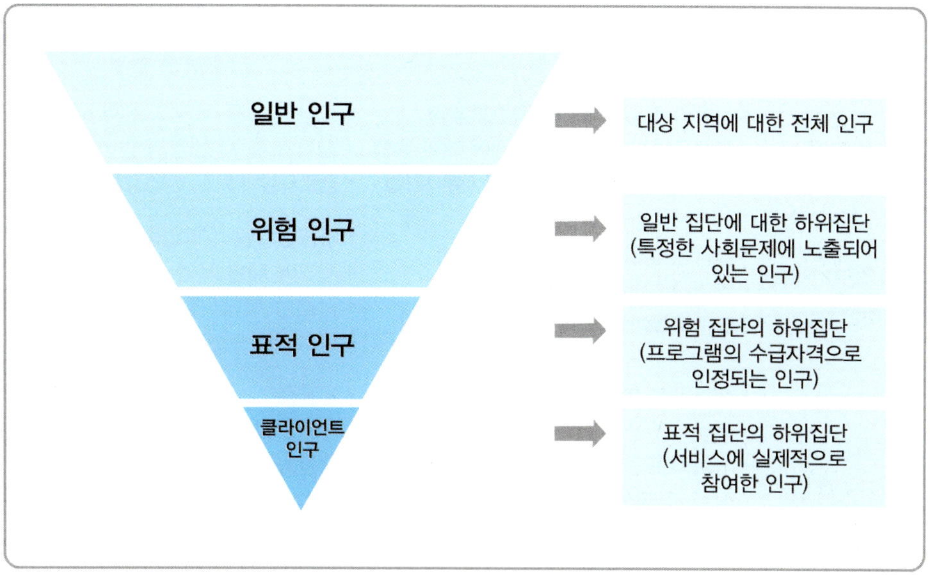

[그림 5-1] 프로그램의 대상자 결정 인구모형

(2) 사회문제의 분석 틀

사회문제가 복잡해짐에 따라 사회문제를 분석하는 것은 쉬운 일이 아니며, 그에 따른 분석도 다양하고 복잡한 구조를 갖게 된다(정무성, 2005; 2015).

사회문제가 개인에 관한 것인지, 사회에 관련한 것인지 파악하는 것이 필요한데, 대부분은 개인과 사회적 차원에서 동시에 발생함을 다음과 같은 자료에 의하여 알 수 있다(정무성, 2005; 2015).

표 5-1 문제분석의 예: 청소년 문제

구분	분석 틀	청소년 문제
사회에 대한 문제	• 사회가 부담해야 할 비용과 부담 • 사회구성원의 건강과 안전에 대한 위협 • 사회가 중요시하는 가치에 대한 위협	• 성인이 됐을 때 범죄문제 해결 비용 • 범죄 노출 시 생명과 안전에 대한 위협 • 경로사상의 퇴조, 생명경시, 물질만능주의
개인과 가족에 대한 문제	• 건강한 삶을 위한 최소기준결여 • 학대나 착취와 같은 위협 • 모든 사회적 참여로부터의 소외	• 가출청소년의 학업중단과 가족 갈등 • 자녀에 대한 폭언 및 학대 • 건강한 학창시절과 또래집단으로부터의 소외
사회문제의 존재나 확산에 영향을 주는 요인	• 생물학적 또는 물리적 • 행동적인 면 • 사회적 또는 심리적 • 정치, 경제적 • 개인 또는 가족 • 지역사회 • 역사 또는 문화 • 사회	• 우울증 • 반사회적 행동 • 공감능력 결여로 관계성 약화 • 청소년의 사회적 가치 평가절하 • 가족의 무관심과 방치 • 적절한 보호기관 결여 • 생명경시 풍조의 만연 • 비행 청소년에 대한 무관심과 정책 부재

출처 : 정무성(2005 : 2015).

(3) Heus와 Pincus의 문제의 분석 방법으로는 다음과 같은 것이 있다.

- 대상자에 대한 진단은 가급적이면 피해야 한다.
- 문제를 정의할 때 개방형의 문제 정의를 선호해야 한다.
- 통합적인 사고로 의한 정보를 수집해야 한다.
- 자원을 정확히 인식해야 한다.

출처 : 류종훈, 김근식, 김철진, 배성찬(2013).

(4) 문제의 분석을 위한 지침으로는 다음과 같은 사항이 고려되어야 한다.

- 대상자에 대한 진단과 분류는 바람직하지 않다.
- 문제를 정의함에 있어 개방형의 문제정의를 선호해야 한다.
- 최종 대상자에 대하여 선별적인 정보의 수집을 해야 한다.
- 대상자의 개별성을 파악하여 감정을 최대한 활용한다.
- 목적의식을 가지고 실천해야 한다.

(5) 청소년복지의 고려

청소년복지란 차별없이 모든 청소년의 삶의 질(quality of life)의 향상을 위해 개인, 집단, 가족, 지역사회의 문제와 욕구(problems & needs)에 부응하는 역량강화적인(empowering) 문제해결 접근방법(problem-solving method)을 지향하는 통합적이며 전문적인 활동(professional activity)이라 할 수 있다.

청소년복지는 청소년의 기본적인 욕구를 충족시키고 사회의 구성원으로 건전한 성장과 발달을 위하여 제공되는 다양한 서비스와 공적인 방법 및 절차이다. 이러한 서비스에는 청소년을 위한 심리, 정서, 신체적 발달에 있어서 가정 및 사회를 통하여 제공하는 모든 제도적이며 전문적 활동인데, 이를 위하여 청소년을 둘러싼 환경이 청소년의 성장을 도와 사회구성원으로서 자주적이며 독자적인 삶을 형성해나갈 수 있도록 가정 및 사회를 통해 협업적으로 제공되는 모든 사회 정책 및 관련제도와 전문적 활동이 되어야 할 것이다.

3) 청소년복지의 의의

청소년복지는 향후 국가 경쟁력을 의미할 뿐 아니라 대한민국에서 차세대의 주역이 되므로 매우 중요한 대상이 된다. 따라서 대한민국의 청소년들을 어떻게 임파워먼트하는가의 문제가 관건이며 미래사회를 대비하는 것에 있어서 중요한 문제이다. 따라서 인생주기의 측면에서 바라볼 때 청소년에 대한 이해와 관심이 요구되며 사회의 모든 부문에서 한국사회가 청년 고용문제를 비롯하여, 청소년 문제에 대한 다각적인 개입이 요구된다.

특히 청소년을 위한 프로그램의 개발에서 현대사회에서 약화되고 있는 가족적인 측면을 보완하고 특수상황에 있는 청소년뿐 아니라 일반 청소년의 건강한 성장을 위하여 청소년에게 적합한 프로그램이 될 수 있도록 한다. 청소년복지의 의의는 국가나 사회가 가정과 함께 청소년의 성장에 대한 책임을 공동으로 인식하고 청소년복지의 증진을 도모하면서 자신들의 과업이나 문제를 원만하게 해결할 수 있도록 돕고 그들의 잠재능력을 최대한 발휘하여 자아실현과 책임있고 건강한 사회구성원으로 성장할 수 있도록 돕는다.

4) 청소년복지의 특성

청소년복지는 청소년복지의 정책뿐 아니라 가족정책이나 사회정책과 밀접한 관련이 있으며 정부와 민간의 협력적 차원에서 청소년을 위한 복지정책이 이루어지고 있다. 청소년 정책이나 프로그램에서 고려되어야 하는 사항은 다음과 같다.

첫째, 청소년은 성장과정 속에서 독립적이며 통합된 인격체로 성장할 수 있도록 한다.

둘째, 청소년이 지닌 잠재력에 대하여 지속적인 관심과 긍정성이 필요하다.

셋째, 청소년복지는 문제 청소년에 대한 사전예방과 사후개입뿐 아니라 일반 청소년에 이르기까지 다양한 서비스가 이루어져야 한다.

넷째, 청소년복지는 사회의 주체적인 성인으로 성장할 수 있도록 체계적이고 통합적인 개입이 이루어져야 한다.

다섯째, 청소년 개인의 변화뿐 아니라 환경의 변화를 함께 고려하여 다양한 자원에 대하여 전문적으로 개입하여야 한다.

2절 | 청소년 욕구조사의 설계

먼저 욕구조사 설계의 개략적 과정은 다음과 같다. 대상자인 청소년 집단은 사회문제의 선정을 통하여 일반집단(general population) 중에서 위기집단을 설계하고, 그에 표적이 되는 표적집단(target population) 중에서 실제 프로그램에 참여하게 되는 최종적인 대상자인 클라이언트 집단(client population)을 선정하여 본격적인 욕구를 반영하는 프로그램이 될 수 있도록 설계한다.

이러한 욕구를 반영하기 위해서 고려되어야 하는 사항으로는 프로그램의 수용능력을 고려해야 한다. 즉, 프로그램 참가 대상자의 접근성과 같은 구체적 문제와 프로그램의 재원에 따른 가능성의 영역, 그리고 효과적인 대상자의 선정 등이 그 예이다.

이때 효과성을 달성하기 유리한 대상자만을 선정하는 크리밍 현상이 일어나지 않도록 유의한다. 이러한 욕구사정을 위하여 다음과 같은 SWOT분석이 활용될 수 있는데, 이것은 다양한 제한요건을 파악하고 인적 · 물적 자원을 활용하는 데 점검될 수 있다.

또한 청소년 욕구조사에 따른 목표설정 기준은 다음과 같다.

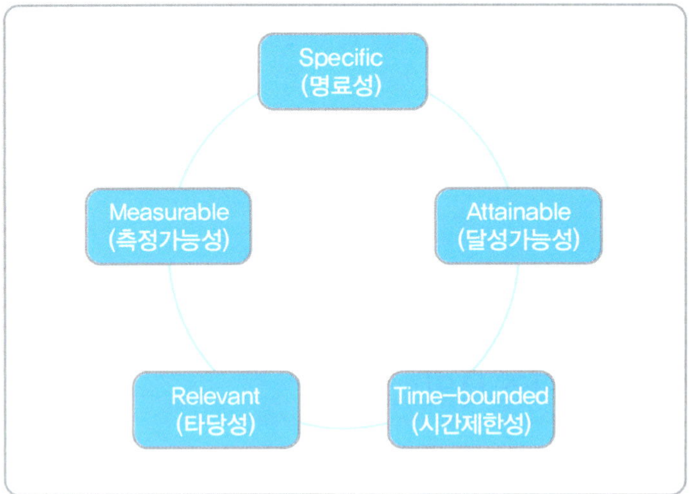

[그림 5-2] 목표설정기준

그 밖에 프로그램에 참여하는 클라이언트의 자발성과 참여능력과 교통수단 및 관리능력 등에 관하여 사전에 점검되어야 한다. 청소년 프로그램의 개발에 있어서 청소년의 문제, 즉 개입하고자 하는 문제에 대한 정의가 이루어지면 이를 통하여 대상자의 구체적인 욕구를 살펴보는 것이 필요하다.

1 욕구의 개념

욕구란 개인이 느끼고 있는 무엇인가의 결핍상태를 충족시키기 위해서 필요로 하거나 원하는 상태를 의미하며, 이는 현재의 상태와 바라는 상태 사이에 존재하는 격차 또는 차이로 정의될 수 있다(정무성, 정진무, 2001).

욕구란 생존에 필요한 음식, 주택, 소득, 사회참여 등이 해당될 수 있다. 이러한 욕구들이 사회의 다수에게로 확대되면 사회적 욕구가 되고 특정인이나 소수의 개인들에 국한될 때는 개인적 욕구가 되고, 이러한 욕구는 충족되어야 할 문제로 보기 때문에 많은 경우 욕구는 문제와 같은 의미로 사용되고 있고, 특히 사회적 욕구는 사회문제로 보는 경향이 있다(남세진, 최성재, 1996.).

결론적으로 욕구란 인간 또는 대상자가 생존이나 성장에 있어서 무엇인가가 결핍된 상태이며, 이로 인하여 불만족, 불편함 혹은 고통을 인지하는 경우, 상대적 개념으로 현재보다 나은 상태에 대한 갈망에서 발생하는 문제로 생각해볼 수 있다.

1) 욕구조사의 필요성

욕구조사의 필요성은 프로그램 설계의 기본이 되며, 그것은 다음과 같은 중요성을 가진다(채구묵, 2001).

첫째, 클라이언트의 욕구와 필요에 맞는 사회복지 프로그램을 개발하는 데 도움을 줌으로써 사회복지조직이 현실적이고 효과적인 사회복지서비스를 제공할 수 있도록 해 준다.

둘째, 사회복지조직의 효율적이고 체계적인 행정과 전문적인 성격의 기관운영을 수행할 수 있도록 도움을 준다.

셋째, 서비스 또는 사회복지 프로그램을 지역주민의 다양한 욕구변화에 따라 탄력성 있게 변화시켜 줄 수 있다.

넷째, 문제의 다각적인 접근을 위해 지역사회 내 다른 조직들 간의 네트워크가 형성되어야 하며, 연계성 및 협력사항을 파악하는 데 도움을 준다.

다섯째, 지역사회 주민들에게 부각된 문제를 알리고 사회복지 프로그램의 추진의 필요성을 인식시킴으로써 지역사회와 주민의 자원을 효율적으로 운영하고, 나아가 이를 위한 정책추진에 대한 압력을 가할 수 있는 자료가 된다.

여섯째, 사회복지조직들이 사회로부터 그 존속의 정당성을 인정받고 지원받을 수 있는 근본적인 근거가 된다고 할 수 있다.

출처 : 채구묵(2001).

2) 욕구측정방법

클라이언트에 대한 욕구조사는 재원, 시간, 전문지식과 능력의 보유 정도, 정보의 유용성 등에 따라 다양한 방법이 시도될 수 있으며, 여러 가지 방법이 동시 활용되는 것이 바람직하다. 욕구측정의 기본방식으로 주된 자료수집방법인 ① 설문조사를 활용한 욕구조사, ② 문헌자료를 통한 욕구조사, ③ 인적자원의 면대면 인터뷰를 통한 욕구조사가 있다.

(1) 설문조사

① **주민설문조사**(General population survey): 대상자 욕구조사를 위하여 가장 많이 활용되는 방법으로, 지역사회의 주민들 중에서 조사대상을 확률 표집하여 적정 수를 추출하여 조사하는 것이다. 표본을 통하여 조사된 욕구를 파악하고 이를 바탕으로 전체 주민의 욕구를 추정하여 실시하는 조사로 주민설문조사의 장점으로는 표본의 대표성으로 다른 방법보다 신뢰할 수 있고, 지역사회 주민의 다양한 문제나 욕구를 파악하는 것에 유리하다.

이것이 청소년 프로그램 설계에 도입된다면 지역사회의 청소년을 대상으로 설문조사가 실시될 수 있을 것이다. 그러나 단점으로는 많은 시간과 인력과 비용이 소요된다는 것이다. 반면, 적정 수 미만의 표본이 선택되어 조사된다면 대표성의 부분에서 문제가 제기될 수 있다.

② **표적설문조사**(Target population survey): 특수한 문제를 가진 대상자, 즉 청소년을 목적으로 하여 조사되는 것을 뜻한다. 예를 들면, 장애, 실직, 비행 청소년, 한부모가족의 청소년 등과 같이 특정한 조건을 갖춘 대상 혹은 프로그램의 목표가 되는 대상(target)

을 중심으로 설문조사하는 것이다.

이러한 방법의 장점은 프로그램과 직접적으로 관련이 있는 대상만을 선택적으로 다루므로, 문제와 욕구를 심도 깊게 다룰 수 있으나 경우에 따라서 대상의 특수성으로 인하여 접근성이 제한될 수 있다는 것이다.

③ **주요정보제공자에 대한 설문조사**(Key informant survey): 프로그램의 운영이나 서비스 전달에 직접 참여하지 않지만 지역사회 내의 문제 또는 특정 대상의 집단 욕구를 잘 아는 사람들이 주요 정보를 제공한다. 이는 전문적인 설문조사로 진행되므로 심도 깊은 정보를 얻을 수 있고 일반조사에 비해 비용이나 시간이 비교적 적게 들 가능성이 있다. 그러나 현장 대표자들이 대상자의 실제 욕구를 반영 못할 가능성이 있으며, 응답자의 성향이 반영되는 경우에는 편견이 반영될 확률이 높다.

④ **델파이 기법**(Delphi): 델파이 기법은 전문가의 예측에 의존한다. 즉, 일련의 전문가들을 대상으로 인터뷰나 설문조사하여 다양한 지역사회의 욕구나 문제들을 가지고 합의점을 도출하여 적용하는 방법으로, 특정주제나 문제에 관해 익명 처리된 설문조사를 여러 번 반복함으로써 전문가적인 합의에 이르는 방법을 활용한다.

(2) 문헌자료를 통한 청소년 욕구조사

① **사회지표분석방법**(Indicator approach): 지표를 활용한 욕구의 조사이다. 즉, 각종 정부

기관이나 연구기관 등에서 제공하는 다양한 사회지표나 통계연보 등의 자료를 활용하여 지역사회가 가지고 있는 욕구를 측정하는 방법이다. 예 통계전문기관, 인구사회통계, 보건복지통계, 기관 보고서, 통계청, 청소년진흥원 등으로 지역사회가 가지고 있는 문제를 진단할 수 있다. 단점으로는 특정 지역청소년의 욕구를 정확하게 파악하는 것에는 한계를 가질 수 있다.

② **프로그램의 이용률 통계 활용**: 특정한 청소년복지 프로그램의 이용자 현황이나 프로그램의 이용 현황을 통해서 지역사회 청소년의 욕구파악이 어느 정도 이루어질 수 있다.

(3) 인적자원을 통한 청소년 욕구조사

① 지역주민 공청회나 공개토론회

지역사회의 공청회를 통해 지역사회에 거주하는 다양한 계층의 사람들로부터 직접 청소년의 욕구나 문제를 파악하는 방법으로, 지역사회의 청소년이 가지고 있는 욕구나 이슈를 다루는 데 도움이 되는 욕구조사기법이다. 이러한 방법은 공개토론회 등을 통하여 일정한 지역사회 내에 거주하는 집단의 자유로운 의견을 확인할 수 있으나, 모든 사람이 참석하는 것은 어려우며 적극적으로 표출하는 사람의 의견이 크게 반영될 수 있을 가능성은 비전문적인 정보가 될 수 있다.

② 초점집단기법(Focus group technique)

초점집단이란 주제가 분명하고 다루는 이슈의 초점이 분명하다는 의미로, 집단의 동질성을 가진 8~10명 정도의 사람들이 참여하여 의견을 조사하는 방법이다. 이 방법은 양적 조사방법인 서베이를 통해서 얻을 수 없는 심층적 · 심리적 혹은 표현적 욕구를 파악할 수 있는 질적 조사 방식으로, 대상 청소년 집단의 특수한 역동성을 최대한 깊이 있게 살펴볼 수 있는 질적 자료로 활용이 가능하다.

③ 프로그램 운영자 및 서비스 제공자 조사

서비스를 제공하거나 프로그램을 직접 운영하는 사람들에게 이용자의 정보를 파악하는 방법으로, 지역사회 내의 활용 자원에 대한 정보, 기존 혹은 유사사업계획서의 수행근거 및 평가에 대한 정보를 파악한다.

이와 같은 다양한 욕구조사 방법은 어느 것이 보다 상위에 있다기보다는 상호보완관계에 있으며, 청소년 프로그램 기획자는 환경의 제반 여건과 요인을 종합적으로 판단하여 최소한 두 가지 이상의 욕구조사를 복합적으로 사용하여 비교를 통해 정확한 욕구측정의 신뢰성을 기하는 것이 바람직하다.

3) 청소년 프로그램에 있어서 욕구단계의 고려

청소년 프로그램 기획에 앞서서 기본적으로 인간의 욕구단계에 대하여 이야기해볼 필요가 있다. 매슬로우의 욕구위계가 청소년 프로그램 개발에 어떻게 적용될 수 있을까 생각해보자.

(1) Maslow의 5단계 욕구 위계(needs hierarchy)

Maslow의 욕구의 개념을 규정하는 전통적 분류법(1954)은 욕구라는 추상적 관념을 알기 쉽게 그림으로 표현하고 있다. 이를 통하여 욕구조사표에 구체적인 내용을 통하여 조작적 정의를 내리거나 보다 근간이 되는 욕구를 파악하는 것에 도움이 된다.

Maslow에 의하면, 인간이 일상생활을 영위하는 데 있어서 필수적인 것과 선행되는 것이 결핍될 때 나타나는 공통적인 위계가 있다는 욕구의 위계설을 제시하였다.

이와 같은 5단계 욕구의 위계에서 제일 기초에는 생리적 욕구(생존욕구)가 있으며, 이러한 욕구가 충족되면 그에 대한 상위욕구로 안전욕구, 사회적 욕구, 자아충족욕구, 자아실현욕구 순으로 단계적으로 욕구충족이 일어난다고 하였다.

만약 하위욕구가 충족되지 않으면 상위욕구충족을 위한 행위나 동기를 보이지 않기 때문에 하위욕구가 긴급하고 절실한 욕구라고 하였다.

① 생리적 욕구(Physiological Needs)

인간은 주로 생물체로 생존하기 위한 필수적인 충족을 위한 기본적인 욕구가 있다는 것이다. 예를 들면, 의식주에 대한 기본적 욕구가 충족되어야 하며, 이와 같은 욕구는 인간이 생존하기 위해 필수적으로 충족되어야 하는 욕구이며, 이 욕구가 충족되어야 다음 단계의 욕구를 갈망한다고 주장한다. 이러한 생리적 욕구는 우리나라 헌법의 생존권에도 명시되어 있다.

② **안전에 대한 욕구**(Safety Needs)

선행된 충족된 생리적 욕구를 바탕으로 인간의 신체적인 안정상태의 유지 및 외부적 위험으로부터 자신을 보호받으려는 욕구이다.

③ **사회적**(소속) **욕구**(Belongingness Needs)

사회적 욕구란 1단계, 2단계 욕구를 충족한 이후, 타인과 친밀하고 정서적 만족을 얻을 수 있는 관계를 희망한다는 것이다. 따라서 인간은 일차적으로 가족과 같은 집단을 형성하고 그 이후에는 사회적 활동에 대한 소속을 희망한다.

④ **자아존중욕구**(Self-esteem Needs)

자신을 스스로 존중하고자 하는 욕구이며, 동시에 다른 사람으로부터 존경받으려는 욕구라고 정의할 수 있다. 이것은 자신의 힘, 능력, 지위 및 우월성을 인정받고 싶어하는 욕구로 자아존중의 욕구가 충족되지 않을 시 열등감, 의기소침이 일어날 수 있고 달성될 시 성취감과 자신감이 증대될 수 있다.

⑤ **자아실현의 욕구**(Self-Actualization Needs)

선행된 4가지 욕구가 충족된 이후 인간의 잠재력을 최대한 발휘하고, 인간으로서의 이상이 실현되는 상태를 뜻한다. 즉, 자아발견, 탐구, 표현, 창의성 등을 추구하는 인간으로서 가질 수 있는 최상의 고차원적 욕구로 간주되며 이를 자아실현의 욕구라고 하였다.

이와 같은 욕구의 도표는 피라미드형으로 구성된 5단계 모형의 형태로 욕구를 총체적으로 바라볼 수 있도록 하고, 각 단계별로 인간의 어떤 구체적인 욕구들이 충족되어야 할 것인지를 알 수 있도록 하고 있다. 이러한 개념은 청소년복지의 차원에서도 적용될 수 있다. 다음은 생리적 욕구를 기점으로 하여 자아실현의 욕구로 향하고 있음을 나타내어, 에릭슨의 8단계 인간발달의 상위단계의 달성목표가 자아의 통합감이라는 것과 비교하여 볼 때 공통되는 사항이 있음을 알 수 있다.

사회복지 프로그램 기획에 Maslow의 욕구 5단계설의 적용할 수 있다.

* 클라이언트의 다양한 욕구 간 순위를 정하는데 도움을 줄 수 있다.

— 사회복지기관의 서비스나 프로그램은 복합적 문제나 욕구를 갖는 클라이언트를 대상으로 하는데, 이들의 다양한 욕구 가운데서 우선적으로 달성되어야 하는 욕구를 제시한다. 즉, 생리적 욕구와 안전욕구가 우선적으로 충족되어야 한다.

예 미혼모의 문제로 고통을 받는 피해자를 주된 대상자로 삼아 서비스를 제공하는 기관은 우선 가정의 의식주 해결을 위한 쉼터를 마련해주고, 그 다음 기타 안전장치가 마련된 이후, 소속감과 사랑을 줄 수 있는 프로그램으로 발전시켜야 욕구의 우선순위에 따른 보호조치가 적절히 이루어졌다고 할 수 있다. 혹은 이들이 동시에 일어날 수 있으나 하위의 욕구가 달성됨을 점검하는 것이 필요하다.

(2) Bradshaw의 사회적 욕구 유형

Bradshaw는 '누가 바람직한 상태로 욕구의 기준을 어떻게 설정하느냐'에 따라 다음과 같이 4가지 사회적 욕구로 인간의 욕구를 분류하였다.

① 규범적 욕구(Normative needs)

규범적 욕구란 전문가나 역사, 전통, 사회적 여론에 기반하여 어떤 규범에 의해서 정해지는 전문가적 기준에 의하여 지식이나 판단에 의한 기준이 정해지고, 이를 통한 기준이 마련되는 것을 뜻한다.

예를 들면, 성인 영양기준에 따라 하루 영양섭취량을 산정한다거나 빈곤에 대하여 최저생계비를 산출하는 것 등의 예가 이것에 해당한다. 이러한 방식의 장점은 프로그램을 통해 목표설정과 계량화가 용이하다는 것이며 목표달성 정도를 측정하기 쉽다는 것이다. 단점은 전문가에 의하여 시대적인 지식과 가치에 영향을 받을 수 있으므로, 시대나 문화에 따라 달리 적용되어 클라이언트인 청소년의 욕구에 대하여 절대적이지 않다는 단점이 있다.

② 인지적 욕구(Perceived needs)

인지적인 욕구란 특수한 욕구를 갖는 청소년이 스스로 인지하여 결정하는 욕구로, 욕구를 갖는 청소년들이 스스로 무엇이 결핍된 것을 욕구로 정의하고 욕구충족이 필요하다고 느끼는 욕구를 뜻한다.

인지적 욕구는 면접, 전화, 우편조사 등의 사회조사를 통해 개인이 어떤 욕구상태에 있는지 혹은 어떤 서비스를 필요로 하는지 물어보는 형식으로 파악된다. 이에 대한 단점으로는 자신에게 가장 필요한 것이 무엇인지를 잘 모르는 자아존중감이 낮거나 지능이 낮은 사람을 대상으로는 인지적 욕구를 파악할 수 없다는 점이다.

또한 응답자별로 인지욕구의 수준이 다양하므로 적절한 기준을 정하기 어려우며, 문제가 있는 알코올 중독자의 욕구를 직접적으로 해석하는 것에 대한 위험성이 있다.

③ 표현적 욕구(Expressed needs)

표현적 욕구란 인지된 욕구가 실제로 어느 수준으로 욕구 충족행위로 표현될 수 있는가 하는 것을 나타내는 것이다. 이것은 주로 서비스의 수요(demands)에 기초한 욕구라고 할 수 있으며, 서비스를 얻기 위한 노력으로 표현되는 서비스 대기자 수로 측정할 수 있다.

따라서 이것의 장점은 표현적 욕구에 기반하여 프로그램을 개발하여 시행하는 경우, 욕구의 정도가 비교적 정확히 추정되기 때문에 수요에 따른 서비스의 공급 정도를 적절하게 조절할 수 있다는 장점이 있다. 그러나 단점으로는 자격요건이나 접근성(교통편이나 정보접근성)에 문제를 겪고 있는 청소년들이 표현적 욕구에서 배제될 가능성이 높다는 점이 간과되어서는 안 된다.

④ 상대적 욕구(Relative needs)

상대적 욕구는 비교적 욕구라고도 하며, 이것은 욕구를 갖는 사람과 타 지역인과 비교하여 정해지는 욕구라고 할 수 있다. 즉, 충족되어야 하는 절대적인 바람직한 수준 또는 기준이 있다는 가정에서 출발하지 않으며 유사한 타인과의 욕구를 비교하여 정하게 되는 욕구측정방식이다. 이것은 지역의 비교를 통하여 비교적 용이하게 욕구를 측정할 수 있으나, 정확한 비교대상인가 하는 점에 관해서는 점검이 필요하다.

다음과 같은 4가지 욕구 유형 중 규범적 욕구와 비교적 욕구는 규정하는 주체가 전문가 또는 사회지표로 주로 기관의 입장에서 클라이언트의 문제나 욕구 규정 때 적용될 수 있으며, 인지적 욕구와 표현된 욕구는 그 규정 주체가 클라이언트 당사자라는 차이가 있다. 이러한 4가지 욕구 유형은 상호 관련성이 높으며, 문제나 욕구에 대한 종합적 이해에 도움을 줄 수 있다.

(3) Alderfer의 욕구이론

앨더퍼(C. D. Alderfer)의 이론의 핵심은 그의 이론적 기반이 조직의 현장 연구에 기반하고 있다는 것이다, 앨더퍼는 질문지법을 활용하여 직장이나 대학 등의 조직생활에 관련된 연구결과를 기반으로 욕구수준을 3단계로 수정하여 욕구위계이론을 제시하였다. 3단계의 욕구란 생존욕구(existence needs), 관계욕구(relatedness needs), 성장욕구(growth needs)를 의미하며 그 첫 글자를 따서 앨더퍼의 이론을 ERG이론이라고 지칭하기도 한다. 이러한 욕구는 청소년 프로그램의 작성에서 용이하게 사용될 수 있다.

청소년 프로그램 개입의 예

***C 종합사회복지관에서는 학교폭력피해자를 대상으로 새로운 프로그램 기획팀을 구성하고 욕구조사를 실시하기로 하고 이에 관한 의견을 나누는 회의가 진행됨.**

- 사회복지사 A: 지역사회 내 학교폭력피해자의 전체규모를 파악하기 위해서는 관련 보고서와 사회지표를 활용하여 실제적 욕구의 규모를 파악해야 한다는 의견을 제시하고 각종 가정폭력에 관한 연구문헌과 참고자료를 검토한 결과, 전체 학교의 약 5%가 신체적 또는 언어폭력에 노출되어 있는 것으로 파악되어 중앙종합복지관이 위치한 지역의 학교 수를 고려하여 위험집단의 규모를 추산해보면 약 1,900명의 학생이 학교폭력으로 고통을 받고 있는 것으로 나타나 이를 근거로 프로그램 기획을 제안하였다.

- 사회복지사 B: 이와 같은 욕구의 규모는 어느 정도 합리적인 근거이긴 하나 이것을 기초로 프로그램을 기획하는 것은 위험하다는 의견을 제시하였다. 약 1,900명의 학생이 통계적으로 혹은 전문가의 판단(규범적 욕구)으로 추정되지만, 실제로 서비스를 필요로 하는 사람은 이보다 훨씬 많을 것이라고 주장하였다. 왜냐하면 잠재적인 학생들 가운데 어떤 사람은 예방차원에서 이러한 프로그램에 참여하고 싶어 할 수 있으며, 다른 학생들도 이에 관심이 있을 것이므로 그들이 어느 정도 서비스를 받길 원하는지(인지적 욕구)를 정확히 살펴볼 것을 주장하였다.

- 사회복지사 C: 이와 같은 제안에 이의를 제기하였다. 첫 번째 이유는 욕구를 갖는 모든 당사자들을 대상으로 실제로 욕구의 정도를 파악하는 면접이나 설문조사는 현실적으로 불가능하며, 둘째, 이와 같은 인지적 욕구도 실제로는 과대 추산될 가능성이 있기 때문에 이를 근거로 프로그램의 규모를 결정하는 것은 더 큰 위험부담이 있다고 주장하였다. 따라서 제3의 대안으로 실제적 서비스의 추정치를 가장 정확히 산출하는 방법으로 현재와 같은 지역사회 내에서 학교폭력 상담소와 같은 기관의 상담서비스를 받기를 원하는 혹은 이용자와 대기자 명단(표현적 욕구)을 조사해서 실제로 서비스를 요청하는 학생들의 수를 파악해야 한다고 주장하였다.

- 팀장: 지금까지 논의된 제각기 다른 욕구조사의 방법에 관한 의견들은 나름대로의 타당한 이유와 근거가 있는 것이며, 또 다른 방법으로 인근학교 또는 지역사회의 학교폭력발생률을 비교(비교적 욕구)하고 학교폭력상담소와 같은 기관의 이용자를 조사해서 종합적으로 상호비교하면서 실제적으로 필요한 서비스는 무엇인가를 밝혀내는 작업이 보다 정확할 수 있다는 의견을 제시하였다.

(4) Glasser의 5가지 기본욕구

Glasser의 선택이론에 의하면, 인간은 선천적으로 기본적인 5가지의 욕구를 가지고 태어나며 이 욕구에 의해 욕구가 동기화된다고 한다. 즉, 인간의 행동은 이유나 목적이 있다는 것이다. 글래서 박사가 말하는 인간의 5가지 욕구는 생존의 욕구, 사랑과 소속감의 욕구, 힘의 욕구, 자유의 욕구, 즐거움의 욕구라고 하였다.

이러한 욕구는 직장이나 가정 혹은 사회에서 항상 경험하게 된다. 이를 통하여 나의 욕구 강도와 상대방의 욕구 강도를 상호 이해할수록 서로의 관계를 발전적으로 생각할 수 있다. 혹은 특수 청소년이나 일반 청소년을 대상으로 작성해보자.

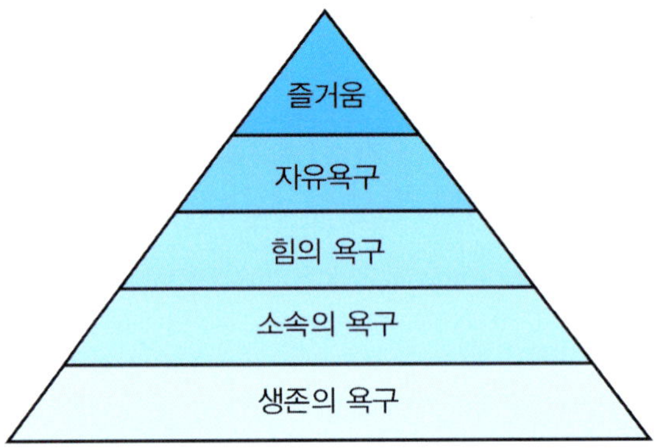

[그림 5-3] W. Glasser의 5가지 기본욕구

① **사랑과 소속의 욕구**(Love and Belonging Need)

글래서는 인간의 가장 상위의 욕구가 사랑하고, 나누고, 협력하고자 하는 인간의 속성을 뜻한다고 하였다. 이러한 일반적인 소속 욕구의 예는 자기 자신의 가족을 형성하기를 원하여 결혼하고 싶어 하거나 친구를 사귀고 싶어 하는 것, 학생이나 청년의 경우는 또래 집단에 들고 싶어 하거나 하는 것 등을 통하여 알 수 있다.

② **힘에 대한 욕구**(Power Need)

인간은 기본적으로 경쟁하고 성취하고, 중요한 존재이고 싶어 하는 속성을 가지고 있다. 즉, 힘에 대한 욕구는 소속에 대한 욕구 등 다른 욕구와 직접적인 갈등을 경험하게 된다. 즉, 사랑과 소속에 대한 욕구를 만족하기 위해 결혼을 하지만, 부부 사이에서 힘에 대한 욕구로 서로 통재하다가 부부관계를 파괴하는 원인이 되기도 하는 것을 통하여 이를 파악할 수 있다.

③ **자유에 대한 욕구**(Freedom Need)

자유에 대한 욕구는 이동하고 선택하는 것을 마음대로 하고 싶어 하는 속성을 인간이 가지고 있다. 즉, 자유의 욕구란, 인간은 각자가 원하는 곳에서 살고 대인관계와 종교활동 등을 포함하여 모든 삶의 영역에서 독특한 방법으로 삶을 영위해 나갈 것을 선택하고 자신의 의사 대로 표현하고 싶은 욕구이다. 그러나 욕구충족을 하는 데 있어 다른 사람의 자유를 침범하지 않도록 타협하고 절충안을 찾아야 하는 것이 자유에 대한 욕구에서 고려해야 하는 사항이다.

④ 즐거움에 대한 욕구(Fun Need)

인간은 기본적으로 많은 새로운 것을 배우고, 놀이를 통해 즐기고자 하는 속성을 가지고 있다는 것을 의미한다. Glasser는 인간의 즐거움에 대한 욕구는 기본적이고 유전적인 것이라고 언급한다. 가령, 즐거움의 욕구를 충족시키기 위해 생명의 위험을 감수하면서 자신의 생활방식을 바꾸어 나가는 경우를 들 수 있다. 즉, 생명을 걸고 암벽을 타거나 자동차 경주를 하는 것과 같은 위험한 활동을 택하는 것, 음주나 과속을 즐기는 것이 그 예이다.

⑤ 생존에 대한 욕구(Survival Need)

인간은 살고자 하고, 생식을 통한 자기 확장을 하고자 하는 속성을 가지고 있다는 것을 의미한다. 인간의 이 욕구는 척추 바로 위의 구뇌(old brain)로부터 생성된 것으로, 호흡, 소화, 땀, 혈압 조절 등 신체구조를 움직이고 유지하도록 하는 과업을 수행하고 있다. 즉, 구뇌의 기능은 인간이 생존하는 데 없어서는 안 되는 요소이나, 우리가 일상생활을 영위하는 데 의식적인 힘을 발휘하지는 못한다고 할 수 있다.

이러한 상기와 같은 인간의 욕구(need)는 기본적으로 본질적인 것이며, 욕구를 충족시켜 주는 구체적인 대상인 바람(want)은 각 개인에 따라 독특한 특성을 지닌다. 이러한 바람들은 비현실적일 수도 있고 상황과 문화에 따라 변할 수도 있으며, 서로 갈등을 일으키기도 한다. 따라서 현실에서 얻고자 하는 바람을 충족시켜 주지 못할 때 욕구 좌절을 경험하고, 이때 경험하는 불균형과 고통이 인간의 동기가 되어 다른 행동을 유발하게 된다.

정리

기존의 청소년복지서비스는 주로 생존에 대한 욕구충족에 대한 원조의 형식으로 프로그램이 기획되고 전달되었으나, 현재는 다양한 계층에 대한 임파워먼트나, 일시적 특수 상황에 대한 개입 혹은 상위욕구에 대한 개입이 더욱 활발히 일어나고 있는 추세이며 개입의 대상도 훨씬 세분화되고 전문화되는 추세이다.

W. Glasser 욕구유형의 적용

* 다양한 욕구를 지닌 클라이언트를 이해하는 도구로 사용될 수 있으며 클라이언트의 욕구 간 순위를 선정하는 데 도움을 줄 수 있다. 또한 사회복지 프로그램을 정할 때 클라이언트의 욕구수준에 따라 적합한 프로그램을 개발하여 실시할 수 있다.

예

- 생존의 욕구가 높거나 충족되지 못한 경우: 의식주의 해결이 급선무며 기본적 생활이 보장될 수 있도록 한다.
- 사랑과 소속에 대한 욕구가 높은 경우: 사회지지체계와 정서적인 유대관계를 유지할 수 있는 대상을 정하여 정서적 도움을 받을 수 있도록 한다.
- 힘과 성취의 욕구가 높은 경우: 클라이언트의 성취감과 자존감을 높일 수 있는 프로그램을 개발하여 프로그램의 진행 가운데 지지와 격려를 통해 자신감을 얻을 수 있도록 도와주며 해당 일상생활과 업무에서 보람을 찾도록 도와준다.
- 자유의 욕구가 높을 경우: 일을 지시하거나 권면을 할 때 선택의 기회를 주어 스스로 자율감과 책임감을 경험할 수 있도록 한다.
- 즐거움의 욕구가 높은 경우: 일상생활 중에서 즐거움을 느낄 수 있는 학습 및 프로그램을 선정해주고 관계 속에서 기쁨을 누릴 수 있는 경험들을 제공한다.

4) 욕구조사의 절차

일반적으로 청소년 집단에 대한 욕구조사는 사회조사의 형태이므로 사회조사절차와 조사방법이 이에 활용될 수 있다. 즉, 문제확인, 조사설계, 자료수집, 결과의 해석과 보고서 작성 등의 순서로 욕구조사가 진행되게 된다.

(1) 청소년 욕구조사의 목적 및 자원의 확인

청소년 욕구조사의 실시 이전에 조사자나 프로그램 개발자는 욕구조사의 목적을 분명히 하는 것이 필요하다. 일반적으로 욕구조사는 새로운 프로그램을 시행하기 전 프로그램의 실시 당위성 입증이 충분할 수 있도록 청소년 집단의 욕구나 문제를 규명하기 위해 사용되며, 이때 투입될 수 있는 예산, 인력, 시간을 기술하는 것이 필요하다. 각종 청소년 프로그램을 작성할 시에는 사전 욕구조사의 중요성에 입각하여 별도의 예산이 투입되어, 사전 1~3개월 동안 클라이언트의 욕구조사가 이루어지기도 한다.

(2) 청소년의 욕구에 대한 정보나 자료의 확인

- 청소년의 욕구조사를 통하여 프로그램의 실행대상을 분명히 하고, 해당 집단이 당면한 문제의 심각성에 관하여 개입과 자원 및 정보가 필요한 경우 그에 관한 목록을 작성해본다.
- 청소년의 욕구의 작성에 대하여 필요한 정보나 자료가 평가의 경우에는 질적인 자료로 평가되고 분석될 것인지, 계량적 자료로 접근할 것인지에 관한 계획도 함께 세워보는 것이 바람직하다.

(3) 조사의 설계

- 욕구조사에 따른 청소년 프로그램의 실행에 관한 타당한 조사방법을 선택한다. 먼저 욕구를 사회조사나 구체적인 개념을 통하여 분석하고 조직화한 이후에는 청소년 프로그램의 실시 후 효과성이나 타당성의 점검을 위하여 실험, 준실험, 비실험 등의 실험연구 등의 조사방법을 결정한다.
- 욕구조사는 지역의 청소년을 대상으로 한 서베이의 경우 설문지 작성시점부터 타당도와 신뢰도 등을 검토하고, 조사대상자의 선정의 경우에 청소년의 대표성을 고려하여 적절한 표집방법을 선정한다.

(4) 청소년에 대한 자료수집과 분석

- 적절한 조사설계 방식에 의하여 과학적인 측정도구들을 선정하는 것은 중요하다.
- 이것에 관한 일반적 분석으로 클라이언트의 만족도 조사, 면접법 및 관찰법 등이 있다. 또한 앞서 설명하였던 규범적 욕구를 측정하기 위한 델파이기법, 각종 사회지표 조사 및 대표자 인터뷰 등이 있다.

(5) 청소년 욕구의 조사보고서 작성

- 청소년에 대한 욕구조사 결과가 분석되면 '욕구조사보고서'를 청소년 프로그램의 기획에 앞서 작성할 수 있다.
- 욕구조사보고서에서 언급될 내용은 청소년 욕구조사의 목적과 함께 조사의 배경,

대상자, 조사설계 및 자료수집 방법, 분석결과, 프로그램 결과에 대한 피드백 방식, 적용에 관한 구체적인 논의 및 결론 등으로 구성될 수 있다.

표 5-2 욕구사정을 위한 자료수집방법의 분류

	질적 조사방법	양적 조사방법
특징	문제와 상황에 관하여 통찰력 있고 깊이 있는 정보의 발굴에 중점을 둠	사회적 상황과 문제에 대한 수량적 통계와 지표를 활용함
방법	• 인터뷰 • 지역사회포럼 • 민속학적 방법 • 인터뷰기법 • 초점집단기법 • 명목집단기법 • 델파이기법	• 서베이 • 사회지표분석 • 지역사회 집단 설문분석 • 프로그램 성과측정

5) 청소년 프로그램 서비스 대상자 선정

(1) 청소년 프로그램 대상자 선정 시 고려할 사항

청소년 프로그램의 기획에 있어서 중요한 과제 중의 하나가 프로그램 및 서비스 대상자의 선정방식의 결정에 관련한 것이다. 간혹 효과성과 가능성이 큰 대상자만을 선택하여, 서비스 대상자로 결정하는 Creaming 현상이 나타나는 문제를 야기하지 않도록 다양한 청소년이 사회복지의 혜택을 받을 수 있도록 하는 방안을 모색하는 것도 필요할 것이다. 프로그램의 기획은 재원을 효율적으로 사용하고 효과성을 높이는 점이 무엇보다 중요하다.

(2) 대상자 선정방법

- 대상자의 선정에 관하여 Taber와 Finnegan(1980)은 프로그램의 대상자를 선택하는 방법으로 4가지 인구집단을 구분하여, 그 범위를 좁혀 가는 접근법을 제시하고 있다.
- 여기서 제시하는 4개의 집단은 각각 일반집단, 위험집단, 표적집단, 클라이언트 집단으로 구성되며, 전체적으로 인구 대상의 범위를 좁혀나가는 방식은 지역적인 접근뿐만 아니라 문제의 심각성에 따라 최종적인 클라이언트 수를 확보하는 과정으로 가장 많이 활용되고 있는 방식이다.

① 일반집단(general population)

청소년 프로그램 대상자 가운데 가장 포괄적인 인구집단으로, 문제나 욕구를 갖고 있다고 판단되는 해당 지역의 전체 대상집단을 일반집단으로 선정하여 전체적인 조망이 가능하도록 한다. 예를 들면, 청소년 프로그램에서 일정 지역 내에서 청소년 복지의 욕구를 지닌 청소년 전체를 선정하는 것과 같다.

② 위험집단(at-risk population)

앞서 선정한 일반 청소년 집단 중에서 프로그램과 관련하여 비교적 같은 종류의 사회문제를 가진 집단을 위험집단으로 선정할 수 있다. 이러한 위기에 처한 위험 청소년 집단은 청소년 프로그램의 특정 내용에 적합한 특정한 개입이 필요한 청소년들을 추정해서 산출하게 된다. 즉, 특정 지역의 청소년 중에서 특정 욕구를 지닌 전체 청소년 인구 중에서 개발하게 될 청소년 프로그램에 대해 특수한 욕구를 지닌 집단을 선정할 수 있다.

③ 표적집단(target population)

청소년 프로그램의 대상자로 일차 자격요건을 갖춘 사람들의 집단을 표적집단이라 하며, 이를 통해 대상자 집단의 특성과 기타 요인을 고려하여 위험집단에서 표적집단으로 그 범위가 좀 더 좁혀지게 된다. 즉, 표적집단은 위험집단 중에서 문제나 욕구에 있어서 심각한 상태에 있는 인구집단을 의미한다.

예를 들어 특수 청소년의 위험집단이 설정되면 그 중에서 중증이거나 저소득층 등으로 클라이언트나 프로그램의 특징에 따라서 표적집단이 선정될 수 있다.

이렇게 위험집단에서 표적집단으로 좁혀지는 과정은 법률이나 규정, 프로그램 이론, 후원기관의 요구나 기관의 목표 등 다른 요인들에 의하여 표적집단 선정에 영향을 주게 된다.

그 밖에 사회복지 법률이나 정부의 지침 또는 프로그램과 관련한 이론이나 가설에 적합한 대상자 집단이 선정될 수 있으며, 관련 기관의 인력과 재원으로 가능한 범위의 대상자 위험집단 중 일정한 특성을 갖는 집단으로 범위를 한정하는 과정을 거친다.

④ 클라이언트집단(client group)

표적집단으로 선정된 하위집단에서 해당 프로그램의 직접적 대상자가 될 수 있는 집단을 선정한다. 즉, 클라이언트 집단이란 청소년 프로그램의 기획자는 어떤 그룹이 서비스를 받을 것인지에 관련한 결정하도록 한다. 클라이언트 집단이란 실제적으로 프로그램의 수혜를 받는 집단이라고 할 수 있다.

표 5-3 청소년 프로그램의 표적집단 선정의 예

구분	대상	대상자 수
일반집단	예 서울시에 거주하는 청소년 전체	30,000명
위험집단	서울시에 거주하는 청소년 중 정서적으로 취약한 청소년	2,680명
표적집단	위험집단 가운데 국민기초생활수급권자 가정의 청소년	100명
클라이언트집단	표적집단 가운데 본인과 가족이 희망하는 청소년	25명

클라이언트 집단의 결정 기준의 예시

• **실용적 수용성**(pragmatic capacity)

보편적인 원칙으로 프로그램 수행 인력과 재정의 지원여건과 커버할 수 있는 범위 등을 감안한 적절한 최종적인 프로그램의 참가자인 클라이언트 집단의 집단규모를 결정하는 것을 의미한다.
특정 프로그램에 대한 수요가 많은 경우에는 흔히 대기자 명단에서 신청자의 순위에 따라 우선순위를 선정하기도 하며, 클라이언트의 욕구나 문제의 상황을 고려하여 청소년 프로그램 참여의 우선순위를 정할 수 있다. 인력의 한계를 넘어서는 과도한 수나 예산범위를 초과하는 클라이언트 집단 선정은 해당 프로그램의 질적 수준을 저하시킬 수 있으므로 유의한다.

• **윤리성**(ethical principles)

청소년 프로그램의 대상으로 그에 관한 충분한 자격요건을 갖추고 있는 클라이언트라 하더라도 본인의 자발적 동의가 필요하며, 청소년 프로그램에 참가할 의향을 가지고 있는 사람만을 클라이언트 집단으로 선정할 수 있어야 한다.
따라서 이러한 프로그램의 윤리성은 클라이언트가 해당 프로그램에 참가할 때 준수되어야 하는 의무를 수행하고, 프로그램으로 인한 일정한 서비스나 혜택에 관하여 스스로 인지하고 자발적으로 동의한다는 원칙이 준수되어야 한다.

• **클라이언트 능력**(client capabilities)

개발된 프로그램에 참가하여 청소년 프로그램이 목적하고 있는 혜택을 받기 위해서는 클라이언트에게 기본적으로 필요한 능력과 자원이 갖추어져야 한다. 예를 들어, 거리상 교통수단을 이용하여 특정 날짜와 시간에 프로그램 장소에 도착하는 여건과 의지가 필요하며 지속적인 참여도 필요하다.
또한 대상자인 클라이언트가 프로그램에 참여할 수 있는 일정 수준의 인지, 정서, 행동 측면의 능력을 보유하고 있어야 한다. 예를 들면, 게임중독자의 프로그램에서는 기본적으로 게임중독에 대하여 극복하고자 하는 의지와 프로그램 참여시간의 준수 등의 기본적 사항이 준수되는 것이 바람직하다.

CHAPTER

06

청소년 프로그램 기획 및 계획수립

SECTION 01 | 청소년 프로그램 기획 및 계획의 수립 ···· 137
SECTION 02 | 청소년 프로그램의 목적 및 목표의 달성 · 141
SECTION 03 | 청소년 프로그램의 세부 프로그램의 작성 148
SECTION 04 | 프로그램 예산 수립 ································· 155
SECTION 05 | 청소년 프로그램의 평가계획 ···················· 174

1절 | 청소년 프로그램 기획 및 계획의 수립

청소년 프로그램의 작성에 있어서 일련의 기획을 통하여 프로그램을 설정하고 진행함에 있어 고려되어야 할 기본적인 사항은 다음과 같다. 예산과 청소년 프로그램의 목적과 목표 달성, 효율성, 책임성 및 피드백을 통한 향후 전망까지 고려하는 기획과정이 필요하다.

또한 여러 전문가들이 청소년 프로그램을 기획하고 청소년 프로그램 진행자와 분석가 등이 상호 청소년 프로그램의 목적을 이해하고 협력하는 구조가 요구된다. 프로그램의 참여자인 클라이언트들은 보통 여러 문제들을 복합적으로 가지고 있을 가능성이 있으므로, 어떠한 부분의 개선에 주안점과 우선순위를 둘 것인가 하는 것도 고려되어야 한다. 또한 청소년 프로그램 진행자의 전문성과 리더십 등의 특성적 성향도 프로그램의 성공적 진행에 영향을 줄 수 있기 때문에, 인적 · 물적 자원의 동원에 있어서도 신중한 고려가 필요하며 사업별로는 기획과 분석의 전 과정이 유기적으로 연결되어 보다 효과적인 프로그램이 될 수 있도록 하는 것이 바람직하다.

1 청소년 프로그램 개발의 구조

청소년 프로그램은 사회적으로 청소년 문제의 진단과 함께 개발되는 청소년 프로그램의 목적을 달성하기 위하여 일련의 조직적이고 논리적인 구조와 틀을 가지고 진행되게 된다. 청소년 프로그램의 목적을 이루기 위해서는 기본적인 논리와 조직적 틀을 형성하게 되는데, 이러한 전체적인 과정은 연속적이며 상호연계를 가지고 협력하는 구조를 지닌다.

이때 청소년 프로그램의 효과성을 위해서는 새로운 프로그램이 갖는 목적과 기존 프로그램의 중복성이나 비효율성 등에 대한 대안, 그리고 현 클라이언트의 욕구와 재원의 부합 등 많은 요인들이 점검되어야 한다. 이에 따라 미국의 유나이티드웨이(UW)에서는 사회 프로그램의 구조를 다음과 같이 4가지 체계로 구분하여 제시하고 있다.

첫째, 체계적 프로그램은 목적(goal)으로 사회적 목적과 정책적인 목적을 지닌다. 둘째, 정책인 상위 목적들을 이루기 위한 하위 서비스 체계로써 사회 프로그램은 서비스 체계(service system)의 형식을 지닌다. 셋째, 사회 프로그램은 구체적 서비스(service)의 특성을 지니며 서비스 체계를 실행하는 서비스이다. 넷째, 프로그램(program)의 형식을 지니며 서비스를 실행하는 직접적인 프로그램으로서의 특징을 갖는다.[2)]

2 청소년 프로그램 기획 시 유의사항

청소년 프로그램의 기획에 있어서 지역사회의 문제, 욕구, 이슈 등의 조사가 필요하다. 청소년 문제를 해결하기 위해서는 어떠한 인적 · 물적 자원이 투입될 수 있으며 프로그램 적용에 대한 현실 가능성은 어떠한가에 대해 살펴볼 필요가 있다.

예를 들면, 프로그램의 수행과 연계되는 이용자체계, 행정체계, 복지관체계, 프로그램체계 등의 고려를 통하여 거시적인 목적과 구체적인 목표를 설정할 수 있다. 이후 이에

2) 김병식 외(2003). 사회복지행정론. pp. 207-208.

대한 행정적, 법적 점검과 정책과의 부합 등이 점검될 필요가 있다.

즉, 프로그램 기획은 프로그램들이 진행될 때 자원 투입과 예산들을 효율적으로 활용 및 적용될 수 있도록 연결하는 것이다. 청소년 프로그램은 클라이언트들에게서 나타나는 문제들을 해결할 수 있는 방법을 실천하는 것으로, 한 개인의 단순 문제를 해결하려는 것보다는 여러 가지 복합적으로 나타나는 문제를 해결하거나 강점들을 살릴 수 있는 역량 강화의 방법들을 포함하여 프로그램이 진행될 수 있다. 그러므로 한 가지의 프로그램을 실천하고 종결하기 어려운 프로그램보다는 종합적인 프로그램 진행이 타당하다.[3)]

3 청소년 프로그램의 기획

청소년 프로그램 기획과정은 목적을 성취하기 위한 활동의 과정에서 얻어지게 될 기대 산출물을 지속적으로 다음 프로그램에 연계하여 목적한 효과를 얻을 수 있도록 기획되어야 한다. 즉, 프로그램 기획은 자원 투입과 예산의 효율적 활용을 통하여 청소년의 문제해결과 향후 복합적으로 나타날 수 있는 문제를 스스로 해결하거나 강점들을 살릴 수 있도록 한다. 이를 위하여 역량강화 방법 등을 적용하여 임파워먼트의 능력을 극대화하는 프로그램 등이 진행될 수 있다. 이를 위해서는 종합적이나 구체적으로 진행이 가능한 프로그램 진행이 타당하다고 볼 수 있다. 여기에서 고려되어야 할 것으로는 프로그램 개발이 이루어지는 기관의 특성과 자원, 프로그램이 요구되는 주위의 여건과 사회적인 맥락 등의 상황분석을 통한 제반여건의 체크가 중요하다.

3) 김병식 외(2003). 사회복지행정론. p. 217.

특히 사회문제의 명확한 분석은 목적 및 목표설정의 근거가 되고, 프로그램의 당위성을 정당화한다. 또한 사회나 클라이언트들에게 어떠한 변화가 바람직하고, 사회적 비용 발생의 정도도 예측하는 것이 중요하다. 이에 지역사회나 클라이언트와 관련된 문제를 분석하는 데 포함시켜야 하는 구체적인 사항을 살펴보면 다음과 같다(정무성, 정진모, 2001).

첫째, 사회복지 프로그램의 필요성에 대한 정보, 즉 잠재적 서비스 대상자의 파악이 필요하다. 둘째, 기대되는 결과에 대한 정보를 확인한다. 셋째, 기존 서비스에 대한 정보를 살펴본다. 넷째, 인적 · 물적 자원에 대한 정보를 알아본다. 다섯째, 관련 체계를 파악한다. 여섯째, 사회복지기관 내 · 외의 승인획득을 고려한다.

상기와 같은 점검을 토대로 프로그램 개발의 당위성을 확인한 후에는 청소년 프로그램 개발의 기본방향을 설정한다. 여기에서는 프로그램 개발의 범위와 프로그램 개발에 참여할 사람을 결정하고 프로그램 개발의 과정을 기획하게 된다.

2절 | 청소년 프로그램의 목적 및 목표의 달성

청소년 프로그램의 목적과 목표의 본질에 관한 이해는 실시기관의 설립이념과 목적으로부터 논리적으로 유추되며 프로그램의 궁극적 지향점을 제시해 준다는 측면에서 중요하며, 프로그램의 목적 및 목표는 누구의 어떤 문제를 어떻게 변화시킬 것인지로 압축된다(황성철, 2009: 80).

Tip

목적은 거시적이며 추상적인 성격을 가질 수 있으나 목표와 하위목표 세부목표는 구체적으로 서술해야 한다.

1 청소년 프로그램의 개념

청소년 프로그램(program)이란 각종 사회복지기관의 사업과 활동에 대한 진행표이다. 청소년 프로그램이란 기관의 설립이념과 목적달성을 위해 어떠한 사업이 수행되는가에 관한 사항과 주요 활동의 체계를 나타내 준다. 따라서 청소년 프로그램은 특정한 목적을 달성하기 위해 자원과 기술이 결합되어 계획된 활동이 설계되고 추진되는 사업의 과정이라 할 수 있다.

2 청소년 프로그램의 목적(Goal)의 개념

청소년 프로그램의 목적에 대한 개념의 정의는 실행하고자 하는 프로그램이 달성하고자 하는 궁극적인 결과로서, 목표에 대하여 포괄적이며 추상적인 성격을 지닌다. 이는 하위 목표들에 대한 상위적 개념이라 할 수 있다. 목적은 청소년 프로그램이 이루고자 하는 이상적인 방향성을 제시한다. 예를 들면, 사회통합과 같은 거시적이고 포괄적인 개념 등이다.

따라서 청소년 프로그램의 목적은 청소년의 장기적이며 추상적으로 특정가치의 상태와 결과 및 방향 등을 제시하는 것이 바람직하다. 즉, 청소년 프로그램의 목표 설정의 범위와 어떤 원인에 어떻게 개입할 것인가를 결정하는 수준의 기준이라 할 수 있다.

3 프로그램 목표(objective)의 개념

청소년 프로그램 목표의 개념 정의로는 목적을 달성하기 위하여 성취하여야 하는 구체적인 활동으로, 상위적 목적에 대한 하부개념이다. 목표는 프로그램 목적을 보다 '구체화'하는 것에 관련한 것이다. 따라서 목적을 달성하기 위하여 기획자, 관리자, 후원자 등의 관련인과 상의하여 일관성 있고 프로그램에 부합하는 조작적인 목표로 전환시키는 과정에서 꼭 필요한 작업이다.

이때 목표는 절대적 목표와 상대적 목표로 프로그램의 목적과 대상자, 자원, 클라이언트의 성격에 따라 다음과 같은 목표가 정해질 수 있다.

첫째, 절대적인 목표는 프로그램 참가자의 바람직하지 못한 상태가 절대적으로 개선될 수 있도록 목표 달성의 기준으로 삼는다. 둘째, 상대적인 목표는 현재 상태에서 프로그램 참가자의 변화와 성취기준에 대하여 자원 및 문제의 심각성, 현실적인 개입 방법의 제한 등으로 인하여 상대적인 고려를 통해 설정하게 된다.

그 밖에 결과목표와 과정목표로도 구분할 수 있는데 결과목표는 서비스 제공 이후에 프로그램의 참여자인 청소년의 총괄적인 변화 정도로 측정이 가능할 수 있도록 측정 가능한 문항이나 인터뷰를 통해 알아본다. 과정목표는 형성평가의 개념과 같이 프로그램 운영의 과정을 모니터링 하고, 목적한 과업이 원활하게 성취될 수 있도록 돕기 위해서 점검되는 방식이다. 과정목표의 산정은 클라이언트의 수나 프로그램의 수행시간을 정하는 것 등의 투입을 구체화하는 과정에서 정해지게 된다.

이와 같이 목표는 목적 실현에 필요한 세분화된 방향이나 상태를 제시하며, 구체적이며 관찰과 측정이 가능한 용어로 표현해야 한다. 청소년 프로그램을 통하여 성취하고자 하는 변화에 대한 구체성을 제시하기 위해 기획되는 형태는, 보통 한 가지 이상의 목표에 따른 구체적이고 측정 가능하며 계량이 가능한 용어로 작성되어야 한다.

정리

결론적으로, 청소년 프로그램의 목적과 목표는 프로그램의 기획과 조정을 원활히 하고 서비스 전달을 진행하는 실무자에게 지침을 제공하며, 프로그램의 성패에 대한 평가기준을 제시하는 데 있어 기준이 되므로 중요한 작업이다. 목표의 기술방법에 점검되어야 하는 사항은 다음과 같다.

| 목표기술에서의 유의사항 |

① 목표는 목적 및 기관의 활동범위에 맞아야 한다.

② 목표는 기대성과와 실시기한에 있어서 구체적이어야 한다.

③ 한 가지 목적의 성취를 위해서는 2~4개의 목표설정이 가능하다.

④ 목표는 현실적으로 달성 가능해야 하며 구체적인 활동을 제시할 수 있어야 한다.

⑤ 결과목표는 언제까지 클라이언트(청소년) 집단을 얼마만큼 변화시키겠다는 것을 분명히 하기 위하여 목표 항목을 통해 어느 기간 동안 클라이언트의 무엇을, 달성기준을 통해 얼마만큼, 달성방법을 통해 어떻게 개선하겠다는 것을 분명히 하여야 한다.

⑥ 목표는 클라이언트(청소년)의 변화 방향과 수준에 대하여 측정 가능한 산술식으로 서술한다. 이를 통하여 목표 달성 여부의 확인이 가능해야 한다. 즉, 목표를 계량화하여 양적으로 나타내고, 그럴 수 없는 경우는 목표의 성취도를 측정할 수 있는 만족도 등의 간접 지표 등을 활용하여 나타낼 수 있도록 한다.

⑦ 한 문장에 한 가지 목표만을 명확하게 표현한다.

⑧ 목적이 측정되기 어려운 추상적인 상태로 기술된 것이라면, 프로그램의 목표는 구체적이며 측정 가능한 형태, 즉 구체적인 실천과제로 평가기준에 맞게 기술되어야 한다.

4 프로그램의 세부목표

청소년 프로그램의 세부목표는 보다 구체적이며 현실적인 언어로 표현된 실천계획이라고 할 수 있다. 즉, 기관이나 상위 중심이 아닌 프로그램 참가자인 청소년이 가지는 목표에 대한 조작적 정의로 표현되는 것이 중요하다.

또한 프로그램을 담당하는 업무 진행자가 바뀌는 경우에도 동일한 프로그램이 변동없이 진행될 수 있을 만큼 각각의 세부사항은 구체적이고 정확한 활동으로 명확하게 가급적 수량화하여 제시할 수 있어야 한다. 따라서 세부목표의 작성 포인트는 목표를 분할하여 클라이언트에게 구체적인 변화와 개선이 가능하도록 기술하는 형태라고 할 수 있다.

기관중심이 아닌 클라이언트 결과중심의 세부목표의 기록은 자원의 투입에 대한 책무성의 결과분석에 대한 기반이 된다. 또한 관리자가 동시에 다양한 프로그램의 상호작용의 과정을 고려할 수 있도록 하는 세부적인 목표가 작성되어야 한다. 따라서 세부목표는 목적과 목표에 부합해야 하도록 하고, 클라이언트의 변화에 대한 결과중심적이어야 하며, 기술은 명확하고, 긍정적이며, 현실적이어야 한다.

이를 위하여 프로그램 설정에서 제시하고 있는 세부적인 목표는 숫자나 백분율 혹은 비율이나 리커트 척도 등의 결과로 용이하게 나타내는 것이 필요하다. 정확한 개선기준을 사전에 미리 예측하는 것이 바로 프로그램의 현실성을 갖도록 하는 방법이다.

정리

프로그램의 실시에서 세부목표는 측정되고 관찰될 수 있는 명확성을 가지고 있어야 한다. 이를 위하여 시간의 한계가 명시되어 프로그램 연도나 분기 및 월별 모니터링이 가능해야 한다. 또한 담당 청소년지도사는 청소년들에게 갖는 최소한의 기대들을 명시하는 것이 좋으며, 청소년들 역시 이에 관한 사항의 점검이 상호 간에 사전과정 및 결과적으로 점검되는 것이 바람직하다.

5 청소년 프로그램의 목표설정 조건의 예시 및 유형

1) 목표설정 기준

청소년 프로그램의 목표와 세부목표들은 목적에 부합하여야 하며, 구체적이고 현실적이어야 한다. 그리고 프로그램 수행 후 목표달성 여부를 알 수 있도록 측정이 가능한 형태로 표현되어야 한다. 목표를 설정하는 데 있어서의 기준을 정리하여 제시하면 다음과 같다.

1. Specific(명료성)
2. Measurable(측정 가능성)
3. Attainable(목표달성 가능성)
4. Time-bounded(목표의 시간엄수)

6 Relevant(타당성)

목표의 타당성에 대해 학습해 보면 다음과 같다.

① Specific(명료성): 목표는 구체적이고 명확하게 제시하여야 한다.

예 "저축을 잘한다." (X)
"공부를 잘한다." (X)
"사회문제를 해결한다." (X)
☞ 추상적이며 구체적이지 않다.

따라서 개념을 구체화할 수 있는 측정방법과 이에 따른 해결 및 개입의 수준을 제시하는 것이 중요하다.

– '저축을 잘 한다. 저축이 월(　　)만 원 이상' (O)
– '사회문제 해결' → '범죄율이나 비행보고 비율 등' (O)

② Measurable(측정 가능성)

- 목표는 측정 가능하며 계량화되는 것이 필요하다. 즉, 목표를 수량화된 지표나 자료를 사용해서 나타냄으로써 목표측정과 평가의 용이성을 증진시키도록 한다.
  예 "청소년의 건강증진" (X)
  "매주 5회 운동과 식사조절 및 폐활량, 기초대사량, 근육량 체크" (O)
- 목표는 측정이 가능해야 평가할 수 있으며, 이에 따라 몇 퍼센트 정도 달성했는지에 관한 결과의 평가도 가능해진다. 그렇지 않은 경우는 서비스에 따라 리커트화된 만족도 지표 등을 활용할 수 있으며 인터뷰 자료 등이 결과의 분석에 활용될 수 있다.

③ Attainable(목표달성 가능성): 청소년 목표는 프로그램을 통하여 실제 도달하고자 하는 성과이므로, 이에 대한 측정 가능성을 염두에 두고 청소년 프로그램을 기획하는 것이 좋다. 또한 단기간의 과다 인원을 통하여 막대한 재원을 투입하는 무리한 프로그

램의 진행은 효율성과 효과성 등의 목표달성 가능성의 측면에서 바람직하지 않다.

④ Time-bounded(목표의 시간엄수): 청소년 프로그램의 목표는 제한된 프로그램의 실행 시간 내에 성취하고자 하는 성과를 도출해야 한다. 그러나 청소년들에게는 성장기의 특성을 반영하여 보다 장기적 차원의 프로그램을 통하여 지속적인 개입이 필요한 경우가 많다.

3절 | 청소년 프로그램의 세부 프로그램의 작성

상기와 같은 일련의 과정을 통하여 청소년 프로그램 참여자의 문제와 욕구를 확인하고 개입을 위한 목적을 설정하면, 그에 따라서 설정한 목표의 달성을 위한 프로그램을 구체적으로 설계하는 작업을 수립한다. 청소년 프로그램 설계의 과정에서는 사전에 계획된 프로그램을 보다 실행 가능하며, 담당자가 바뀌더라도 동일한 프로그램이 차질 없이 진행될 수 있도록 구체적인 기술형태로 기록하는 과정이 필요하다.

최종대안을 프로그램화할 때에는 설계도면을 그리듯이, 청소년 프로그램을 보다 정밀하게 수행하기 위한 명확한 설계안을 작성해야 한다. 즉, 프로그램의 단계마다 누가, 언제, 어디서, 어떤 일을 수행하고, 어떤 방식으로 프로그램을 진행하는가를 적절한 순서대로 배열하여 프로그램의 실행에 따른 활동뿐 아니라 평가, 프로그램 방침이나 절차, 프로그램 관리준거 및 관리방안 등 프로그램 활동이 구체적으로 상세하게 기술되어 설계된 기획안대로 실시될 수 있어야 한다.

1 청소년 프로그램의 하위 목표에 대한 내용의 선정방법

청소년 프로그램의 내용을 선정하는 방법은 다양한 원칙에 따라 달라진다. 그러나 공통적인 것은 합목적성, 성취 가능성, 기회의 제공, 다양성, 지역성 등이 있다. 여기서 가장 일반적인 방법 중 하나로 프로그램 목적과 목표를 달성하는 데 직접적으로 관련된 프로그램 내용선정 방식은 다음과 같다.

표 6-1 목표 중심의 프로그램 세부 내용선정 양식

목적	하위목표	프로그램 내용	실행방법	진행자 역할	클라이언트의 달성사항	기타
	1.					
	2.					
	3.					

먼저 상기의 표에 조사되고 분석된 사회와 청소년 문제에 대한 프로그램의 목적을 설정한다. 이는 시대의 문화 및 사회적 욕구, 기관의 욕구, 프로그램 참가자인 청소년의 욕구를 통해 설정된 프로그램의 목적과 하위목표를 검토하여 수행방법을 진술하는 것이다. 작성된 프로그램의 목적과 청소년 프로그램의 달성 목표에 대한 하위 목표를 달성하기 위하여 담당자 역할과 참여자의 과업 그 밖의 기타 참고사항 등을 기록한다.

2 청소년 프로그램의 내용작성에 대한 점검사항

먼저 청소년 프로그램의 취지와 구조를 파악할 수 있도록 하며 청소년 프로그램의 목적, 기간, 횟수, 소요시간, 장소 등을 구상하여 기재한다. 이후 이를 바탕으로 하는 청소년 프로그램의 일정표를 작성한다. 목적과 목표 및 경우에 따라 예산의 범위가 정해지면 그에 따른 방법론적인 입장에서의 개입전략이 세워져야 한다. 프로그램 내용 및 실시방법은 청소년 프로그램의 기술적 기반에 근거하여 작성하며 이에 따라 다음과 같은 사항이 고려되어야 한다.

1) 활동내용의 결정

청소년 프로그램을 구성하는 활동에 대한 대안목록을 만드는 작업도 필요하다. 대상자인 청소년을 변화시키고자 할 때 프로그램을 구성하게 될 최종의 활동은 각각의 활동에 대한 우선순위 비교와 재원 및 자원동원 가능성에 따라 다를 수 있으며, 프로그램 선정의 우선순위는 상황적 적합성과 프로그램의 실행 가능성 및 효과성의 예측 등에 의해서 결정되게 된다.

이러한 적합성을 결정할 때에는 다음과 같은 사항을 고려한다. ① 목표달성에 따른 시간과 재원의 적절성, ② 프로그램 참가 청소년의 능력이나 시간할애 가능성, ③ 청소년의 정책적 적합성, ④ 프로그램이 지향하는 가치의 적합성 등이 포함되어야 하며, 그 밖에도 예산, 투입 인력, 요구 자원, 프로그램의 실시기간 등이 확인되어야 한다.

2) 청소년 프로그램의 수행인력

청소년 프로그램은 수행하는 인력의 역할이 매우 중요하다. 따라서 구체적으로 청소년 프로그램에서 프로그램의 진행자가 담당하게 되는 역할의 범위에 대하여 가능한 명확한 기술이 필요하다. 또한 프로그램 진행자에게 필요한 경력이나 숙지사항 등이 명시되어야 하며, 시간의 제한에 따라 매주 어느 시간대에 어느 정도의 시간이 소요되는지에 관하여 실시하는 청소년 프로그램을 보았을 때 프로그램의 진행자와 프로그램의 참가자가 알 수 있도록 안내되어 있어야 한다. 개발된 청소년 프로그램의 수행인력은 관련 책임자를 비롯하여 업무 담당자, 중간 관리자, 자문위원, 자원봉사자 및 행정 담당의 타부서 연계 등 프로그램에 투입되는 총 인원을 의미한다. 따라서 프로그램의 효과적 운영을 위해서는 청소년 프로그램의 인력관리와 책임소재 및 상호 협력의 관계가 원활하게 이루어져야 한다.

청소년 프로그램에 대한 조직화의 방안으로 청소년 프로그램의 기획안이 설정되면 프로그램 담당부서의 청소년 프로그램의 운영에 따른 조직의 구성도가 함께 첨부되는 것이 바람직하다. 규모가 있는 복합적인 프로그램의 경우에는 별도 조직의 팀 체제가 조직될 수도 있으므로, 어떠한 경우에 어떠한 범위에서 어떤 역할을 담당하는가에 대한 구조화가 필요하다. 이렇게 조직의 활동에 대한 흐름도(flow chart)를 제시해 놓으면 보다 효율적인 조직의 관리가 가능하며, 청소년 프로그램의 평가에 있어서도 부서별 평가가 가능하여 보다 세밀한 평가과정과 연결될 수 있다.

3) 프로그램 일정표

청소년 프로그램의 일정표는 주로 PERT나 Gantt 차트와 같은 도표가 활용된다. 실시 부서별로 진행되는 타이밍과 시간을 한눈에 알 수 있도록 하기 위하여 이 두 도표가 활용되고 있으며, 이는 프로그램을 파악하고 조직화하는 것에 있어서 매우 중요한 작업이 될 것이다. 이러한 작업은 다음과 같은 장점을 지닌다.

첫째, 청소년 프로그램에 소요되는 기간, 시간대, 장소, 필요 자원 등과 함께 프로그램의 구조와 일정을 한눈에 파악하기에 용이하다.

둘째, 청소년 프로그램의 일정을 청소년 프로그램의 내용과 수행 일정에 제시된 내용을 일목요연하게 보여줌으로써 청소년 프로그램의 관리와 책임 이행 및 과정의 피드백과 평가 등에서 유용하게 활용될 수 있다. 청소년 프로그램의 진행일정에 따라 청소년 프로그램에 필요한 재원이나 매개체, 인력 동원, 준비물, 장소 등을 점검하는 것에도 용이하여 프로그램의 담당자가 원활히 프로그램을 진행할 수 있다.

셋째, 프로그램의 진행 일정에 인력 등의 역할까지 명시된다면 보다 구체적으로 구조화된 프로그램이 될 것이다. 이러한 과정은 프로그램의 성공적인 진행에 있어서 꼭 필요한 작업이다.

4) 청소년 프로그램 일정표의 특성

(1) Gantt chart(간트 차트)

청소년 프로그램의 추진일정에 대한 작업의 공정을 한눈에 파악하는 것에 유리하다. 즉, 한 가지 사업계획을 완성하기 위해서는 일정 기간 동안 행해지는 활동을 일목요연하게 보여줄 수 있는 것이 필요하다.

따라서 간트 차트는 주별, 월별, 혹은 일별로 막대 그래프와 같은 형식의 시각적 효과를 활용하여 한 프로그램이나 프로젝트를 구성하는 개별 활동을 규정하고, 각 활동을 마치는 데 필요한 시간의 정보를 시각적으로 알려주게 된다.

정리

작성요령은 도표 위에 활동들의 진행일정을 기간에 따라 막대의 형식으로 기록하여 파악이 용이하도록 한다.

(2) PERT(Program Evaluation and Review Technique) – 퍼트 차트

PERT는 작업 공정에 따른 활동 간의 상호관계와 소요시간, 임계 경로 등의 과정을 일련의 방향 망의 형태로 제시하여 주기 때문에 묘사하는 원(활동)과 화살표(방향), 소요시간 등을 이용하여 활동의 전체과정을 한눈에 조망하도록 나타내주는 기법으로 활동 간의 관계를 보여준다. 이것은 미군의 잠수함 개발에 활용되었으며, 복잡한 공정이나 과정의 효율적인 운영이 조직적으로 가능하도록 하는 일정표로 활용되고 있다.

이러한 PERT 기법의 장점은 목표와 수단을 합리적이며 체계적인 방식으로 연결하는 데 사용되며, 그 장점은 프로그램을 명확한 목표와 활동으로 조직화할 수 있으며, 특성상 진행일정과 그에 대한 자원계획 및 프로그램의 진행사항을 추적하는 것에 탁월한 관리도구이다.

PERT의 주요 특성과 내용은 프로그램에 포함되는 개별 행사의 목표들을 확인할 수 있고, 목표들의 수행을 위해 필요한 과업활동들을 점검할 수 있으며, 목표와 활동들 간의 관계를 네트워크로 한눈에 보여주기 때문에 특히 활동들의 순서를 결정하는 것에 유리하다. 따라서 PERT의 기본적인 정보를 통하여 프로그램 완수를 위해 필요한 모든 과업들을 확인하고, 각 과업을 달성하는 데 걸리는 시간의 길이를 확인함으로써 과업들 간의 선후관계를 체크하고, 계획하며, 관리하는 것에 더없이 큰 장점이 있으나 다소 복잡한 도식으로 나타날 수도 있다.

한편, 이렇게 작성된 청소년 프로그램은 MBO(Management By Objectives, 목표관리제)를 통하여 목표를 설정하고, 그에 대한 결과를 파악하고 평가하는 방법이 활용될 수 있다. 이 방식은 1954년 Drucker에 의하여 주창된 이후 기업을 중심으로 널리 활용되고 있다. 또한 1980년대 이후 비영리 사회복지조직에서도 그 활용도가 증가하고 있다.

MBO의 장점으로는 업무자들이 프로그램의 결정이나 기관의 방향 선택에 함께 참여할 수 있다는 것이다. 즉, 업무 참여자들의 자발적인 동기를 이끌어내어 기관에 대한 개인별 기여를 확인할 수 있도록 함으로써 업무자들 간의 불필요한 경쟁을 억제하고 조직의 결속감을 강화시키는 장점이 있다. 또한 구체화된 목표가 제시되기 때문에 체계적으로 일련의 평가가 가능하다. 따라서 단기 및 장기적인 목적과 목표의 설정과정을 통하여 적극적인 활동이 장려될 수 있고 사명감이 고취되는 것에 적합한 방식이다. 목표 달성도는 프로그램의 진행에 있어서 결과의 평가로 측정되는 것이 바람직하다.

4절 | 프로그램 예산 수립

청소년을 위한 프로그램 예산의 개념은 프로그램의 진행에 있어서 가장 고려되어야 하는 사항일 수 있다. 경우에 따라 각 기관에서는 최종적으로 예산안을 작성하기보다 예산에 맞추어 프로그램을 기획하는 경우도 많다. 그 이유는 예산이 없다면 아무리 훌륭한 프로그램도 진행에 차질이 있을 수 있기 때문이다.

물론 기관의 후원과 정부로부터의 지원 등의 보다 적극적인 홍보 및 기금마련도 사회복지실천에 있어서 매우 중요한 활동일 것이다. 예산이란 일정 기간 동안 기관의 활동을 위해 동원될 수 있는 수입과 지출의 내용을 담는 계획서이기 때문에 계획된 지출을 위한 자금 조달의 계획 및 자금 배분에서 매우 중요하다. 예산은 성과를 증가시키기도 하며 조직을 제어하는 관리도구이기 때문이다.

따라서 청소년 프로그램이 실제적으로 시행되기 위해서는 이와 같이 예산의 구체적인 재정계획이 필요하며, 특정한 목적을 실현하기 위해서 예산의 수립과정은 매우 필수적인 과정이라 할 것이다. 또한 청소년 복지기관의 재정 관리는 기관운영의 핵심이다. 재정을 계획하고 집행하고 관리하는 과정이 없으면 기관이 생존할 수도 없고, 클라이언트를 위한 서비스의 공급도 불가하다.

사회복지의 전달체계에서 사회복지의 실천가는 예산을 보다 효율적으로 활용하기 위한 예산편성의 방법과 예산집행의 능력, 회계절차 등의 숙지와 같은 재정 관리에 대한 기본적 지식과 기술을 지니고 있어야 할 것이다.

1 청소년복지조직 재정자원의 특징

청소년복지조직의 재정은 영리를 위한 운영이 아니라 청소년의 복지를 위해 사용된다는 점이 다른 여타의 재정 자원과는 차이가 있다. 청소년복지의 재정은 책무성과 투명성을 전제로 하여 제도화되고 통제된다. 또한 청소년이라는 서비스 수급자에 대한 서비스의 공급은 자원을 제공하는 후원기관이나 정부기관의 의존도와 자립도에 따라 기금 구조가 가지는 독립성과 자율성이 달라질 수 있다. 청소년복지기관은 조직의 의사결정을 수행하는 중요한 환경을 가지고 있어야 함에도 불구하고, 각종 재원 제공처에서 요구하는 기준과 자금의 사용에 대한 감사를 받게 된다.

따라서 청소년복지조직은 재정자원(funding source)에 의존하고 해당 목적에 따라 지출되는 경향이 있다. 즉, 청소년복지의 재정자원의 제도화는 조직의 구조 및 내용, 참여결정의 형태에 상당한 영향을 미친다. 물론 현대사회에서 제시되고 있는 신제도주의적 시각에서 볼 때에는 관례에 대한 개선은 결국 사람이 하는 것이고, 기존의 제도는 탄력적으로 개선될 여지를 가지고 있는 것이 사실이다. 그러나 청소년복지조직이 가지는 재정에 대한 책무성과 책임성은 청소년복지조직이 가지는 또 하나의 특성으로 구조화된 기본적 성격을 가지고 있다. 청소년복지조직의 재원의 특성은 다음과 같다.

첫째, 사회복지조직은 매우 다양한 재정자원을 가지고 있다. 예를 들면, 정부로부터의 재정지원과 특별기관들의 공모, 그 밖의 위탁이라는 계약의 형태로 지원받는 보조금 외에도 재단지원금, 협찬후원금, 직접적인 기부 등의 형태로 많은 종류의 다양한 재원을 가지는 특징이 있다. 그 밖에도 서비스 이용요금, 대여 수익 등의 각종 이용에 의한 수익이나 특별행사와 기증 및 투자 등의 수입처를 가진다. 물론 사기업과 같은 영리는 추구하지는 않으나 청소년의 성장에 기여하는 의미 있는 수익은 그의 사용에 대한 막중한 책무성을 가진다.

둘째, 청소년복지기관은 재원을 효율적으로 사용하고 특히 중요한 자원을 지속적으로 확보해 나가기 위해서는 사업제안서(proposal)나 보고서 그리고 계약관계에 대한 기본사항, 기부금 요청 이벤트나 홍보, 공동모금회 회원단체들과의 긴밀한 연대 및 청소년에 대한 마케팅 등 특별행사를 조직화하는 다양한 전략과 능력을 보유하고 있어야 한다. 이러한 능력은 청소년복지기관의 존속과 비전과도 연결되는 일이므로 그 중요성이 막대하다고 할 수 있다.

셋째, 청소년복지기관은 자체적이기보다는 외부 기관과의 긴밀한 관계를 중요시하는 특징을 가지고 있기 때문에 외부 환경의 변화에 쉽게 노출되어 있고, 이것은 사회적 · 경제적 변동에도 매우 민감한 특성이 있다. 따라서 청소년복지조직에서 재원확보를 담당하는 부서와 인력은 그 어떤 부서보다 탄력적이며, 투명한 책임성을 가지는 것이 요구되며 청소년복지조직에 있어 매우 중요한 부분이다.

만약 훌륭한 인적 자원이 있다면 조직에서 필요로 하는 자원의 획득이 용이할 것이다. 그러므로 청소년복지행정가들은 조직이 건강하고 보다 효율적인 기능을 유지하도록 하기 위해 조직 간의 상호작용에 보다 깊은 이해를 가지고, 전략적인 자세로 관리할 수 있어야 한다(Hasenfeld, 1992).

2 예산의 관리

1) 예산의 개념과 특성

예산의 개념은 학자에 따라서 다양하게 정의될 수 있다. 이를 행정적인 입장에서 보면 정책의 집행에 따른 효과적 안배가 되겠지만, 경제적 입장에서 본다면 기관운영의 수단이 되며 효율적인 자원의 분배와 같은 개념으로 기술될 것이다.

그러나 공통적인 예산의 개념은 인정기간 동안 세입과 세출에 대하여 기관이나 조직이 가지는 예정적인 계산이라는 것이다. 그러므로 예산은 사전에 예상되는 수입과 지출에 대한 계획으로 이러한 계획안은 기업이나 가계의 성격과는 다르고, 그에 대한 영리적 목적보다는 책무적 성격, 클라이언트의 효과성을 지향하는 기본목적의 성격이 다르다고 할 수 있다. 이러한 예산수립의 과정은 다음과 같은 특징이 있다(최성재, 남기민, 2000: 250-251).

첫째, 예산수립은 정치적 과정이다. 즉, 예산은 자원배분이 초점이 되는데 이러한 자원배분에 대한 의사결정은 정치적으로 이루어진다. 둘째, 프로그램의 기획과정이다. 예산수립은 조직의 목표달성을 위한 프로그램을 수행하기 위한 것이며, 예산수립과정은 목표설정, 대안개발 및 기대효과 분석, 효과성 평가기준 설정 등의 프로그램 기획절차와 병행 및 통합되므로 프로그램 기획과정이라고 할 수 있다. 셋째, 프로그램의 관리과정이다. 예산수립은 조직의 관리자가 조직 각 단위의 활동과 그 책임자 및 시행일정 등을 검토하므로, 전체적인 안목에서 볼 때 청소년복지 프로그램의 관리과정이 된다. 넷째, 회계절차이다. 예산서는 회계담당자가 자금의 내적 및 외적 흐름을 통제하고 재정활동을 승인하는 근거가 되기 때문에, 예산수립은 회계절차의 성격을 가진다. 다섯째, 인간적인 과정이다. 예산은 클라이언트와 예산을 집행하는 조직성원, 지역 사회인들에게 중요한 영향을 미치게 되므로, 예산수립을 잘하려면 이들과 접촉하여 의사소통하는 기회를 가질 필요가 있으며, 그러므로 예산수립은 인간적인 과정이라고 할 수 있다. 여섯째, 예산은 미래를 변화시키는 과정이다. 예산은 장래에 대한 활동계획에 대한 재정계획이므로, 미래의 목표를 새로 설정할 수 있고, 이에 따른 새로운 활동을 할 수 있기 때문에 현재보다는 미래를 변화시키는 과정이 된다(최성재, 남기민, 2000: 250-251).

2) 예산의 유형분류

예산의 유형을 분류해서 살펴보면 예산은 조직활동의 형태와 구조를 분석하고 관찰하는 데 필요한 정보와 수단을 제공한다. 그러므로 예산분류의 가치는 예산을 운용하는 성격이나 예산과정의 각 단계에 따라서 특징 있게 적용되는 결정을 용이하게 할 수 있는 정도에 따라서 기획되고 운영되어야 한다.

(1) 조직체별 분류와 품목별 분류

① 조직별 분류

조직별 분류란 예산을 소비하고 담당하는 각 부서 간 혹은 팀별로 기획된 세출과목의 금액이 표시된 것을 의미한다.

② 품목별 분류

품목별 분류란 말 그대로 세출예산을 구입하고자 하는 용역이나 물품 기타 지출품목(강사비나 소모품 등)에 기준하여 분류하는 것으로, 이것은 조직체별로 배분된 예산을 다시 품목별로 세분하여 근거를 마련하는 것으로, 궁극적으로는 회계책임을 분명히 하고 낭비를 억제하도록 하는 장점을 갖는다.

(2) 사업계획별 분류와 기능별 분류

① 사업계획별 분류

'사업계획별 분류는 무엇보다 활동'에 초점을 두고, 광범위한 '사업계획이나 프로그램'에 따른 분류로 나타낸 것이다.

② 기능별 분류

기능별 분류는 행정수반의 정책수립에 따라 정부활동이나 기관의 활동에 관한 일반적이며 집약적인 정보를 제공하는 것을 목적으로 한다.

3) 예산의 유형

예산의 유형은 사회복지서비스 기관과 다양한 프로그램 운영에 따라서 다양한 관점으로 사용될 수 있다. 예산의 유형은 비예산, 항목별 예산, 기능별 예산, 프로그램 예산, 영기준 예산 등 다양하게 목적에 따라 사용될 수 있다.

(1) 비예산(Non-budget)

비예산이란 일차적으로 수입에 초점을 두고, 수입과 지출을 분리하지 않고 '투입 예산관리'의 측면에서 지칭되는 용어이며, 총계로서의 수입과 지출에만 관련된다. 따라서 오늘날의 청소년 복지서비스 기관의 예산관리에 적절한 방식으로 사용되고 있다.

(2) 기능별 혹은 성과 예산(Functional of performance budget)

성과예산이란 1913년 뉴욕 리치몬드에서 사용한 원가 계산제에서 기원을 찾을 수 있으며, 정부의 활동 및 사업계획을 기초로 정부예산을 편성하는 것으로 많이 쓰여 왔다. 즉, 정부의 기능, 활동 및 사업계획을 기초로 하여 정부예산을 편성하는 것으로, 정부가 구입하는 물품과 용역보다 정부가 수행하는 업무에 중점을 두는 관리지향적인 예산제도이다.

프로그램에서는 다양한 운영기능과 활동별로 분류할 수 있는데, 예를 들면 프로그램의 기획, 접수, 조사 및 슈퍼비전, 각종 교육 등에 관련하여 예산을 편성하는 방법을 뜻한다.

(3) 품목별 예산(Line-item Budget)

품목별 예산이란 예산수립의 방법 중 가장 빈번하게 쓰이는 방법으로, 지출에 대한 항목을 크게 인건비, 사무실비, 시설 기자재, 소모품비, 교통비 등으로 항목별로 분류하고 각 품목에 대한 세부항목의 지출을 계산하는 예산편성법이다.

품목별 예산은 활용도가 높고 일반적으로 많이 쓰이는 방식으로, 개별 지출항목(품목)을 나열하여 예산을 계상하는 방식을 취하고 있다.

여기에 활용될 수 있는 것이 점증식(incremental) 예산의 편성인데, 이것은 지난 해 예산과 대비 투입(input)의 비용을 중시하는 반면, 산출(output)에 대해서는 무관심한 측면을 가지고 있기도 하다. 이를 덧붙이면, 지출대상을 품목별로 분류하여 지출대상과 한계를 규정하는 통제지향적 예산편성이며, 현재 정부나 민간기관 및 사회복지기관 등에서 보편적으로 사용되는 예산체계이다.

이러한 품목별(항목별) 예산은 구입하거나 지출하고자 하는 품목 또는 항목별로 수입과 지출을 기재하는 예산수립 방법으로, 예를 들면 급여, 상여금, 수당 등에 대하여 모든 수입과 지출이 품목 예산안에 포함되어야 하고, 모든 예상되는 수입이 모든 지출의 총계와 일치해야 하는 특징을 가진다.

품목별 예산의 특징은 예산의 과도한 세 분류의 성격이 행정활동의 자유재량을 제한하기 때문에 예산에 대한 신축성을 저해할 우려가 있고, 의사결정에 대한 충분한 정보제공이 곤란하고 그에 대한 책임소재 규명이 어려울 수 있다. 그러나 지출근거가 명확하므로 예산 통제에 효과적이다. 즉, 지출의 정확성과 합법성을 통제하므로 부정, 낭비, 오류를 방지하는 데 효과적이고 예산이 항목별로 지출이 정리되게 되므로 회계에 유리한 장점이 있으며, 다른 예산제도와 쉽게 결합할 수 있다.

한편 예산삭감이 이루어질 때 이익집단의 저항이 상대적으로 적을 수 있는 장점이 있으나, 전년도 예산을 기준으로 점진적으로 편성하기 때문에 예산 증감의 신축성이 없으며 프로그램의 목표나 내용, 결과에 대한 고려가 부족한 특성이 있다.

표 6-2 품목별 예산 예시

청소년복지센터의 지출예산(회계연도, 2018) 예시			
비용항목			
인 건 비			
부가급여			
운 영 비			
용 품			
전 화 비			
장비사용료			
임 대 료			
인쇄홍보비			
회 의 비			
출 장 비			
총 계			

〈표 6-2〉를 참조하여 본인이 기획하고 있는 청소년 프로그램에 대한 예산을 짜보는 것은 유용한 활동이 될 것이다.

업무량 = 단위원가 × 성과단위

- 단위원가: 업무측정단위 또는 성과단위 하나를 산출하는데 소요되는 경비
- 업무량: 달성하려고 하는 단위의 수

(4) 성과주의 예산

성과주의 예산이란 청소년복지조직이 달성하고자 하는 목표를 세부 프로그램의 활동으로 세분화하고 나누어 각 프로그램이나 활동의 단위 원가와 업무량을 고려하여 예산을 수립한다. 본 예산방식은 지출 항목에 대한 비용은 표시하지만 왜 지출하는지를 설명하지 못하는 예산의 단점을 보완하기 위해 개발된 것이다. 따라서 장점으로는 기관목적과 주요사업을 이해하기 쉽고, 실적 평가에 용이하며 프로그램 비용과 행정비용이 분리되어 파악될 수 있다. 그러나 단점으로는 프로그램에 소요되는 계산이 어렵고 업무측정단위설정이 용이하지 않다는 단점이 있다.

산정방식으로 청소년복지기관은 기관의 활동을 사업과 프로그램으로 구분하고 이를 다시 세부적으로 각 사업별 단위원가와 업무량을 계산하여 편성하도록 한다. 품목별 예산방식은 품목별 예산이 투입요소(inputs)를 중심으로 예산을 편성하는 것에 반해, 성과주

의 예산은 산출(outputs)을 중심으로 예산을 편성하는 제도로 업무 측정단위로 예산을 편성하고 성과를 측정한다는 특징이 있다. 그리고 사업 예산의 총액만이 승인되고 집행은 집행기관의 자유 재량에 맡겨지며, 구체적인 지출에 대한 외부의 간섭은 배제된다는 특징이 있다.

성과주의 예산이라 지칭되는 이유는 예산이 집행된 후에 실제 발생 원가를 예산과 비교하여 사업의 성과를 측정할 수 있기 때문이며, 산출물의 양을 미리 설정하고 그것을 달성하기 위한 투입비용을 통해 지출을 필요로 하는 사업계획과 이러한 사업계획을 구성하는 활동으로, 세부사업에 따라 예산을 편성한다는 특징이 있다. 이러한 성과주의 예산방식은 청소년복지 프로그램의 목표와 운영에 대한 모니터링이 가능하고 예산 할당의 기준을 성과물에 근거를 두기 때문에, 프로그램의 효율성을 기대할 수 있다.

그러나 이러한 방식은 조직이 클수록 원가계산이 복잡하기 때문에 소규모조직에 적합하고, 업무측정단위의 결정이 어렵기 때문에 계량화가 어려운 사업에는 부적합하다. 또한 단위원가의 계산이 어려운데, 특히 간접원가 · 공통원가의 배분이 어려운 특징이 있다.

(5) 프로그램 예산(Program Budget)

프로그램 예산이란 각 프로그램별로 지출을 분류하여 기록하는 방식이다. 따라서 본 방식으로는 프로그램을 각 프로그램을 별도의 목적, 목표를 가지고 기능하는 단위로 기술하게 된다. 예를 들면, 청소년, 상담, 캠프, 아동 문화행사 등으로 구분될 수 있으며 대표적인 예로 프로그램 기획예산제도가 있다. 이는 기관의 목적달성을 위한 장기적 계획 아래 프로그램을 "비용-편익분석"에 의해 선정하여 예산을 수립하는 방식으로 나타낼 수 있다.

(6) 영기준예산(ZBB: Zero-Based Budgeting)

영기준예산은 사업부서와 프로그램이 전년도 예산을 고려하지 않고 매년 예산수립과정에서 영(zero)의 상태로 돌아가서 예산을 계획 및 할당받는 것을 뜻하며, 다음과 같은 특징이 있다. 즉, 영기준의 어원은 조직이 지금까지 추진한 사업을 처음부터 영(zero)의 상태에서 다시 시작한다는 것으로, 전년도 예산에서 각 항목별로 배정된 예산에 전혀 구애받지 않고 새로운 조직목표와 우선순위에 따라 예산을 수립하는 혁신적인 예산제도이다.

산정방식은 전년도 예산기준에 따라 예산을 확보하는 기존의 방식에서 탈피하여 모든 사업의 타당성을 영(zero)의 기준에서 엄밀히 분석하여 예산을 편성하는 방식으로, 장점은 예산 배분이 합리적이고 사업의 효과성을 향상시킬 수 있으며, 예산 편성과정에서 직원들이 참여할 수 있도록 의사결정을 이끌어낼 수 있다.

또한 자원배분의 효율성을 높이고 신속하게 예산을 조정할 수 있어, 외부 환경변화에 따른 프로그램 및 사업의 신속한 변화요구에 적절히 대응할 수 있는 장점이 있다. 그러나 단점으로는 현실적으로 기존 사업의 축소나 폐지가 어렵고, 사업의 빈번한 변경에 따라 많은 시간이 소요될 수 있으며 정보 및 기술 분석을 요하게 된다.

즉, 영기준예산은 지금까지의 예산 할당근거를 완전히 무시하고 원점에서 새롭게 검토를 하기 때문에, 매 회계연도마다 원점으로 돌아가 신규 사업이나 계속 사업이나 막론하고 모든 사업 및 정책의 타당성을 새로 분석하고 검토하여 비용편익 분석이나 비용효과 분석을 반영하여 사업의 우선순위를 결정한다.

그에 따라 예산을 편성하는 제도이기 때문에 사업의 제공수준을 0 수준부터 대폭 증액된 수준까지 다양하게 적용이 가능하고, 사업의 우선순위를 고려할 수 있기 때문에 국회의 예산 등에서 다양하게 적용된다.

영기준 예산 ZBB의 절차 및 특성

- 영기준 예산 ZBB의 절차
  - 결정단위를 먼저 확인한다.
  - 결정집단(decision package)을 작성한다.
  - 지출에 대한 우선순위를 결정한다.
  - 전체적이며 세부적인 실행예산의 편성의 절차를 밟는다.

- 영기준 예산 ZBB의 특성
  - 예산의 효율성을 제고하는 방식이며 정책결정 상향적이다.
  - 목표의 효율적인 성취에 중점을 두며 어떠한 목적을 세울 것인가에 관심이 있다.
  - 기존의 프로그램이라고 해서 높게 평가하지 않으며 집중적 예산편성 방식의 방식이다.

(7) 기획예산(PPBS: Planning Programming Budgeting System)

기획예산은 조직의 장기적 발전계획이나 사업계획 하에 각 연도별 목표달성을 위해 예산을 조직목표에 통합시켜 작성하는 예산의 유형을 뜻한다. 이것은 중장기예산과 사업의 성과 및 원가를 결합한 예산제도이므로, 기획과 예산이 연계된 예산제도라고 할 수 있다.

이 예산의 작성과정은 다음과 같다. 먼저 조직의 장기적 목표를 확인한다. 그 다음으로 목표를 세분화하여 연도별 목표를 설정한다. 이후 비용효과분석을 통해 목표의 우선순위를 확정하고 실행예산을 수립한다. 즉, 기획 프로그램 예산 시스템, 즉 계획예산은 결국 장기적인 기본계획수립을 프로그램 작성을 통하여 단기적인 예산편성과 유기적으로 연결시켜 예산배분의 합리화를 기하려는 제도로, 'planning → programming → budgeting'의 순서로 진행되며 중장기예산과 사업의 성과 및 원가를 결합한 예산제도이기 때문에 기획과 예산이 연계된 예산제도라고 할 수 있다.

주요 특징을 재정리하면 구체적인 목표를 성취하여 발생하는 성과를 화폐단위로 환산한 후 편익-비용 분석을 하므로, 정책분석(비용편익분석)에 의해 목표달성을 위한 최적대안을 선정한다는 특징이 있으며, 성과주의예산이 산출중심인 데 반하여 계획예산은 결과중심이다.

중심특징은 첫째, 장기계획의 수립이다. 즉, 장기적인(10~20년) 목표를 설정하고 그 목표를 달성하기 위하여 대안을 작성하여 장기계획을 수립한다. 둘째, 프로그램의 작성이다. 이는 장기계획을 실행하기 위한 구체적인 활동을 결정하는 방식이다. 이는 비교적 예측 가능한 기간, 예를 들면 3~5년에 걸쳐서 결정된 계획을 실행하기 위한 프로그램을 수립하고, 이에 대한 연도별 투입과 산출을 결정하게 된다. 이에 대한 예산의 편성은 셋째, 목적달성을 위한 활동에 대하여 자금지출을 조직적으로 관련시키는 단년도 예산(1년)을 편성하는 것이다.

기획예산(PPBS: Planning Programming Budgeting System)의 장점은 다음과 같다. 즉, 장기적

사업목표와 이를 달성하기 위한 사업예산의 관계를 명확히 제시하여 사업계획과 예산수립 간의 발생할 수 있는 괴리를 방지할 수 있다. 그리고 목표와 프로그램을 명확하게 알 수 있고, 재정자원을 합리적으로 배분할 수 있다. 반면 단점으로는 비용/편익분석을 위해 필요한 자료가 너무 방대하여 자료 분석을 위해 많은 비용이 추가로 발생할 수 있으며, 사회복지기관과 같이 명백히 합의된 목적과 목표의 설정이 어려운 경우에는 활용하기 어려운 단점이 있다. 또한 사회복지기관의 모든 활동을 해야 하는 어려움도 수반될 가능성이 있다.

즉, 기획예산은 대규모의 인력과 시간이 소요되기 때문에 복잡한 계산과 방대한 정보가 필요하며, 성과의 측정 및 화폐단위 환산이 어렵고 서비스 조직이 쉽게 수량화할 수 있는 목적과 전략을 선호하게 만들 수 있으며, 결과에만 치중하여 과정을 무시하여 권력과 의사결정이 중앙집권화될 경향이 있다. 그 밖에도 주관적인 요소의 고려에 취약한 계량적 방법으로, 예산은 정치적 합리성과 경제적 합리성을 동시에 추구해야 함에도 정치적 요인을 고려하지 못하는 한계를 가지고 있다.

정리

예산의 수립은 어떤 예산의 방식이 보다 바람직한가의 문제이기보다는 운영하는 기관의 성격 상에 따라 효율적인 예산수립의 방식이 적용될 수 있다. 따라서 예산을 수립하는 사회복지사로서 다양한 예산수립의 방식을 숙지하고 있을 필요가 있다.

표 6-3 주요 예산 유형의 특성

	품목별예산	성과주의 예산	계획예산	영기준예산
특징	• 회계 계정별로 구입 품목을 편성한다. • 통제적 기능이 장점이다. • 회계자에 유리한 예산의 예산방식이다.	• 단위업무당 업무량을 산출한다. • 장기적 예산을 고려하지 못한다. • 효율성을 중시한다. • 관리자에게 유리한 방식이다.	• 장기적 계획을 전제로 하고 있다. • 목표를 분명히 하고 달성을 강조한다. • 계획기능이 강하다. • 계획자에 유리한 예산 편성이다.	• 매년 사업목표와 수행능력을 새로이 한다. • 목표 달성을 위한 다양한 사업을 고려한다. • 의사결정기능이 강하며 소비자에게 유리하다.
장점	• 예산통제가 효과적이다. • 회계작성이 용이하다. • 물품에 대한 투입 파악이 용이하다.	• 목표와 사업을 분명히 이해할 수 있다. • 자금분배가 합리적이다. • 사업별 통제가 가능하다. • 사업목적의 효율성을 기한다.	• 목표와 사업을 분명히 명시할 수 있다. • 자금 분배가 합리적이다. • 사업의 효과성을 중시한다.	• 예산절약과 사업의 혁신에 도움이 된다. • 재정운영과 자금배분에 합리성 및 탄력성이 있다. • 사업의 효율성과 효과성을 기한다.
단점	• 예산 신축성 저해가능 • 예산증대 정당성 약함 • 결과나 목표달성의 고려가 부족할 수 있다. • 사업내용의 파악이 어렵다.	• 예산통제가 어렵다. • 비용산출의 단위설정과 총괄비용 책정이 어려운 단점이 있다.	• 목표설정이 어렵다. • 결과만 치중하는 경향이 있다. • 권력과 의사결정이 중앙집중화될 수 있다.	• 효과적 의사소통, 의사결정, 사업평가에 대한 관리자의 훈련이 필요하다. • 정치적이거나 심리적 요인을 무시한다. • 장기계획에 의한 사업수립은 어렵다.

3 프로그램 예산편성방법

1) 프로그램 예산수립과정

청소년 프로그램 예산수립과정에서는 재정계획을 세우고, 그에 따른 재원을 조달하여 기관 등의 목적에 따라 예산을 할당한다. 이에 대한 일반적인 사항의 점검은 다음과 같다.

첫째, 프로그램 수립 때 프로그램 수행을 뒷받침할 재정의 상태를 먼저 검토하는 것이 필요하다. 둘째, 계획된 프로그램에 재원이 충분하게 제공될 수 있는지 평가하는 재정계획을 수립하는 것이 필요하다. 셋째, 계획된 재정을 조달할 수 있는 방안을 마련할 수 있도록 재원조달의 과정에 따라 적절하게 할당하는 과정을 포함하여야 한다.

2) 청소년 프로그램의 예산편성방법

(1) 예산의 산출근거

프로그램 총예산을 항목에 따라 구분해 본다. 이를 위해서 인건비, 사업비, 관리비, 기타 등의 항목으로 각 항목의 산출근거를 통해 직접비와 간접비로 구분하여 구체적으로 기록해 본다.

(2) 예산조달 계획

예산의 선정을 위하여 예산 항목별 자금의 조달계획을 알 수 있도록 신청 프로그램에 소요되는 총 예산을 신청분과 자부담 금액으로 나누어, 각각에 소요되는 항목별 산출근거를 구체적으로 제시하여야 한다. 예산은 자부담의 경우와 예산 조달 부분의 구분에 대하여 숙지하고 있어야 하는데, 기부금, 본인 부담금을 조달방법으로 기재할 수 있으며, 통상적으로 20~50% 정도의 자부담의 비율을 가지고 있는 것이 일반적이다.

다음은 프로포절 예산 편성의 예로써 기관의 예산 선정의 기획을 통하여 재원에 맞는 합리적인 자원의 배분이 가능하도록 하는 예산집행의 준비과정이 필요하다.

정리

예산은 프로그램의 개발과정의 후반부에 작성하기도 하나 실무적 차원에서는 초기에 이를 감안하여 프로그램이 작성되는 경우도 있다.

표 6-4 프로포절 예산편성의 예 〈각자 작성해 보자 – 연습용〉

<table>
<tr><th colspan="3" rowspan="2">항 목</th><th rowspan="2">계</th><th rowspan="2">산출근거</th><th colspan="4">예산조달 계획</th></tr>
<tr><th>신청금액</th><th>비율(%)</th><th>자부담</th><th>비율(%)</th></tr>
<tr><td rowspan="3">인건비</td><td colspan="2">강 사 비</td><td></td><td></td><td></td><td></td><td></td><td></td></tr>
<tr><td colspan="2">기 타</td><td></td><td></td><td></td><td></td><td></td><td></td></tr>
<tr><td colspan="2">소 계</td><td></td><td></td><td></td><td></td><td></td><td></td></tr>
<tr><td rowspan="8">사업진행</td><td rowspan="3">방과후교실</td><td>교재비</td><td></td><td></td><td></td><td></td><td></td><td></td></tr>
<tr><td>간식비</td><td></td><td></td><td></td><td></td><td></td><td></td></tr>
<tr><td>유급 자원봉사자</td><td></td><td></td><td></td><td></td><td></td><td></td></tr>
<tr><td rowspan="2">과제지도</td><td>문구구입</td><td></td><td></td><td></td><td></td><td></td><td></td></tr>
<tr><td>자원봉사자 식대</td><td></td><td></td><td></td><td></td><td></td><td></td></tr>
<tr><td rowspan="2">문화체험</td><td>버스대여</td><td></td><td></td><td></td><td></td><td></td><td></td></tr>
<tr><td>진행비</td><td></td><td></td><td></td><td></td><td></td><td></td></tr>
<tr><td colspan="2">소 계</td><td></td><td></td><td></td><td></td><td></td><td></td></tr>
<tr><td rowspan="3">관리운영</td><td colspan="2">냉난방비</td><td></td><td></td><td></td><td></td><td></td><td></td></tr>
<tr><td colspan="2">기 타</td><td></td><td></td><td></td><td></td><td></td><td></td></tr>
<tr><td colspan="2">소 계</td><td></td><td></td><td></td><td></td><td></td><td></td></tr>
<tr><td rowspan="2">기타</td><td colspan="2"></td><td></td><td></td><td></td><td></td><td></td><td></td></tr>
<tr><td colspan="2">소 계</td><td></td><td></td><td></td><td></td><td></td><td></td></tr>
<tr><td colspan="3">총 계</td><td></td><td></td><td></td><td></td><td></td><td></td></tr>
</table>

5절 청소년 프로그램의 평가계획

청소년 프로그램의 설계와 진행에 따른 프로그램의 평가계획을 미리 계획해 놓는 것이 바람직하다. 물론 현재 프로그램의 수혜자들에 대한 만족도 조사가 보편적으로 실시되고 있으나, 사전에 사회문제와의 적합성과 예산의 적합성 또한 청소년 프로그램의 성공이 가져오는 기대효과 등이 점검되어야 한다. 또한 프로그램의 지속성과 연계성에 관한 부분의 구상도 사전에 이루어질 수 있다. 이는 프로그램이 연관성을 통하여 상호 시너지 효과를 가지고, 관련 집단 및 사후관리 등으로 연계될 수 있다.

여기에 고려되는 것이 바로 클라이언트의 욕구에 부합되는 정도의 적절성으로, 클라이언트의 욕구에 얼마나 정확하고 신속한 서비스가 제공되었는지 지표를 통하여 측정될 수 있을 것이다. 또한 적절한 수준의 서비스의 제공은 서비스의 대응성으로 측정될 수 있다.

그 밖에도 청소년복지서비스의 궁극적인 목적을 달성하기 위한 형평성, 즉 한정된 재원과 예산 가운데에서도 모든 청소년들에게 공평하게 서비스가 제공될 수 있는가 하는 부분을 고려해야 한다. 이는 청소년 프로그램 대상자 선정의 과정에서 평등한 선정이 되었는가를 통하여 점검될 수 있다. 또한 대상자 선정의 문제뿐 아니라 재원의 투입에 대하여 투입된 재원 대비 산출된 결과를 평가하는 효율성의 개념의 적용과 함께 설정된 목적에 대한 달성도인 효과에 대해 비용으로 나누어 분석하는 비용 효과분석이 기본적인 청소년 프로그램의 평가계획을 세워보는 과정에서 평가되게 된다.

이러한 점검에 대한 커다란 밑그림은 프로그램이 원래 가지고 있던 목적과 목표가 얼마나 구체적으로 달성되었는가, 프로그램의 참여자인 청소년들에게 기대했던 변화들이 일어났는가 하는 문제에 대한 구체적인 프로그램의 효과성 측정과 함께 청소년 프로그램의 기획과정에서 고려되어야 하는 사항이다.

이러한 부분은 앞으로 배우게 될 청소년 프로그램의 작성에 따른 성과측정의 밑바탕이 되며, 실현 가능한 프로그램이 되는 요건을 점검하는 것에 있어서 용이하게 점검되어야 할 과정이다.

CHAPTER

07

사회복지 프로그램 실행

SECTION 01 | 청소년 프로그램 진행 중 점검될 사항 ···· 179
SECTION 02 | 청소년 프로그램의 진행과정 ···················· 182
SECTION 03 | 청소년 프로그램의 모니터링과 평가 ········ 184
SECTION 04 | 사회복지 프로그램 평가점검 ···················· 187
SECTION 05 | 청소년 프로그램의 품질 점검 ·················· 191
SECTION 06 | 사회복지 프로그램의 성과측정 ················ 193
SECTION 07 | 성과측정과 체계 모델 ······························ 199

1절 청소년 프로그램 진행 중 점검될 사항

청소년 프로그램을 작성하고 진행함에 있어서 분석에 대한 점검 체크리스트를 작성하면 많은 도움이 된다. 이것은 새로운 청소년 프로그램을 설계하는 관리자나 혹은 새로운 청소년 프로그램의 목적을 평가하는 데 도움을 준다.

이는 또한 적합한 청소년 프로그램 설계의 원리를 요약하여 이해하는 데 참고가 된다. 이 부분, 즉 1번 진행부터 7번 프로그램의 상술 항목의 제시는 정무성이 제시한 "사회복지 프로그램 평가 매뉴얼(2010)"에서 명시한 부분으로 고려되어야 할 사항이다.

1. 진행
① 먼저 점검되어야 하는 것으로 프로그램의 청소년에 대한 프로그램의 진행 결과, 생산성, 효율성과 자원획득을 위한 분명한 프로그램 진술과 기준들이 제시되고 있는가?
② 각 직원들은 그 진술 및 기준들을 알고, 그것에 만족하는가?
③ 각 직원 성원은 자신에 대한 성과영역 및 프로그램에 대한 보고를 받는가?
④ 프로그램 성과는 대화(공식적/비공식적)의 정규적인 주제인가?

2. 프로그램이 어떠한 사회문제를 제기하도록 설계되었는지가 분명한가?
① 클라이언트는 문제를 어떻게 경험하는가?
② 보다 큰 지역사회나 사회는 어떻게 문제를 경험하는가?
③ 문제의 존재나 유지에 기여하는 요소는 무엇인가?

3. 클라이언트(프로그램의 참여자) 이익을 반영하는 목적과 이것을 충족하는 다른 기준들은 무엇인가?
① 측정과 관찰이 가능한 것
② 문제 분석과의 관련성

③ 현실성
④ 명백성(예 전문용어, 형용사, 부사의 부족)
⑤ 긍정성
⑥ 클라이언트 집단에 대한 언급

4. 표적집단과 클라이언트집단은 명백하게 규정되었는가?
① 당신은 어떻게 클라이언트 집단을 모집하는가?
② 당신은 클라이언트에게 당신이 제공해야 하거나 제공하고자 하는 것을 제공하고 있는가?
③ 얼마나 많은 사회복지사의 임의권한이 클라이언트를 선발하는 데 허용되는가?

5. 행위 목표는 측정 가능한 클라이언트 이익과 다른 기준들을 충족하는가?
① 단일 수행기준의 세트
② 시간 매개 변수의 세트
③ 목적으로서의 관련성
④ 측정과 관찰이 가능한 것
⑤ 현실성
⑥ 명백성

6. 프로그램에 의해 사용된 개입은 큰 효력이 있는가? 그들은 다양한 수준들을 향해 있는가(예 : 개인, 가족, 집단, 제도 등)?
① 연구가 그 개입을 지지하는가?
② 이것은 현장에서 가장 좋고, 이용할 수 있는 지식에 기초하는가?
③ 적절한 환경적 개입노력이 있는가?

7. 프로그램이 적절하게 상술되어 있는가?
① 환경
- 클라이언트에게 접근 가능한 환경인가?
- 환경은 원조에 필요한 장비를 제공하는가?
- 클라이언트에게 가장 좋은 환경인가? 클라이언트에게 더 나은 환경은 있는가?

② 과정
- 프로그램의 단계가 명백하게 묘사되었는가?
- 클라이언트가 프로그램에 관여하면서 얻을 경험을 고려하여 결정요인들을 반영하였는가?
- 각 단계에 대한 결과들이 명확히 정의되었는가?
- 클라이언트가 이 과정을 읽고 이해할 수 있는가?

- 단계들이 직원들에 의해 고수될 수 있는가?

③ 주요 관련당사자
- 모든 중요한 관련당사자가 확인되었는가?
- 각각의 관련당사자에게 요구된 특별한 행동들이 규정되어 있는가?
- 프로그램의 성공을 위해 중요한 관련 당사자와 행동이 요구되는가?
- 각 관련당사자는 당신의 기대가 무엇인지 아는가?
- 각각의 관련당사자는 프로그램의 행동상의 기대를 충족시키는가?
- 중요한 관련당사자의 관여와 환류를 보장하는가?

④ 상호 기대들
- 모든 클라이언트가 프로그램과 직원에게 기대할 수 있는 목록이 있는가?
- 프로그램의 직원이 이 기대들에 동의하는가? 그들은 독립적으로 동일한 목록을 구성하고 있는가?
- 클라이언트가 불만을 표현할 수 있는 쉬운 절차가 적절하게 마련되어 있는가?
- 클라이언트에 대한 최소한의 기대 목록이 있는가?
- 직원들은 이것들에 동의하는가?
- 프로그램 담당자들이 이러한 기대들이 충족되지 못했을 때 이것을 어떻게 다룰지가 명백하게 되어 있는가?
- 당신의 직원들은 이러한 기대들을 고수하고 실행하는가?

⑤ 정서적인 관여
- 클라이언트의 정서적인 반응을 다루는 방법에 대한 프로그램이 제공되는가?
- 클라이언트의 정서적인 반응을 어떻게 다룰 것인가에 대한 동의가 있는가?
- 직원의 정서적인 반응을 어떻게 제기할지에 관한 프로그램이 있는가?
- 이러한 제공을 모든 직원이 알고 이용하는가?

⑥ 실제 행동
- 모든 직원들은 설계된 것처럼 일관성 있게 서비스 프로그램을 수행하는가?

⑦ 그 밖의 것들
- 모든 직원들이 긍정적인 클라이언트 결과를 보는가?
- 성공하지 못했을 때, 이것이 만약 설계상 혹은 설계 실행상의 문제인지를 확인하기 위해 프로그램을 분석하는가?
- 프로그램이 어디에서 잘못되었는가? 무엇을 다르게 할 수 있었는가?

2절 | 청소년 프로그램의 진행과정

비록 청소년 프로그램이 잘 기획되었다고 하더라도, 그에 관한 진행의 질에 관한 사항에 관해 점검하는 것은 매우 중요한 과정이다. 따라서 청소년 프로그램의 진행과정에 관한 명확한 지식이 있어야 청소년복지전문가라 할 수 있다. 이에 다음과 같은 사항이 점검되어야 한다.

1) 청소년 프로그램의 진행과정

체계론적 관점에서 본다면 청소년 프로그램은 투입, 전환, 산출, 결과의 과정을 통해 진행된다. 다음의 청소년 프로그램 모형은 청소년복지 프로그램이 어떻게 관리 및 작용되고 있는지를 유용하게 제시하고 있다.

(1) 투입(Inputs Process)

청소년 프로그램에 투입된 일련의 모든 활동과 자원 등 프로그램에서 사용된 제공물을 투입이라고 한다. 투입에는 또한 청소년 프로그램에 대한 법률이나 규제사항도 포함한다.

(2) 전환(Throughputs) 및 활동(Activities Process)

전환이란 프로그램의 투입물들에 의하여 변화되는 일련의 것들을 의미한다. 프로그램의 진행활동에는 청소년 프로그램에 적용되는 각종 유형의 전략이나 기법도 포함된다.

(3) 산출(Outputs Process) 및 결과(Outcomes)

청소년 프로그램 활동을 통하여 생산된 것으로 분석을 통하여 결과물을 측정하게 된다. 산출은 청소년 프로그램 참가자나 대상집단에게 본래의 목적과 목표한 변화가 주어졌을 때 가장 이상적인 것이며, 지속적인 효과를 지닌다면 더욱 바람직하다.

이러한 결과는 청소년 프로그램의 산출물들에 의하여 변화한 결과로 행동, 지식, 태도, 기술, 가치 등의 바람직한 변화를 의미한다.

2) 청소년 프로그램의 성과측정

프로그램의 성과측정은 프로그램의 보다 개선된 반영과 청소년 프로그램의 올바른 평가를 위해서 필요한데, 청소년 프로그램의 관리과정에서도 중요한 작업이다. 이것은 프로그램의 투입, 전환, 산출 등에 관한 자료 및 정보(피드백)를 통하여 다음 체계가 기능을 하도록 분석하는 데 이용한다.

이를 통한 피드백은 프로그램에 새로운 활력과 투입(input)을 가능하게 하고, 프로그램이 설계되어 진행의 바람직한 조정과 변화를 가능케 한다. 현대사회의 청소년복지서비스 실시 기관에서는 프로그램 실시의 초기 과정부터 다양한 점검이 필요하다. 청소년 프로그램의 성과측정이란 효율성, 품질, 청소년 프로그램의 효과성에 대한 사정이 필요하다.

3절 청소년 프로그램의 모니터링과 평가

모니터라는 용어는 '경고한다'는 의미로 라틴어 "monere"에서 유래하고 있다. 모니터링이란 Rossi와 Freeman(1993)에 의하면, 프로그램이 설계된 대로 실행되는지에 관하여 대상집단을 정도와 계획에 맞게 원조하고 있는지 사정하는 것이다. 이것은 청소년 프로그램 실행 중에 행한다는 측면에서는 형성평가(formative evaluation)의 개념이라 할 수 있다.

청소년 프로그램이 설계대로 수행되고 있는가? 기대대로 진행되고 있는가? 프로그램이 지역사회 클라이언트의 욕구를 어느 정도 충족시키는가? 적격한 대상집단의 클라이언트에게 서비스가 제공되고 있는가? 모니터링의 목적은 피드백을 가능하게 하는 자료 및 정보를 적용하여 프로그램의 실행에 필요한 변화 및 개선을 위해 실시된다.

청소년 프로그램 평가의 주요 목적은 청소년 프로그램 결과와 영향에 관한 정보를 제공하여 정책 결정자와 기획가로 하여금 프로그램을 통한 사회적 개입의 타당성을 규명할 수 있도록 하는 것이다. 청소년 프로그램 평가에서는 다음과 같이 질문될 수 있다. 즉, 청소년 프로그램이 기획된 대로 실천되었는가? 청소년 프로그램을 통해 성취한 결과는 어떠한가? 청소년 프로그램을 통해 파급된 영향은 무엇인가? 청소년 프로그램의 비용 대비 효과성은 어떠한가?

청소년 프로그램을 통한 클라이언트의 '영향(impact)'이란 오직 프로그램에 의해서만 성취되는 결과의 사정만을 의미한다(Mohr, 1992). 즉, 청소년 프로그램의 영향이 기타 외부 요인이 아닌 인과관계를 수립하기 위한 청소년 프로그램의 영향에 대한 사정으로 이루어져야 하며, 따라서 이를 분별할 수 있는 연구조사 기법과 통계의 적용이 있어야 한다. 따라서 청소년 프로그램 기대에 관한 가정이 이론 및 실천적 배경으로 명확해야 한다. 그리고 내적 일관성을 살펴보기 위하여 청소년 프로그램으로 인한 투입, 전환, 산출 및 결과의 일련적 사항과 상호 관계가 면밀히 분석될 수 있도록 해야 한다.

그러나 청소년 프로그램은 애초의 의도된 기획대로 성공적으로 수행될 수도 있으나 이론과 기획과 현장의 적용에 따라서 실패가 따르기도 한다. 물론 어느 부분에서의 미스가 있었는지 대상자의 분석에 따른 오류가 될 수도 있다. 대상자의 처지에 관한 다양한 역동성을 고려하지 않아서 문제가 발생할 수도 있기 때문이다.

그 중에서 '이론의 실패' 경우에는 프로그램이 기획대로 실행되었지만, 예상된 결과가 달성되지 않은 상황을 의미한다. 즉, 프로그램을 뒷받침하는 개입 가설이나 특정 인과관계과정이 바람직한 결과를 이끌어내는 데 결함이 존재할 수 있음을 뜻한다. 프로그램의 실시 결과 프로그램의 효과에 대한 가설이 검증되지 않았다면 청소년 프로그램이 기대했던 이론의 실패일 가능성이 있다. 그리고 이러한 경우에는 청소년 프로그램의 가설이 문제였는지 청소년 프로그램이 기획대로 실행되지 않은 것인지에 관한 점검이 필요하다. 즉, 프로그램의 가설에 문제가 없다고 하더라도 수행자의 문제, 혹은 진행에 따른 문제가 발생할 수 있다는 것이다.

따라서 청소년 프로그램의 실행, 분석결과, 프로그램의 영향을 사정하는 접근은 프로그램 성과측정, 모니터링, 프로그램 평가가 있다. 모니터링은 프로그램의 효율성, 서비스 품질, 효과성, 비용 효율성 및 비용 효과성을 사정하는 과정을 포함하여 경영자의 입장에서 프로그램 실행 중에 피드백을 위해 사용된다.

청소년복지서비스 기관이 성과측정, 모니터, 프로그램 평가 요건을 충족하기 위해 ① 대상의 범위(coverage), ② 프로그램의 형평성(equity), ③ 프로그램의 과정(process), ④ 노력(effort), ⑤ 비용의 효율성(cost-efficiency), ⑥ 결과(results), ⑦ 비용의 효과성(cost-effectiveness), ⑧ 프로그램의 영향(impact)에 관한 정보가 수집되어야 한다.

표 7-1 프로그램 자료의 유형 및 관련 사정 질문

프로그램	점검사항
대상	• 프로그램이 클라이언트의 욕구를 어느 정도 충족시키고 있는가?
형평성	• 프로그램이 지역이나 대상에 대한 차별성을 가지고 있지는 않는가? • 특정집단을 배제하고 있지는 않는가?
과정	• 프로그램이 원래의 목적대로 수행되고 있는가? a. 서비스 목적 b. 서비스 내용 c. 준수사항 d. 기타 요건
산출	• 프로그램의 산출성은 어떠한가? a. 중간점검 b. 품질점검 c. 최종점검
비용 효율성	a. 중간 산출당 비용의 점검 b. 품질 산출당 비용의 점검 c. 서비스 종료당 비용의 점검
결과	• 프로그램의 목적성취 정도 a. 중간 평가 b. 최종 평가
비용 효과성	a. 중간 과정의 목적달성당 소요된 비용은 얼마인가? b. 최종 결과의 목적달성당 소요된 비용은 얼마인가?
파급효과	• 프로그램은 어느 정도의 효과성을 지니며 파급효과는 어떠한가?

출처 : 정무성(2010). 사회복지 프로그램 평가 매뉴얼.

4절 | 사회복지 프로그램 평가점검

1 형평성 자료

형평성 자료는 청소년 프로그램 서비스 제공에서 특정한 지리적 범위 및 하위 집단(소수 인종, 여성, 장애인 등)에 대한 차별이 없도록 하는 피드백 제공을 의미한다. 따라서 지리적 영세 지역이나 집단이 가급적 지역사회에서 차지하는 비율과 비슷한 비율로 청소년 프로그램의 서비스를 제공받을 수 있는지 점검되어야 한다.

형평성에 관련한 자료는 기획과 모니터링과 청소년 프로그램 평가 시점에서 활용될 수 있으며, 지리적 하위 지역 및 집단에게 적절한 서비스가 제공되었는지의 여부가 확인되어야 한다.

정리

형평성 자료는 현대사회에서 중요한 이슈로 등장하고 있으며 이에 따라 양성평등 등의 다양한 관점의 제도 및 프로그램이 도입되어 활용되고 있는 추세이다.

2 과정자료

청소년 프로그램의 실행에서 과정자료는 프로그램이 기획대로 실행되는 정도에 관한 피드백을 제공한다. 실행 중 모니터링의 과정자료는 사회복지 프로그램의 실행에서 서비스의 정의, 서비스의 과제 및 기준, 서비스의 규정 혹은 서비스 여건과 같은 항목이 점검됨을 살펴보기 위해서 실질적인 서비스 전달을 목적으로 기획된 청소년 프로그램의 실행에서 서비스 설계와 비교하는 데 활용될 수 있다. 그리고 청소년 프로그램의 종료 시점, 즉 프로그램의 평가단계에서 이와 같은 과정의 자료는 청소년 프로그램이 기획된 대로 실행되었는가 하는 것을 규명하며 문서화하는 데 활용된다.

3 산출자료 및 비용 효율성 자료

산출자료는 청소년 프로그램의 실행을 통하여 청소년 프로그램을 통해 제공된 과정 산출물 및 서비스, 그리고 제공되는 규모, 달성된 서비스의 최종 산출 근거가 되며 피드백을 제공하게 된다. 또한 프로그램으로 기획된 중간 세부목표를 달성하지 못한 경우 그에 대한 시정 조치를 위해 실행 중에 모니터링 될 수 있으며 유사 프로그램과의 비교도 가능하다.

산출자료는 서비스 전달 수준을 문서화하여 성과측정을 분석하는 데 사용될 수 있으며, 프로그램의 효율성을 측정하는 데에도 활용될 수 있다. 또한 비용 효율성 자료는 중간 산출, 서비스 품질 산출, 최종 산출을 포함하여 프로그램의 실행과정에서 청소년 프로그램과 산출된 서비스와 소요비용에 관한 피드백을 제공할 수 있다. 비용 효율성 자료는 중간 산출, 서비스 품질 산출, 최종 산출과 같은 산출당 단위비용을 계산함으로써 획득된다.

이것은 기획과 비교하여 청소년 프로그램의 종료 시점에서 프로그램의 생산성의 산출뿐 아니라 성과측정의 보고에도 필요하므로 매우 중요하다.

4 결과자료

청소년 프로그램의 실행에서 결과자료는 청소년 프로그램의 결과 분석에 관한 피드백을 제공한다. 결과분석 자료는 차기 정책 및 기획의 목적으로 청소년 프로그램에 의해 성취된 결과를 활용하여 문서화한다.

5 비용 효과성 자료

청소년 프로그램의 실행에서 비용 효과성 자료는 중간 및 최종의 두 프로그램 결과물을 통하여 피드백을 제공하도록 한다. 특히 비용 효과성 자료는 중간 결과당 비용과 최종 결과당 비용을 계산함으로써 얻을 수 있는데, 목적의 달성 여부를 판가름하는 자료이므로 프로그램 해당 연도의 종료 시점의 청소년 프로그램 평가과정에 사용되며, 통상적으로 프로그램과 정책 및 기획의 목적이 달성되었는지 여부에 관하여 목적달성 정도와 성과 측정을 위해 활용된다.

6 영향자료

청소년 프로그램의 실행에서 영향자료의 의미는 프로그램에 참여한 결과로, 청소년 프로그램만의 영향을 분석하는 것이며 클라이언트에게 발생하고 미치게 된 영향을 분석하는 과정이다. 이러한 영향자료는 통상적으로 비교를 목적으로 하는 통제집단의 설정과 이에 대한 영향의 정도를 측정하는 실험 연구방식의 통계자료를 활용한다.

이를 위하여 전문적인 사회과학 연구조사 기법을 사용한다. 이러한 영향자료는 프로그램을 통하여 참가 청소년에 대하여 측정 가능하도록 영향의 정도를 규명하는 사회과학에 기초한 정보이다. 이는 사회복지서비스에 있어서 평가되어야 하는 중요한 연구의 토대이며 자료이다.

7 성과측정, 모니터링, 프로그램 평가의 자료 유형

청소년 프로그램의 실행에서 성과측정, 모니터링, 프로그램의 평가는 프로그램의 자료가 사용되는 경우에 따라 서로 중복될 수 있다. 즉, 성과측정, 모니터링, 프로그램의 평가 사이의 차이는 상당 부분이 프로그램 자료가 사용되는 시기와 방법의 차이에서 기인하는 것이므로, 프로그램 자료의 유형에 의한 차이는 크지 않은 편이다.

성과측정에는 외부 보고 및 재원투입의 정당성의 목적으로 프로그램 자료가 사용된다. 모니터링은 관리 차원의 목적으로 프로그램의 실행 중에 활용된다. 그리고 최종 프로그램 평가는 수행 종료 후 정책 및 기획의 목적으로 차기 프로그램 자료로 사용된다.

5절 | 청소년 프로그램의 품질 점검

1 서비스 품질의 정의

서비스 품질의 개념은 복합적이고 다차원적이기 때문에, 품질과 성과측정이 청소년 복지서비스 프로그램을 위해 개발되기 전에 초기 장애물들은 극복되어야만 한다. 이에 품질의 관리를 위해 체크해야 할 항목을 Martin[4](1993)은 15개의 품질의 범주로 정의하였다.

표 7-2 품질의 범주(15개)

하위요인	개 념
접근성	서비스에 접근하기 용의한 정도를 의미한다.
확신성	직원이 친절하고 공손하며 신중하고 전문성을 지니고 있다.
의사소통	프로그램에 대한 정보에 대한 이해와 이에 대한 개선사항 등의 소통이 가능하다.
능력성	서비스 제공자가 서비스를 제공하는데 대한 전문적 요건을 갖추고 있다.
준수성	제품이나 서비스의 제공에 있어서 관련 규칙이 준수되고 있다.
지속성	서비스의 결과로 일어난 산출효과가 지속되는 효과가 있다.
감정이입	서비스 제공자가 클라이언트에 대하여 이해하는 마음이 있다.
수행성	제품이나 서비스가 애초의 기획대로 실시된다.
신뢰성	클라이언트에게 서비스 제공이 정해진 시간에 기대한 방식으로 적절하게 신뢰감을 가지고 이루어진다.
즉응성	프로그램 전달이 즉시 이루어진다.
안전성	프로그램이 안전한 환경에서 이루어지며 위험요소에 대해 점검된다.
가시성	프로그램 전달과 관련된 장비, 시설, 자료, 인력 등이 적절하다.

출처 : 정무성(2010). 사회복지 프로그램 평가 매뉴얼.

4) Martin, L.(1993). *Total quality management in human service organizations*. Newbury Park, CA: Sage.

상기 품질 차원에서 가장 중요한 신뢰성은 제공되는 서비스 품질에 대한 프로그램 참가자를 어떻게 만족시킬 수 있느냐에 만족한다. 그 다음 중요한 품질 차원은 즉응성으로 시의적절성이다. 이는 대응이라고도 하는데 단시간 안에 서비스 제공에 응답하는 것을 의미한다. 따라서 프로그램은 신뢰성과 즉응성 또는 시의적절성에 대한 성과 적용을 고려하는 것이 필요하다.

2 품질 성과측정의 유형별 접근차원

두 가지 기본 접근으로 ① 품질차원의 평가에 의한 산출, ② 서비스 대상자(프로그램 참가 청소년)의 만족성에 의한 접근이 서비스 품질의 성과측정을 촉진시키기 위해 존재한다. 각각의 초점에서 품질차원의 평가에 의한 산출은 서비스 품질에 해당되는 개념이며, 서비스 대상자(프로그램 참가 청소년)의 만족 접근은 서비스의 품질뿐 아니라 결과, 영향, 그리고 서비스 이행 등 양쪽 모두를 보여줄 수 있다.

6절 | 사회복지 프로그램의 성과측정

1 프로그램 성과측정의 정의

성과측정이란 청소년 프로그램의 효율성, 효과성, 서비스 품질 등에 관한 정보에 대하여 규칙적으로 수집하고 분석하는 것으로 정의내릴 수 있다. 즉, 성과측정은 청소년 프로그램에서 제공되는 서비스의 총량에 대하여 서비스 품질, 프로그램의 적합성이나 영향 및 투입자원, 즉 인적자원과 물적자원 등에 관한 비용과 같은 정보들을 규칙적으로 수집하고 보고하는 것을 의미한다.

성과측정은 청소년 프로그램의 책무성의 정당성을 제시하기 위한 많은 접근법 중의 하나이다. 이는 청소년 프로그램의 어떠한 측면에 초점을 두어 중시하느냐에 따라 과정평가, 재정 감사, 법적 사정, 전달체계의 점검 등이 있게 된다.

그러므로 성과측정은 프로그램의 결과와 영향, 효율성 등을 강조하는 평가방식이며 외부 재원을 지원받아 진행하게 되는 프로그램의 성과를 정당화하기 위한 수단이라고 할 수 있다. 성과측정은 프로그램의 비용 대비 효율성, 서비스 품질, 목적달성의 효과성 등을 중점적으로 분석한다. 성과측정을 수행하는 과정에서 많은 요인 중에서 어느 것이 더 중요하다는 가정을 하지는 않으며, 다만 성과측정의 결과를 활용하는 사람들의 필요에 따라서 특정 영역을 강조하는 형식을 취할 수 있다.

2 성과측정의 의의

사회복지 프로그램의 성과측정은 다음과 같은 의의를 지닌다.

첫째, 성과측정은 청소년 프로그램의 충실한 관리능력을 향상시키기 위한 도구이다.

둘째, 성과측정은 청소년 프로그램의 재원 할당과 조정에 영향을 미칠 수 있는 도구이다.

셋째, 대부분의 중요한 성과측정은 청소년 프로그램의 피드백에 필수적인 과정이다.

1) 성과측정과 프로그램의 점검사항

청소년 프로그램의 점검을 적합하게 관리하기 위해서 기본적으로 점검되어야 하는 사항은 다음과 같다.

① 누가 서비스 대상자이며 어떠한 욕구를 가지고 있는가?

② 그들의 사회 인구학적 특징은 무엇인가? 또한 문화적인 특징은 무엇인가?

③ 그들의 사회적 또는 표출된 문제는 무엇인가?

④ 그들은 어떤 서비스 수혜를 받고 있는가?

⑤ 서비스 제공의 총계는 얼마인가?

⑥ 서비스 품질은 어떠한가?

⑦ 어떤 결과가 예측되고 달성되었는가?

⑧ 비용대비 효과는 얼마인가?

이와 같은 점검은 청소년복지 실천가들이 청소년 프로그램 제공이라는 서비스 향상을 위해 개입시점 및 모니터링뿐 아니라 어떤 도움이 필요한 청소년들이 존재하며 사회문제 혹은 개인문제의 해결을 위해서 프로그램이 얼마나 많이 도움이 되고 있는지 피드백을 해줌으로써 제공되는 프로그램과 서비스 실천의 완성도를 높여갈 수 있다.

2) 성과측정과 자원 조정

상기요인에 대한 프로그램의 성과측정은 정부와 민간기관의 사회복지 프로그램에 대한 자원조정할당에 대한 결정에 영향을 미칠 수 있다. 모든 청소년 프로그램들이 비교할 수 있는 성과측정 도구를 가지고 분석한다면, 예산배분, 보조금 할당, 위탁기관에 대한 계약 결정을 내리는 판단의 정보로 활용할 수 있다.

예를 들면, 주요 재원을 지원해야 하는 두 개의 민간 서비스 기관 중 한 곳을 지원해야 하는 입장에 있다고 가정하자. 그렇다면 두 기관 중에서 클라이언트에게 더 나은 결과를 도출하여 목적을 달성하는 체계적이고 투명한 기관, 적은 지원으로 훌륭한 성과를 얻는 기관에 힘이 실리게 된다. 그러므로 성과측정은 청소년복지의 예산 집행과정과 정책뿐 아니라 청소년복지 자금정책, 나아가 사회복지정책에도 영향을 미칠 수 있다.

정리

청소년복지 관련 프로그램은 외부의 다양한 재원을 지원받는 경우가 많으므로 재원의 효율적 사용과 투명성과 공개성 등이 고려되어 누구나 재원의 흐름을 파악할 수 있도록 하는 것이 중요하다. 이러한 과정은 잠재적인 외부인의 참여기회를 확대하는 가능성의 바람직한 통로가 된다.

3 성과측정의 유형

1) 산출 성과의 측정

산출의 성과측정은 모든 기관의 운영에서 매우 중요한 과정이다. 성과측정을 투입과 비교할 때, 그 결과로 생기는 생산성 비율은 사업체의 상대적인 효율성의 측정이다. 산출과 산출 성과측정은 청소년 프로그램에서도 동일한 기능을 한다.

예를 들면, 직업훈련 프로그램은 두 가지 활동, 즉 ① 채용하려는 기업과 사원훈련 프로그램을 통한 배치, ② 예상되는 심사과정 및 요구조건 및 연결 등에 관련된다고 할 수 있다. 직업훈련 프로그램의 최종 산출은 한 명의 채용된 클라이언트이다. 중간 산출, 즉 최종 산출을 하는 데 소비되는 서비스는 투입된 서비스의 횟수이다.

만일 직업훈련 프로그램이 채용된 사원들의 숫자만 계산한다면, 실제 산출된 결과를 얻기 위해 요구되는 활동의 양인 중간 산출은 설명되지 못할 것이다. 따라서 중간과정과 최종결과가 모두 중간 및 최종 산출의 성과측정을 통하여 직업훈련 프로그램의 포괄적인 측정결과를 제시할 수 있다. 중간 산출 성과측정은 서비스 단위(units of service)의 측정으로, 최종 산출의 성과측정은 서비스의 완료(service completion)로 이해할 수 있다.

2) 서비스 단위의 정의

서비스 단위는 어느 정도 양의 서비스가 청소년 프로그램에서 제공되었는지를 결정하고 분석하기 위해 사용되는 표준화 측정의 기본단위이다. 즉, 서비스 단위는 프로그램을 통해 제공되는 특정 서비스 양의 측정이다.

사회복지는 다양한 프로그램을 포함한다. 예를 들어 부모교육, 레크리에이션, 상담과 직업훈련 등이 청소년복지의 범주가 되고, 이들은 서비스 양의 측정을 필요로 한다. 따라서 그에 대한 연구와 개발이 필요하다.

3) 서비스 단위의 선택

청소년 프로그램의 제공에 있어서 서비스 단위의 선택은 다음의 세 단계의 과정을 포함하고 있다.

첫 번째 단계로, 청소년 프로그램에 관계되는 이해관계자들 중에서 대표되는 표적 집단이나 위원회의 소집이 요구된다.

두 번째 단계로, 사건이나 접촉의 단위, 물질 단위, 그리고 시간 단위를 포함하여 다양한 서비스의 단위를 예측해 본다. 이러한 접근방식은 향후 더 유용한 서비스 단위 준비에 도움이 된다.

세 번째 단계로, 다음의 5가지 기준, 즉 유용성, 정확성, 실행 가능성, 단위 비용 보고, 합의를 기준으로 서비스의 단위 등을 선택한다.

다음 기본적인 용어에 유의하여 청소년복지전문가로서의 평가단위를 숙지하는 것이 필요하다.

① **유용성**(Utility): 유용성이란 청소년복지 프로그램과 그 프로그램에서 다루는 주어진

사회문제의 특징과 프로그램 등의 대처에 대해 적절한 단위물을 제공하는 것이다.

② **정확성**(Precision): 서비스의 단위가 더 정확할수록 프로그램에 대해서 발생되는 영향도 더 정확하게 산출될 수 있다.

③ **실행 가능성**(Feasibility): 실행 가능성은 서비스 자료의 단위에 대한 실천적 차원의 점검으로, 프로그램에 의해 요구되는 시간과 노력에 대한 성과가 목적을 달성할 수 있는가 하는 차원의 문제이다.

④ **단위비용 보고**(Unit cost reporting): 서비스의 한 단위를 제공하기 위해서 얼마나 많은 비용이 드는가 하는 점의 단위비용은 손익 분기점의 계산, 수익, 그리고 서비스 계약을 포함해서 프로그램의 실천을 위한 다양한 목적달성을 위해 활용된다.

⑤ **합의**(Consensus): 프로그램의 관계자들은 의사소통을 통한 의사결정과 그에 동의한 서비스의 단위의 진행이라는 합의에 이른다.

7절 성과측정과 체계 모델

프로그램의 성과측정을 논의하는 것에서는 체계 모델이 유용하다. 즉, 체계 모델은 프로그램이 어떻게 작용하고 있는지에 대한 역동성을 이해하는 데에 활용되어 왔다. 일반적으로 체계 모델의 기본과정은 투입, 과정(전환), 산출, 피드백으로 순환과정을 이루고 있다.

[그림 7-1] 체계 모델

첫째, 투입이란 청소년복지 프로그램이 가진 목적을 달성하기 위해 투입되는 일련의 것들이다. 따라서 청소년 프로그램에 들어가는 자원과 재료들로 예를 들면 장소, 자금, 직원, 설비, 장비 등으로 청소년 프로그램에 관련한 포괄적 개념이다. 둘째, 과정은 투입이 산출로 나타나는 형식이 되고, 청소년 프로그램이 진행되는 동안 이루어지는 실질적인 노력들이다. 셋째, 산출은 청소년 프로그램이 생성한 것들이다. 넷째, 이에 대한 피드백은 이것이 다시 투입으로 이루어질 때 개선되어야 하는 지침과 같다. 이러한 개념이 청소년 프로그램의 투입, 산출과 피드백의 체계 구성요인을 이루어 서비스의 효율성, 청소년 프로그램의 품질, 효과성의 3가지 책무성의 측면들의 당위성을 얻기 위해서 활용된다.

1) 청소년 프로그램 효율성 측면의 성과측정

성과측정은 청소년 프로그램의 효율성에 대한 초점을 포함하고 있다. 프로그램에서 주요 성과측정은 투입 대비 산출의 비교과정이다. 예를 들면, 효율성 측면에서 볼 때 사회복지 프로그램을 살펴본다면, 청소년 프로그램을 통하여 제공되는 서비스의 양과 프로그램을 통해 성과를 거둔 클라이언트의 수에 대한 산출(outputs)을 사정하여, 이것을 비용인 투입(inputs)과 대비하여 비교할 수 있다. 그러나 효과성과 지속성을 명확히 규명하는 것은 어려우며, 다만 투입 대비 산출 비율을 생산성의 표준적인 개념으로 활용한다. 효율성의 관점에 의하면 책무성 있는 프로그램은 투입에 대하여 산출을 극대화하기 위한 노력이라 할 수 있다. 이러한 효율성의 개념은 1990년대 이후 사회복지 프로그램의 책무성에 대한 중요한 요인으로 간주되고 있다.

그것은 프로그램의 관리자나 재정부담자 혹은 납세자들이 클라이언트들에게 목적한 서비스가 제대로 제공되고, 재원이 올바로 쓰이는지 확인하고자 하는 욕구가 있기 때문이라 할 수 있다.

정리

효율성의 개념은 비용 대비 산출의 개념이다.

2) 서비스 품질 측면의 성과측정

서비스 품질 관점은 서비스의 질에 초점을 갖는 것이다. 서비스의 품질은 총체적 품질관리(TQM) 경향의 필수 구성요인이다. TQM은 프로그램의 생산에서 질적 측면을 고려하기 위한 이론으로, TQM 이론에 따르면 프로그램이 고품질의 서비스를 제공할 경우 생산성이 증대되고, 저품질의 서비스가 제공될 때는 생산성이 감소한다.

따라서 청소년복지 프로그램의 생산성에 관하여 고품질의 서비스 제공은 낮은 실패율, 적은 문서작업, 공정에서 더 적은 시간, 클라이언트들에 대한 높은 만족도, 낮은 비용,

좋은 공공 이미지가 도출되는 것에 도움이 된다.

3) 서비스 효과성 측면의 성과측정

서비스 효과성 측면으로부터 성과측정은 청소년복지 프로그램의 성과, 즉 결과, 영향, 달성 등에 초점들을 두고 있으며 프로그램의 어떤 제공에 의해 어떤 성과가 달성되는가에 관련이 있다. 이러한 성과측정을 통해 실행기간뿐 아니라 실행 후 청소년 프로그램의 효과성의 판단이 가능하게 된다. 효과성 측정에 따르면, 책임감 있는 청소년복지 프로그램은 투입의 결과를 극대화하기 위한 노력이다. 이뿐만 아니라 이를 통한 피드백을 강조한다.

정리

성과측정에 있어서 효율성 측면은 투자재원 대비 산출의 개념이며 효과성의 측면은 목적의 달성 측면에서 진행되는 성과의 측정이라고 할 수 있다. 청소년복지기관의 프로그램은 상기의 효율성, 효과성 및 서비스 품질의 관점이 복합적으로 점검되어야 하는 것이 중요하다.

CHAPTER

08

청소년 프로그램 평가의 기초

SECTION 01 | 청소년 프로그램 개발의 평가의 개념 및 필요성 ········ 206
SECTION 02 | 청소년 프로그램 개발유형과 의사결정에 대한 평가준비 ········ 208
SECTION 03 | 청소년 프로그램 평가의 준비과정 ········ 213

본 장에서는 총체적인 청소년 프로그램 개발과 평가의 과정을 다시 한 번 살펴보고 이를 기관과 평가의 틀에 맞추어 재조망해 보고자 한다. 본 장을 통하여 복습과 정리뿐 아니라 전체적 재조망을 해보고자 한다. 청소년 프로그램 개발과정은 청소년복지 정책 결정과 집행과정에 대한 반영이 프로그램을 통하여 적극적으로 이루어지도록 하는 일이며, 이를 위한 기획, 실행, 평가에 대한 사회복지사의 전문성을 적용시키는 일이다. 그렇기 때문에 다양한 프로그램 개발을 통해 클라이언트들에게 보다 나은 서비스가 공정하게 전달될 수 있는 지식과 역량을 갖추도록 해야 한다.

이러한 서비스 전달체계의 다양성을 살릴 수 있기 위해서는 청소년복지정책의 비전을 실천할 수 있는 전문성과 윤리 및 자질을 겸비해야 하고, 청소년복지 현장에 대한 다양한 경험을 축적할 수 있는 능력을 갖추어야 한다.

정리

우리 주위의 다양한 복지기관에서 실시하고 있는 청소년 프로그램을 조사해보고 이에 대하여 어떠한 관점에서의 평가가 이루어질 수 있으며 어떤 피드백이 가능할지에 관하여 논의해보자.

1절 청소년 프로그램 개발의 평가의 개념 및 필요성

1 청소년 프로그램 평가의 의의

청소년 프로그램이란 일정기관에서 클라이언트의 욕구가 가지는 목적을 달성하기 위해서 모든 과정을 마칠 때까지 요구되는 내용과 조직의 활동목표, 체계, 지원, 지원체계, 기간 등에 관한 기획을 정해진 경로에 따라 수행할 수 있는 절차를 지시하는 전반적인 것이다.

청소년 프로그램이란 추상적인 청소년복지사업의 목적, 즉 사회사업실천과 사회정책의 목적에 대한 실현을 위해서 행해지는 활동들의 집합체이며, 따라서 이를 구체적인 서비스로 전환시키는 매개체, 즉 수단이라고 할 수 있다.

따라서 이러한 중요한 과정이 얼마나 달성되었는지를 제대로 평가할 수 있다면 더 나은 프로그램으로 업그레이드 되고 맞춤형 서비스가 실천되는 초석이 될 것이다. 이를 통하여 만족스럽고 충분한 상태의 서비스가 클라이언트에게 제공되면 서비스의 목적이 사회적 욕구의 충족을 실현해내게 된다. 이때 이를 위한 사회의 각종 다양한 기관의 자원제공과 정부로부터의 지원, 그리고 종교단체의 후원 등이 있으므로 기금 및 재원에 대한 책무성과 책임성이 요구된다.

2 책무성 요구배경

책무성이란 프로그램의 실천을 위해서 조직이 주어진 자원을 목적 달성을 위해 얼마나 효과적이며 효율적으로 달성하였는가를 객관적으로 증명하는 것이다. 책무성을 강조하게 된 배경으로는 사회복지기관들에 대한 시민단체들의 모니터링 참여로 인하여 책임성에 대한 논란이 제기되었고, 시민사회의 기능이 강화되면서 평가를 통한 책임성의 중요성이 설득력을 얻어 제도화한 것이다. 행정가들은 책무성의 도전에 적절히 대응하기 위해 프로그램의 기획과 분석에 필요한 능력을 개발하는 것이 필요하다.

가치 있는 목적을 달성하고 목표를 개발하며 측정 가능한 세부목표를 규정하는 전문적인 능력은 프로그램의 입지를 굳건히 하는 길이다. 또한 비용과 산출의 관계에서 청소년 프로그램의 상대적 효율성을 분석하는 것은 프로그램의 개발에 따른 책무성뿐 아니라 궁극적으로 클라이언트에게 보다 나은 서비스 제공을 달성하는 의미 있고도 중대한 개념이다.

3 청소년복지실천 주체의 점검

사회복지서비스를 실천 및 전달하는 주체로는 정부기관, 공공기관, 민간기관 사회복지전문가, 전문직종사자 등이 있다. 이러한 기관은 모두 사회복지실천의 주체자로 사회복지의 책무성을 실천하는 기관과 사람들이며, 평가자로 개입할 수 있다. 또한 서비스받는 수혜자인 대상으로 개인, 집단의 다양한 클라이언트는 수혜대상이나 청소년 프로그램 평가자의 주체가 될 수도 있다.

그 안에서 청소년서비스를 실천하는 방법으로는 사회사업실천의 미시적 · 직접적 접근방법과 사회정책의 거시적 · 간접적 접근방법이 있는데, 예를 들어 교육, 건강, 환경, 고용, 보여성 및 기타에 대한 개입이 있다. 따라서 청소년복지분야는 청소년 정책과 실천과 대상과 재원이 조화를 이루어 복지가 실현되는 분야이다. 그러므로 각 분야와 영역에 대한 책무성과 평가는 매우 중요하다.

2절 청소년 프로그램 개발유형과 의사결정에 대한 평가준비

청소년 프로그램의 개발의 전반적인 유형과 의사결정에 대한 유형을 숙지하고 있는 것은 어떤 부분을 평가하는 것이 좋은지 알고 있다는 것과 같은 의미로 이해될 수 있다. 따라서 청소년 프로그램의 개발원리와 개발유형, 정책유형, 의사결정 등에 관한 전반적인 이해가 필수적이다.

1 청소년 프로그램 개발원리와 유형

청소년 프로그램 개발원리와 유형은 청소년 프로그램 참여자들의 욕구와 특성에 맞게 이루어져야 하며, 청소년 프로그램이 원활하게 수행되는 데 관련되는 여건들이 충분히 고려되어야 한다.

여기에서 중요한 것은 클라이언트들의 폭넓은 참여가 보장되는 가운데 그들의 합의와 욕구반영이 있어야 한다는 것이 중요시되었다. 또한 참여자들의 발달단계가 고려되어 불확실성과 모호성의 요인이 제거되어야 한다는 것이 중요하다. 따라서 이러한 개발원리가 청소년 프로그램의 평가에 반영되어야 한다. 즉, 참여자들의 생활과 활동을 통합하는 통합적 모형이 되도록 포괄적인 형식으로 이루어져야 하며, 클라이언트의 변화를 예측하여 상황에 따라 융통성 있게 대응할 수 있도록 하는 부분에 대해 고려되고 평가되어야 한다. 이에 따른 청소년복지 프로그램의 개발유형을 이해하기 위해서는 정책의 유형에 대한 이해가 필요하다.

정리

청소년 프로그램 개발은 실시 기관과 목적에 따라 다양하게 활용될 수 있다.

1) 청소년 프로그램 수혜자의 입장에 따른 분류는 다음과 같다.

클라이언트의 요구에 따라 다음과 같이 진행의 주체가 달라질 수 있다.

① 기관주최 청소년 프로그램

② 정부주최 청소년 프로그램

③ 기타 민간 및 위탁 청소년 프로그램

2) 한국 청소년개발원의 프로그램 분류

① 청소년 프로그램의 개발주체에 따라서 국가수준 프로그램과 기관수준 프로그램으로 분류될 수 있다.

② 청소년 프로그램의 구성범위에 따라서 단일 프로그램과 연속 프로그램 및 통합 프로그램, 종합 프로그램으로 분류될 수 있다.

③ 청소년 프로그램의 활동내용에 따라서는 자연체험활동, 체육활동, 예능활동, 과학활동, 봉사활동, 예절수양활동, 전통문화활동, 자아개발활동 프로그램 등으로 분류될 수 있다.

2 청소년 프로그램 개발모형

1) 선형적 모형과 비선형적 모형

① **선형적 모형**: 선형적 모형은 일련의 순차적인 경로를 통하여 한 단계가 마무리되면, 다음 단계에서 수행될 절차가 순서적으로 진행된다는 것이다. 그러나 각 단계마다의 과업이 명확하고 단순하여 안정감을 가지나 조직과 외부환경을 정적인 것으로 가정하고 있는 단점이 있다.

② **비선형적 모형**: 비선형적 모형은 동시에 몇 개의 절차가 이루어져 시간상의 제약을 받지 않으며, 시간과 자원분배 측면에서 융통성이 각 단계에서 계속적으로 순환되는 특징을 가지고 있다.

2) 통합적 모형

통합적 모형은 투입과 산출, 외부환경과 상호작용의 주변요인으로 설정하고 개발하여 청소년 프로그램의 개발오류를 최소화하며, 클라이언트의 다양한 요인, 욕구, 문제 등이 충분히 통합적으로 고려될 수 있으나 개발자의 기본 능력이 필요하다.

3) 청소년 프로그램의 의사결정

의사결정은 조직이 청소년에 대한 문제해결이나 최적의 조건을 달성하기 위한 대안들의 비교방법을 통해 그 중에서 조직의 목적을 가장 효율적으로 달성할 수 있는 대안을 최종적으로 의사를 결정하고 선택하는 과정과 행위를 말한다.

(1) 이상적 가치 중심의 모형

① **합리주의**: 우리 사회에는 하나의 최선책이 항상 존재한다는 가정 하에 최선책을 찾아 정책형성을 할 수 있다는 이론으로, 현실상 초합리주의 모형은 존재하지 않으며 이상적인 모형으로 설정되었다.

② **게임이론**: 경쟁적 상황에서 합리주의를 추구하고 미니맥스의 기준을 설정한다. 미니맥스란 경쟁상대자가 어떤 위치에 있든 기대치 상실을 극소화하고 극소치에 대한 이득을 극대화시키는 기준을 의미한다.

(2) 현실적 가치 중심의 모형

① **점증주의**: 과거의 것보다 좀 더 나은 정책을 선정하여 과거로부터 점증적으로 수정한 대안을 선택하는 모형이다.

② **만족모형**: 최선이 존재할지 모르지만 현실적으로 가능하지 않다는 관점에서 보고 있으며, 이상에 대하여 현실적 여건을 반영한 모형이라 할 수 있다.

③ **쓰레기통모형**: 애매성과 불확실성으로부터 영향을 받으며, 현실적으로는 무작위로 특정 의사결정에 대한 권위를 가지고 있는 집단이나 개인에 의하여 선택되거나 우연적 상황에 의하여 상황에 따라 선택되는 경향이 있다는 이론이다.

④ **체제이론**: 정책은 환경으로 영향을 받아 체제 내에서 일정한 여과과정을 거쳐 형성되므로 정책은 체제의 산물 혹은 환경의 산물이라는 것이다. 따라서 그 시기의 체제가 프로그램 형성 등의 의사결정에도 작용할 수 있다는 의미이다.

(3) 기관형성 모형

기관형성 모형이란 정책을 기관의 산물로 보기 때문에 전통적으로 정치학자들이 정책을 연구할 때 사용된다. 따라서 정책형성은 정부조직이 일상적으로 하는 일로 정부조직의 구조 그 자체가 곧 정책형성과 직결된다.

3절 | 청소년 프로그램 평가의 준비과정

청소년 프로그램 평가는 프로그램 이용자의 욕구와 제공된 청소년 서비스의 관계에 대하여 조사되고 평가되어야 하는데, 성과의 측정뿐 아니라 청소년 프로그램의 목표와 관련하여 프로그램 평가에 대한 사후관리 시스템을 가지고 있어야 한다. 청소년 프로그램 평가의 시스템은 이용자 선정기준, 제공된 서비스, 목표, 시간, 효과성과 효율성, 청소년 프로그램에 대한 클라이언트의 만족에 대한 측정을 포함해야 한다. 그리고 청소년 프로그램 평가에서 얻은 정보는 다음의 운영에서 활용하도록 한다.

따라서 청소년지도사는 평가를 위하여 전문적 기술을 갖추고 청소년복지 개념에 대한 정확한 이해와 청소년 문제의 분석, 이용자의 욕구사정, 청소년복지서비스의 대상자 선정, 소요되는 예산확보와 공정한 실행, 청소년 프로그램의 효과성과 효율성을 높이기 위한 명확한 목표설정, 청소년 프로그램 수행능력과 정확한 평가가 이루어지도록 실천적인 자질을 갖추어야 한다.

1 청소년기관의 평가제도의 도입

청소년복지기관은 청소년 프로그램 평가의 기능을 가지며 기관은 청소년 프로그램과 환류, 사회적 책임성 이행, 관련 이론형성을 위한 연구기능 등을 수행하게 된다. 따라서 기관은 청소년 프로그램 수행 후 다음과 같은 사항을 점검하여 평가한다.

1) 청소년 프로그램 평가목적

기관의 프로그램 평가는 환류기능을 가지며, 프로그램 계획이나 운영과정에 필요한 정보를 확보하여 다음 프로그램에 바람직하게 반영되도록 한다. 이와 같은 책임성 이행기능을 통하여 프로그램 담당자가 프로그램과정의 활동에 대하여 사회적 책임을 다하는 것이 중요하다. 기관의 프로그램 등의 평가는 또한 이론 형성에 기여하는 기능이 있으며, 이를 통하여 프로그램에서 살펴볼 수 있는 각종 변수의 인과관계를 검증할 수 있다. 이것은 차후의 계획이나 운영과정에 필요한 환류적 정보를 제공하며, 그 평가는 프로그램의 중단, 축소, 유지 및 확대 여부를 결정하는 데 필요한 정보를 제공한다.

2) 평가의 기대효과

① 각종 청소년 복지시설 프로그램 운영의 질적 향상 및 시설운영의 관리체계를 구축한다.

② 각종 청소년 복지시설 프로그램 운영을 위한 객관적 기준 마련을 제시한다.

③ 각종 청소년 복지시설 프로그램 운영자의 의식을 개선한다.

④ 각종 청소년 복지시설 프로그램 운영의 투명성을 제고한다.

⑤ 각종 비교평가를 통한 시설운영 프로그램 개선의 근거를 마련한다.

3) 사회복지 프로그램 평가의 발전방향

(1) 청소년복지 프로그램 평가의 기본방향

이는 청소년복지 현장의 욕구와 현실을 반영한다. 따라서 청소년복지 현장의 욕구와 현실을 반영하고, 투명성 및 신뢰도를 높일 수 있도록 객관성을 확보한 평가위원의 블라인드 평가, 즉 프로그램의 평가위원이 모든 항목에 관하여 독립적으로 채점한 후 그 평균값을 구하는 방식 등이 도입될 수 있다. 이러한 평가는 청소년복지 프로그램의 관리능력을 향상시키고, 청소년복지 프로그램의 자원을 개발하는 데 영향을 미치므로 긍정적인 환류를 가져온다.

(2) 청소년복지 프로그램 평가의 틀과 기준

현대사회의 사회복지평가의 틀과 조직이 급변하는 외적 환경에 적응하려고 하기 때문에 조직이 가지는 목표가 보다 복잡해지고 다양해지고 있다. 또한 환경을 고려하는 체계모델의 적용으로 목표나 산출물 자체보다 목표달성을 위해 필요하게 되는 수단과 과정에 보다 초점을 두고 있다. 청소년복지 프로그램의 평가기준은 프로그램 수행, 적절성, 효율성, 노력 및 과정의 5가지가 통상적으로 쓰인다.

① 프로그램 수행은 사업의 산출에 관한 것으로 노력의 결과를 측정하는 것이다.
② 프로그램의 적절성은 크기와 범위를 적정하게 운용하는 정도를 나타낸다.
③ 프로그램의 효율성은 노력과 실행의 효과대비 비용의 개념이다.

④ 프로그램의 노력성은 사회복지 프로그램과 사업을 위해 투입된 서비스의 양과 질이다.

⑤ 프로그램의 과정은 노력이 산출로 옮겨지는 과정 또는 절차부분에 관하여 평가하는 것이다.

(3) 프로그램의 평가방법을 기준으로 한 모형

프로그램의 평가방법을 기준으로 다음과 같이 프로그램 평가의 접근방식을 분류할 수 있다.

첫째, 실험적 접근은 통제집단과 실험집단을 비교하여 프로그램의 효과를 인과적 관계로 도출하여 객관성과 과학적 방법을 확보하도록 하였다.

둘째, 목표 중심적 접근은 목표를 명확히 설정하고 그 달성 여부를 평가하는 것이다.

셋째, 의사결정적 접근은 관리상의 의사결정과 프로그램 실행을 모니터링 하기 위해 체계적인 정보 수집과 분석을 강조하는 모델이다.

넷째, 이용자 접근적 방식은 이용자의 입장에서 평가의 유용성을 강조하는 것이다.

다섯째, 사회적 접근은 사회적 파급효과 및 영향은 어떠한가를 평가하는 방식이다.

(4) 사회복지전문가로서 프로그램 평가의 개념과 필요성의 이해

청소년 프로그램의 평가는 프로그램이 가지는 긍정적 요인과 부정적 요인에 대한 평가 기준을 토대로 총체적이며 체계적인 과정을 탐색하고 규정하게 된다. 프로그램의 평가

과정과 결과의 활용은 학습과 성장의 기회가 된다. 즉, 평가는 프로그램을 보다 객관적으로 분석하여 장단점 분석을 통해 강화해야 할 것과 개선해야 할 것에 대한 정보제공의 지침이 된다. 따라서 청소년 프로그램 평가는 청소년 프로그램의 발전을 위해 청소년 프로그램 기획과 진행의 과정, 종결에서 나타나는 긍정적이거나 부정적인 요인의 원인을 총체적이며 체계적으로 돕게 된다. 이 진단을 통하여 청소년 프로그램의 효과성, 효율성, 품질, 서비스의 적절성 등을 확인할 수 있으며, 이를 통해 새로운 의사결정을 내릴 수 있거나 기존의 프로그램에 대한 문제점을 개선할 수 있는 정보를 습득하게 된다.

이러한 청소년 프로그램 평가는 프로그램 자체의 목적에 보다 충실할 수 있게 하는 역할을 수행하며, 내부적으로는 학습과 성장을 가능하게 하여 보다 발전적인 프로그램을 구축하는 토대가 된다.

이와 같은 청소년 프로그램 평가는 사업계획서의 작성 이후부터 시작되어, 청소년 프로그램이 진행되는 과정과 종결 후에 자금 집행의 투명성은 물론 해당 프로그램이 클라이언트의 문제해결에 적절하게 기여를 했다는 것을 객관적으로 증명해야 한다.

4) 청소년 프로그램의 평가방법

청소년복지 프로그램의 평가방법은 방법론적에서 크게 볼 때는 질적 평가와 양적 평가로 나뉜다. 질적 평가는 질적 연구방법을 적용한 평가이며 관찰과 인터뷰를 주로 활용하고, 특수한 집단이나 개인에 나타나는 내면적 인간행위와 외면적 상호작용, 그리고 그 흐름 속에서 심도 깊은 통찰을 끌어내어 평가하는 방법이다.

질적 연구는 맥락을 이해하고, 해석하고, 이미지를 부여하고, 새로운 결론을 도출해내는 작업으로, 해당분야의 전문성뿐 아니라 통찰력과 전문가로서의 경험적 지식 등이 갖추어져 있어야 한다. 반면, 양적 평가는 양적 연구방법을 적용한 평가이다. 척도나 설문지 혹은 계량화된 측정기준을 통해서 인과관계를 측정하거나 수집된 결과들에 대해 통계 및 확률적 이론을 기반으로 그 결과를 해석하고 가설을 검증하는 평가방식이다. 즉, 질적 연구와 양적 연구 모두 철저한 사회과학적인 조사에 관한 전문적 지식을 필요로 한다.

그 밖에 프로그램의 평가시점에서 볼 때는 형성평가와 총괄평가는 프로그램 과정에 따른 분류이다. 형성평가는 프로그램의 과정을 모니터링 하는 데 사용하고, 직원들로 하여금 양질의 서비스를 유지하도록 하기 위하여 사용하므로 진행 중 수정과 보완이 그 목적이다. 반면 총괄평가는 최종 결과성, 산출된 실적, 파급효과까지 분석하여 프로그램에 반영한다.

또한 성과적인 측면의 시간 차원으로 볼 때는 효과성 평가가 있는데, 이것은 프로그램이 이루고자 하는 목적과 목표에 대한 실제 달성된 정도를 측정하는 것이다. 만일 취업 프로그램이라면 취업하게 된 클라이언트의 수가 기준이다. 가령, 100명이 취업 프로그램에 참가하여 80명이 취업하게 되었다면 효과성은 80%라고 할 수 있을 것이다. 효율성 평가는 프로그램의 실행결과로 얻어진 실적에 대해 투입된 자원을 대비하는 것으로, 최소의 노력으로 최대의 산출을 얻었는지 평가하는 기준이다. 따라서 비용으로 효과를 나누어 분석하면 비용효과 분석이 되고, 비용에 따라서 발생한 이윤을 대상으로 분석하는 경우에는 비용편익분석이 된다. 그러므로 이를 통하여 얻어진 결과가 비용효과의 단위가 될 것이다. 가령, 50명에게 직업교육을 시키는 데 100만 원이 소요되었다면 1인당 2만 원의 비용이 소용된 것이며, 2만 원은 비용효과 단위가 되는 것이다.

한편, 사회복지서비스의 측정은 품질과 만족도에 관하여 살펴볼 수 있는데, 품질은 프로그램의 질과 수준이 어느 정도 확보되었는지에 대하여 클라이언트의 이용자 입장에서 평가하는 것이다. 즉, 프로그램의 제공자 입장이 아니라 프로그램의 수혜자의 입장에서 평가한다.

서비스 질의 평가는 다양하게 평가될 수 있는데, 대응성, 노력성, 형평성, 적법성, 접근성, 적절성 등이 있다. 즉, 품질의 측정이 어렵기 때문에 클라이언트 만족도를 이용하여 이를 평가하게 된다. 이는 높은 품질의 서비스가 제공된다면 클라이언트의 만족도가 높아진다는 논리이다.

(1) 대응성

대응성이란 클라이언트의 욕구나 문제에 대하여 청소년복지 프로그램이 클라이언트의 욕구에 얼마나 적절하게 대처하였는가에 대한 기준이다. 즉, 대응성은 클라이언트의 욕구에 대한 반응과 처리가 얼마나 신속하고 정확하게 이루어졌는가를 평가하는 것이다. 예를 들어, 경제적인 어려움이 있는 클라이언트에게 경제적인 서비스를 적절한 수준으로 제공하였다면 이는 대응성을 충족시킨 것이라 볼 수 있다.

(2) 노력성

노력성이란 프로그램 수행을 위해서 목표달성을 위해 얼마나 많은 노력을 기울였는지 평가하는 것이다. 즉, 필요한 물적 · 인적 자원을 얼마나 더 투입하였는가에 대한 관심으로 볼 수 있다. 따라서 기관별 프로그램 지원금이 100만 원이라면 이에 더하여 후원자금을 70만 원 개발했다면, 같은 지원금을 받고도 후원금을 개발하지 않은 기관보다 더 노력성이 높다고 볼 수 있다.

그러므로 전문적 청소년지도사는 프로그램의 개발과 함께 이에 대한 후원금을 개발하는 활동도 중요하며 후원금을 모금하고자 하는 다양한 활동 등이 기획되고 있다. 예를 들어 기관별로 실시하는 홈커밍 데이, 일일호프, 자원봉사 및 물품기증제 등의 방법이 활용되고 있다.

(3) 형평성

형평성이란 분배의 가치 실현에 초점을 두는 개념으로, 프로그램의 실시과정에서 클라이언트에게 미치는 영향력이 편애되었거나 한쪽으로 치우치지 않아야 한다는 논리이다. 따라서 대상자 선정에 대한 차별이 없어야 하고, 이에 대한 자격기준이 명확하고, 자격의 결정과정이 객관적으로 공개되어야 한다.

(4) 적법성

적법성이란 프로그램의 준비과정 수행, 마무리 과정이 합목적적으로 적법한 방식으로 진행되었는지, 혹은 프로그램의 가치와 목적이 규정을 준수하며 진행되었는지에 관하여 평가하는 것이다.

특히 예산의 투명성과 집행과정의 적법성은 매우 중요하다. 또한 혜택을 받는 프로그램의 경우에는 대상자 선정에 있어서의 차별이 없는지도 중요하다.

(5) 접근성

접근성이란 프로그램의 참여와 활동에 있어서 클라이언트의 접근이나 교통 및 이용기회의 제공이 특정 대상에게 편중되어 있거나 차별이 있는지 진단하는 것으로, 생활편익시설에 있어서 청소년 등이 사용하는 데 불편함이 없는지 혹은 정보의 접근성과 같은 비물리적 접근성에 관해서도 평가할 수 있어야 한다.

클라이언트의 서비스 이용에 있어서 접근성은 매우 중요한 요인이다. 아무리 훌륭한 프로그램이라도 쉽게 이용할 수 있도록 접근성이 고려되어야 한다.

(6) 적절성

적절성이란 클라이언트에게 제공되는 프로그램이 클라이언트의 상황이나 특성과 제공되는 기관을 고려하여 적절히 제공되고 있는가를 평가하는 것이다. 클라이언트의 입장에서의 대응성과 개념이 유사하지만, 사회복지기관이나 사회복지사의 차원에서도 과연 적절한지를 평가하므로 좀 더 포괄적인 성격을 갖는다.

5) 기타 평가방식

평가방식은 맥락과 성격상 여러 측면의 접근이 있다. 그 예로 성과평가와 과정분석평가를 소개하면 다음과 같다.

(1) 성과평가

성과평가는 성과측정으로 청소년들에게 휴먼서비스 프로그램의 효율성과 품질, 그리고 효과성에 관한 정보를 일정 규칙에 의하여 보고하는 것으로, 성과측정은 단지 프로그램의 책임성에 대한 접근방법 중 하나이며, 포괄적으로 효율성 관점, 품질 관점, 효과성 관점의 주요 관점을 측정하고 있다. 성과는 프로그램이 달성하고자 하는 목적과 목표로 그 과정에서 나타나는 모든 활동이 포함된다. 따라서 결과성과, 산출성과, 품질성과는 청소년 프로그램의 성과평가의 핵심과정이라 할 수 있을 것이다.

(2) 결과성과평가

결과성과란 프로그램에 의하여 의도된 결과들이 어느 정도 성취되었으며, 이로 인해 청소년들이 어떤 영향을 받았고 변화하였는지에 주된 관심을 둔다. 따라서 결과성과는 프로그램의 과정이나 그 종결에서 나타나는 참가자들의 변화라고 할 수 있다. 결과성과평가는 프로그램이 달성하고자 하는 효과성의 관점이다. 또 산출(output)보다 달성목표나 변화된 것을 중심을 측정하므로 실적보다 목적의 달성과 목표의 구현에 더 관심을 두고 있다. 따라서 휴먼서비스 평가에 유용한 개념이다. 이는 기간에 따라 단기, 중기, 장기성과로 구분된다.

(3) 산출성과평가

산출성과평가는 프로그램에서 생산하는 산출이라고 정의할 수 있으며, 산출성과의 측정은 체계가 생산하는 산출의 유형과 양에 대한 정보를 평가한다는 것을 의미한다. 산출성과는 투입대비 산출을 계량적 비율로 산출하여 생산성의 수준을 파악할 수 있는 표준화된 평가방식으로 효율성의 관점이다.

여기에는 비용편익분석과 비용성과분석이 포함된다. 비용편익분석은 프로그램의 수행에 따라 나타나는 산출량을 실적으로 하여 평가하는 것이며, 산출량 대 비용의 비율을 계산하는 것이다. 그리고 비용성과분석은 프로그램이 달성하고자 하는 결과성과의 달성 정도를 실적으로 평가하는 것으로, 달성효과 대비 비용의 비율을 계산하는 것으로 나타낸다.

(4) 품질성과평가

품질 관점에서의 평가는 비용과 실적 중심의 효율성과 달리 서비스의 질적인 측면에 관심을 갖는 것으로, TQM 이론에 근거한 것이다. 청소년복지 프로그램에서 생산성에 대한 이러한 평가는 기부자와 재원, 그리고 클라이언트에 대한 더 높은 만족도를 제공하여 낮은 비용의 소용으로 더 좋은 효과성이 도출되도록 하는 것이 이에 해당한다.

(5) 과정분석평가

그 밖에 청소년 프로그램에 있어서 과정분석평가는 성과평가에서의 준비, 진행, 종결과 그와 상호작용하는 인적 및 환경적 요인과의 관련성을 프로그램의 과정에 따라 분석하는 기법이다.

첫째, 연구가 진행되는 과정에서의 상호작용과 이를 통한 성장과 발전이 고루 분배되었는지, 둘째, 연구의 구조화된 단계별로 각기 어떻게 진행되거나 서로 영향을 미치는지, 셋째, 프로그램과정에서 나타난 상호작용에 대한 체계적인 기록인지, 넷째, 현상과 상호작용에 대한 기록을 토대로 추정될 수 있는 프로그램의 적합성과 목표달성 등에 대한 해석인지를 살펴볼 수 있다. 마지막으로 청소년복지 프로그램 평가가 가지는 총체적인 장점과 효과는 무엇이며, 단점과 애로사항, 즉 변수, 돌발사항, 특수사항 등은 무엇인지 구체적으로 고찰할 수 있다.

이러한 평가는 신뢰성 확보를 위하여 가급적 다수의 평가자가 참여하고 수행하며, 이에 대한 상호 피드백을 존중하는 것이 바람직하다.

정리

현대사회에서는 많은 지역사회의 청소년복지 현안에 대하여 참여 형식이 활발히 도입되고 있다. 이에 관한 함의에 관하여 논의해보고 실제 참여를 통한 평가가 어떤 형식으로 이루어지고 있는지 사례를 조사해보자.

PDCA

청소년 프로그램을 개발한 뒤에는 이에 대한 환류를 실시할 수 있다. 이를 PDCA라고 하는데 이것의 의미는 PLAN DO CHECK ACTION의 의미로 조직의 관리용어이다.

즉, 이것은 계획 → 실천 → 확인 → 조치를 반복해서 환류로 실행하여 소기의 목적과 목표를 달성하고자 하는데 사용하는 기법을 의미한다. 이러한 PDCA(plan-do-check-act, PDSA)는 사업활동에 있어서 생산 및 품질 등을 관리하는 방법이기도 하다.

Plan(계획) – Do(실행) – Check(평가) – Act(개선)의 4단계를 반복하여 업무를 지속적으로 개선하는 이러한 과정은 월터 슈하트(Walter A. Shewhart), 에드워즈 데밍(W. Edwards Deming)에 의하여 보편적인 용어가 되었다.

CHAPTER

09

프로그램 결과의 평가

SECTION 01 | 청소년 프로그램 평가의 의미와 목적 …… 229

SECTION 02 | 청소년 프로그램 평가의 요소 …… 233

SECTION 03 | 평가의 유형 …… 237

1절 청소년 프로그램 평가의 의미와 목적

청소년복지서비스 제공에서 예를 들면 청소년지도사에 의한 서비스 제공에 있어서 장기간의 서비스를 재가 및 시설 프로그램의 일종이라고 본다면, 서비스의 품질차원은 다음과 같은 유형으로 나눌 수 있다.

1) 제1단계: 품질차원 선택하기

첫 번째 단계는 제공하게 될 품질의 차원을 정의하여 제시하는 것이다. 예를 들면, 품질차원은 신뢰성과 즉응성이 제시될 수 있는데 이것은 청소년복지 프로그램의 제공 속에서 설명될 수 있다. 신뢰성은 믿음과 관련하여 클라이언트에게 기대된 일련의 서비스의 제공에 대한 부분에 초점이 있다면, 즉응성은 제공되는 서비스의 시기적절성에 관련된다고 할 수 있다.

이러한 부분을 평가하기 위해서 조사질문이 활용되며, 클라이언트의 전반적인 만족정도에 대한 질문과 각 제공된 서비스의 품질차원에 대하여 하나의 서비스에 하나의 특정한 질문을 구체적으로 포함하도록 개발한다.

2) 제2단계: 결과성과 측정하기

(1) 클라이언트 생활의 질적인 변화측정

청소년복지 프로그램의 성과와 클라이언트의 문제를 연결하여 도움을 주고자 하는 시도가 전개되어 왔다. 이러한 접근은 청소년복지 프로그램의 실시결과로 나타난 클라이언트의 질적인 변화와 영향에 대한 진단으로 여러 사항을 복합적으로 고려하여, 성과수행 평가의 정의를 클라이언트의 생활의 변화를 통해 청소년복지 프로그램의 결과나 영향, 즉 파급효과로 결과성과를 측정할 수 있다.

청소년복지실천에 있어서 클라이언트 문제의 요인을 약물중독 문제, 거주의 문제, 알코올 문제, 경제의 문제, 자녀 양육의 문제 또는 기타 문제들로 복합적인 문제가 있다면, 질적인 변화로 클라이언트의 상태와 지위, 행동, 기능, 태도, 느낌, 또는 생각들을 바람직한 방향으로 변화시키고 바람직하지 못한 클라이언트의 상태와 지위, 행동, 기능, 태도에 대하여 이를 개선하기 위한 활동의 계획을 착수할 수 있다.

다음은 성과수행의 평가로 클라이언트 생활의 질적인 변화에 대한 몇 가지 예를 보여주고 있다. 여기에서 바람직하거나 바람직하지 못한 클라이언트의 상태와 지위, 행동, 기능, 태도, 느낌이나 생각들의 관계를 보여주고 있다. 이러한 자료들을 통한 점검은 성과수행평가에 있어서 유용하다.

정리

다양한 계층에 적용될 수 있는 청소년이나 클라이언트의 생활의 질적인 변화의 예에 대하여 생각해보고 발표해보자.

표 9-1 청소년 생활의 질적인 변화의 예

1. 청소년의 바람직한 변화에 관한 예

a. 상태	미혼모인 클라이언트가 쉼터를 찾는 것
b. 지위	실직상태의 클라이언트가 취업을 하게 되는 것
c. 행동	청소년 클라이언트의 수업의 출석률이 증가하는 것
d. 기능	클라이언트의 대처전략이 전보다 향상되는 것
e. 태도	청소년 클라이언트의 규범과 교육의 수용이 증가하는 것
f. 감정	클라이언트의 소속감이 증대되는 것
g. 인식	클라이언트의 자존감이 향상되는 것

2. 청소년의 바람직하지 않은 변화로부터 멀어지는 것에 관한 예

a. 상태	비행청소년이 길에서 밤을 보낸 날의 수
b. 지위	약물중독문제를 지닌 클라이언트가 실직상태로 보내는 날의 수
c. 행동	청소년 클라이언트가 학교에 빠지는 횟수의 감소
d. 기능	클라이언트가 배우자와 싸우는 빈도 수 감소
e. 태도	청소년 클라이언트가 싸우는 횟수 감소
f. 감정	클라이언트가 주어진 환경 속에서 느끼는 무력감 감소
g. 인식	클라이언트가 이질적인 집단에 대해 가진 부정적인 인식 감소

(2) 결과성과 측정의 4가지 유형

청소년복지 프로그램에 대한 결과성과 측정을 다음과 같이 4가지 타입으로 분류할 수 있다. 즉, 첫째, 산술적인 계산(numeric counts), 둘째, 표준화측정(standardized measures), 셋째, 기능수준척도(level of functioning scales: LOF scales), 넷째, 클라이언트 만족도(client satisfaction) 등으로 분류할 수 있다.

이때 산술적인 계산은 생활의 질적인 향상을 보인 클라이언트의 수를 집계하는 방식이며, LOF척도는 클라이언트 생활에 대한 질적인 향상을 측정하기 위해 기관이나 프로그

램에 의해 만들어진 사전 및 사후 테스트를 의미한다.

또한 성과수행평가를 위해 위의 방법이 사용될 때에는 클라이언트인 청소년에게 직접 생활에 대한 질적인 향상을 질문하는 자기 보고서 형식을 참고하여 청소년의 만족도를 측정하도록 하고 있다.

표 9-2 결과성과측정의 유형과 클라이언트 생활의 질적인 변화를 측정하기 위한 다른 시도들

- 산술적인 측정: 일반적으로 프로그램 참가자 또는 청소년의 상태, 지위와 행동을 측정하기 위해서 활용한다.
- 표준화측정: 일반적으로 프로그램 참가자 또는 청소년의 느낌, 태도와 생각을 측정하기 위해 활용한다.
- 기능수준 척도: 일반적으로 프로그램 참가자 또는 청소년 가족의 기능적인 면을 측정하기 위해 활용한다.
- 클라이언트 만족도: 일반적으로 프로그램 참가자 또는 청소년의 생각을 측정하기 위해 활용한다.

청소년 프로그램에 참여한 참가자 및 청소년들의 결과성과 측정의 방식들은 다음과 같이 특징이 있다. 예를 들어, 산술적인 측정이 청소년의 상태, 지위나 행동을 측정하는데 사용된다면, 표준화 측정은 청소년의 인식, 느낌, 태도를 측정하는데 활용된다.

청소년 프로그램 참여자에 대한 만족도는 클라이언트가 청소년 프로그램을 제공받은 이후의 변화에 대한 생각을 측정하기 위해 사용되는 방식이다.

(3) 중간 결과성과 측정과 최종 결과성과 측정

프로그램 참여자의 결과성과에 대한 측정은 측정시기에 따라 중간 결과성과의 측정과 최종 결과성과 측정의 2가지 범주로 재분류할 수 있다. 중간 결과성과 측정은 정해진 일정 시기, 예를 들어 2개월, 4개월, 6개월, 1년 등의 일정한 시점에서 클라이언트인 청소

년 생활의 질적인 자료를 평가하고 파악한다. 최종 결과성과 측정은 프로그램을 마친 직후뿐 아니라 사후관리도 점검되는 것이 필요하다. 결과성과의 측정을 선택하는 경우 다음의 3단계 과정이 결과성과 측정에서 제안된다.

- 제1단계: 청소년복지 프로그램 관계자들로 구성된 대표집단이 소집되어 최신의 인정되는 개념적 토대와 이론, 평가, 청소년복지 프로그램에 관련되는 현장경험과 함께 고안된 연구(research)에 능통해야 한다.
- 제2단계: 가능한 수의 결과성과 측정이 토의되고 심사숙고되어야 한다. 이러한 과정에서 사회문제와 청소년 프로그램의 가치, 그리고 인과관계들은 보다 명확해질 것이다.
- 제3단계: 청소년복지 프로그램을 위한 최상의 결과성과 측정에 대한 합의도출이 필요하다.

2절 청소년 프로그램 평가의 요소

1 지표에 대한 자료준비

이 장에서는 결과측정의 계획을 위한 구성 틀을 완성하고 그 계획을 행동에 옮길 절차를 개발한다.

1) 과제 1: 지표에 대한 자료확보

먼저 청소년복지 프로그램을 평가할 수 있는 적절한 지표를 선정한다. 현재 수집한 정보를 점검하고 그를 통한 지표에 대한 자료의 출처를 고려한다. 그 밖에 개인의 인터뷰 자료도 포함되는데 클라이언트를 둘러싼 중요 인물들에 관한 인터뷰로 다음과 같은 보고가 가능하다.

① 클라이언트나 청소년들이 프로그램 동안, 그리고 그 이후의 지식, 태도 혹은 기술에 대하여 어떤 반응이 있었으며 행동의 변화가 있었는가?
② 대상청소년으로 클라이언트의 지위, 혹은 조건의 향상에 대한 변화는 어떠한가?

2) 과제 2: 자료수집방법 설계

만약 자료출처가 결정되었다면, 이런 출처에 대한 자료들을 획득하고, 자료수집도구들을 만들거나 구하고 그 도구들의 이용방법에 대한 절차를 개발한다. 기관이 이런 것에 대한 경험 있는 인력이 없다면, 지역 대학교 및 대학, 기업들, 관련 전문가들로부터 자원활동 도움을 얻는다. 자료수집도구나 절차가 부실하게 설계되었다면, 좋은 성과와 지표를 인식할 수 없으므로 이 부분에 주의를 기울인다.

자료수집방법을 선택할 때, 비용, 응답률, 자료를 얻는 데 걸리는 시간, 기타 요인들 간의 상쇄작용을 고려한다. 자료획득방식들을 고려할 때는 다음의 질문들을 명심하는 것이 도움이 될 것이다. 자료수집방법에 많은 비용이 들지 않는가? 그렇다면 시간이나 비용이 덜 드는 방법은 무엇인가?

3) 과제 3: 비밀보장문제

클라이언트에 대한 비밀보장문제는 중요하다. 따라서 프로그램과 자료수집자들에 대한 윤리적 함의와 비밀보장에 따른 법적 결과에 관해 논의한다. 수집방법은 클라이언트의 성함과 인식번호가 나타나 있는 겉표지를 각각의 자료수집양식에 부착한다. 또한 다른 양식의 페이지에는 인식번호만을 이용한 후, 자료수집자가 완성된 양식을 제출하자마자 겉표지를 분리한 후에 완성된 양식들을 분리하여 파일에 보관한다. 그리고 자료와 관련 없는 사람들이 자료에 접근하지 못하도록 점검하는 절차를 취한다. 이에 클라이언트는 보호받아야 할 권리들에 대하여 고지된 동의 혹은 거부, 그리고 사생활과 비밀보장에 관한 권리를 미리 고지한다.

4) 과제 4: 자료수집도구와 절차에 대한 점검

(1) 질문의 용어

자료수집도구와 절차에 대한 점검으로 질문의 용어는 질문에 대한 오해의 소지가 없어야 하며, 적절한 어휘로 표현되어야 한다. 이는 대상집단에 따라 다를 수 있으므로 질문의 이해를 돕는 간단한 양식이나 인터뷰자의 설명이 추가되는 것도 좋을 것이다. 또한 이것은 질문의 내용에도 해당할 것이다.

(2) 응답범주의 적절성

응답의 범주는 한 문항당 한 가지 질문에 답할 수 있어야 하며, 응답범주에서는 대답할 수 있는 응답의 범주가 한 번호씩 매칭될 수 있어야 한다. 이는 질문과 응답 모두에 해당한다.

(3) 도구의 형식

기타 상기와 같은 사항에 대하여 사전 조사 후, 도구와 자료수집절차를 적절하게 수정한다. 도구와 절차에 있어 수정할 부분이 있다면, 어떠한 문제점들이 제기되었는지를 확인하기 위해 재검사를 실시하는 것도 하나의 방법이다. 이와 같은 점검에 따라 청소년들의 전반적 사항이 점검될 수 있다. 다음은 기초양식의 예이다.

정리

기록의 형식은 구체적이며 자리의 이동과 배치에 따라 누가 보아도 같은 수준으로 이해할 수 있도록 명확하게 기재되어야 한다.

3절 | 평가의 유형

1 산술적 측정

1) 산술적 측정의 정의

산술적 측정의 개념은 프로그램의 성과를 산술적인 방법으로 나타내는 것으로 측정방법은 다음과 같다.

첫째, 청소년복지 프로그램의 결과에 의하여 얼마나 많은 클라이언트들의 삶의 질이 변화되었는가에 대하여 인원 수를 세는 방법이 있다. 둘째, 클라이언트에 대하여 목적한 세부 측정목표에 대한 달성 정도를 이분법적으로 예 혹은 아니요로 답함으로써 성취된 정도를 산술적으로 나타낼 수 있다. 단, 질적인 부분을 언급할 수 없는 단점이 있다.

즉, 산출측정을 통한 결과성과의 측정은 클라이언트에 초점을 맞추고 있으나, 산출과 품질의 성과측정은 서비스에 초점을 맞추는 차이가 있다. 다시 말해, 산출성과 측정은 각 프로그램에 의하여 제공된 서비스가 어느 정도인가에 관한 정보를 획득하기 위해 설계된 것이다.

또한 결과성과의 측정은 프로그램을 통하여 클라이언트의 삶의 질의 변화에 의하여 측정된 각각의 결과 혹은 프로그램의 영향에 관한 정보를 제공하기 위해 설계되어야 한다.

2) 산술적 측정의 선택

산술적 측정은 청소년복지 프로그램의 목적에 의해 선택될 수 있다. 예를 들면, 어떤 사회복지 프로그램에 대한 결과성과 측정방식으로 프로그램 참여의 청소년의 만족이나 LOF(Level of Functioning) 척도, 표준화측정방식을 사용하는 것을 더 선호하는 경우에 어떤 이해관계자들은 산술적 측정을 선호하기도 하고, 어떤 경우는 표준화 측정이나 LOF 척도, 그리고 클라이언트의 만족도를 산술적 측정으로 전환하는 방법을 적용해줄 것을 요청하기도 한다.

따라서 사회복지전문가는 표준화측정, LOF 척도, 그리고 클라이언트 만족도에 분석유형들의 결과성과측정을 산술적 측정으로 전환하는 방법 등도 익혀두는 것이 바람직하다.

2 표준화 측정

1) 표준화 측정의 정의

표준화 측정의 정의는 프로그램 참여자의 삶의 질에 대한 변화를 사정하는 것으로 표준화 측정도구에 의한 '사전-사후검사'라고 할 수 있다. 몇몇 표준화된 측정은 클라이언트와 클라이언트의 가족 등 양측 다 객관적인 초점을 둘 수 있다. 그러나 표준화 측정은 보통 저작권이 보호되어 있고, 사용 시 지속적으로 사용료를 지불하는 저작권에 대한 소유자의 허가를 받아야 사용할 수 있게 되어 있다.

표준화 측정은 두 가지 공통점을 가진다. 첫째, 일반적으로 클라이언트나 주변인의 클라이언트에 대한 상태, 행동, 태도, 감정, 성격 발달성, 그리고 다른 특성에 관한 정보를 평가하기 위해 한 세트의 신뢰도와 타당도가 고려되어 구조화된 질문들의 목록으로 구성된다.

둘째, 일반적으로 이것은 대개 단일의 점수를 산출하는 것에 있어서 측정된 특성의 대소, 강도, 혹은 정도를 평가하는 데 활용된다. 몇몇 표준화된 측정도구는 길고, 클라이언트의 철저한 사정을 시도하고자 한다. 반면에 신속사정도구(Rapid Assessment Instrument: RAI)는 보다 간결한 경향이 있다. 이러한 간결성의 이유로 하여 RAI가 널리 사용되는데, 사회복지 프로그램에서 결과의 성과측정으로 사용되는 표준화 측정의 대부분은 RAI의 응용이라고 할 수 있다.

2) 표준화 측정의 유형

표준화 측정방식은 실질적인 초점과 누가 그것을 완성하는가, 그리고 응답척도의 구성을 포함한다(정무성, 2010).

(1) 실질적인 초점

표준화 측정방식은 초점에 따라서 변화의 폭이 넓으므로, 다양한 인구집단에 초점을 둘 수 있다. 예를 들어 가족사정 도구(Family Assessment Device: FAD)는 인구집단에 초점을 둔 표준화 측정이다. 또 다른 표준화 측정은 행동(behavior)에 초점을 두기도 한다. 예를 들면, 폭력, 부모 행동, 구직 행동, 건강과 관련한 습관 및 다른 많은 행동들이 표준화 측정을 사용하여 평가되고 사정될 수 있다.

그 밖에는 태도(attitude)에 의한 것으로, 예를 들어 자신, 자녀, 중요한 타자 등에 관한 태도가 활용될 수 있다. 그리고 표준화 측정은 문제에 초점을 두기도 하는데, 마약이나 알코올의 남용, 신체적 건강, 사회적 기능, 일상적인 삶의 활동 수행 능력과 같은 문제가 표준화 측정을 통하여 사정될 수 있을 것이다.

또한 몇몇의 표준화 측정은 내적(intrapersonal) 기능 또는 대인관계(interpersonal)의 기능에 초점을 두기도 한다. 예를 들어, 내적 기능의 측정은 개인의 기질, 자아존중감, 사고방식, 우울과 같은 영역을 포함하며, 대인관계기능에 관한 측정은 가족 및 다른 사회적 만남을 포함하는 방식으로 클라이언트의 능력을 다룬다.

마지막으로 청소년에게 사용되는 표준화 측정은 아동의 발달에 초점을 둔다. MMPI (Minnesota Multiphasic Personality Inventory) 검사는 구분된 항목을 통하여 성격적 특성에 초점을 둔다. 또한 직업훈련 프로그램에서 사용되는 많은 표준화 측정은 성취, 지식, 적성 등과 같은 직업적 요인들에 초점을 둔다. 결국 몇몇의 표준화 측정은 서비스에 초점을 두기도 한다.

(2) 응답척도

표준화 측정은 응답척도의 구성에 있어서 빈도를 나타내는 범주로 응답하는 리커트 척도를 사용하는 경우가 많다.

(3) 결과성과 측정으로서의 표준화 측정 이용

청소년복지 프로그램을 위한 결과의 성과 측정으로서 표준화 측정을 사용할 때는 첫째, 청소년복지 프로그램에서 활용될 표준화 측정도구의 종류와 수가 결정되어야 한다.

둘째, 모든 클라이언트는 사전과 사후 선택된 표준화 측정을 사용하여 사정해야 한다. 이것은 클라이언트의 기초선 정보를 가지며 프로그램의 효과성을 파악하는 것에 도움이 된다.

셋째, 비교와 기록을 통한 정보의 저장은 각 개인 클라이언트가 가지는 기초선, 치료 기록과 치료 후 기록 간의 비교를 가능하게 한다.

(4) 표준화 측정을 산술적인 측정으로 전환하기

성과측정이 프로그램을 그것의 분석단위로 활용하기 때문에, 표준화 측정은 숫자의 계산, 즉 산술적 표현으로 어떻게 바뀌는지를 고려할 때 다음과 같은 것들이 수량으로 파악되는 것이 바람직하다(정무성, 2010).

① 측정 가능한 향상을 보이고 있는 클라이언트의 수를 나타낸다.

② 치료를 완수했거나 모든 완전한 서비스의 제공을 받은 클라이언트에 대하여 향상된 비용을 나타낸다.

③ 임상적 향상을 나타낸 클라이언트의 수를 기록한다.

④ 치료를 완수했거나 서비스를 종결한 클라이언트에 대해 임상적 향상을 나타낸 클라이언트의 비율을 나타낸다.

⑤ 목표수준의 향상을 나타낸 클라이언트의 수를 제시한다.

⑥ 치료를 완수했거나 서비스제공을 마친 클라이언트의 총수에 대하여 목표수준의 향상을 나타낸 클라이언트의 비율을 제시한다.

목표수준의 향상이라는 개념은 이와 같이 복합 표준화 측정을 활용하여 사회복지 프로그램에서 산술적 측정자료를 종합하여, 각 표준화 측정에 대하여 차원별로 분석하고 보고할 수 있다. 예를 들어, 표준화된 도구를 통하여 산술적 측정자료를 축적하고, 이를 통해 보고서를 작성하는 접근은 더 많은 결과성과 측정 정보와 자료들을 관련 당사자들에게 제공한다(정무성, 2010).

3) 기능수준 척도

기능수준을 측정하는 척도로 사회복지 프로그램들은 클라이언트의 프로그램의 참고 전후의 기능적 수준을 포착하는 결과성과 측정방법들을 필요로 한다. 위와 같은 상황에서 사회복지 프로그램들은 기능수준 척도(Level of Functioning: LOF scale)들을 사용할 수 있을 것이다.

4) 청소년복지의 만족도

청소년복지 프로그램의 작성을 통해 프로그램 참여자의 만족도 조사는 중요하다. 이 방식은 프로그램의 성과에 대하여 이용자를 중심으로 다양한 질문의 형식을 리커트 형식이나 오픈질문을 통하여 혹은 인터뷰를 통하여 피드백하는 방식이다.

프로그램 참여자의 만족도는 품질의 성과측정뿐 아니라 결과의 성과측정에서도 이용될 수 있다. 이러한 과정은 프로그램의 참여가 자기 보고형식으로 청소년복지 프로그램에 참여하여 결과의 성과측정으로 품질 성과자료의 토대가 될 수 있다. 결과성과의 측정으로서 클라이언트의 만족도 조사는 산술적 측정으로 전환하는 방식이 적용될 수 있다.

예를 들어, 클라이언트 중 80%의 응답자가 해당 프로그램이 필요한 서비스를 통하여 매우 도움이 된 것으로 평가하고 있다. 또한 이렇게 응답한 클라이언트 중 50%의 응답자가 특정 서비스 항목이 매우 도움이 된 것으로 평가하고 있으며, 그 중에서도 구체적으로 어떤 부분의 개선이 가장 컸다 등을 비율과 수치를 활용하여 산술적으로 제시하고, 그래프 등의 시각적 자료를 활용한다면 분석자료를 이해하기 용이해진다.

5) 각 유형의 결과성과 측정의 비교

이와 같은 결과 및 성과 측정으로 프로그램의 유용성, 타당성, 신뢰성, 정밀성, 실행가능성, 비용 및 단위비용 등을 비교하고 적용할 수 있다. 대체적으로 표준화 측정과 LOF 척도는 보다 더 정밀하고, 타당하고, 신뢰성이 높다고 평가되지만, 비용이 더 소요될 수 있다. 반면 산술측정은 보다 유용하고 비용이 적게 들 수 있을 것으로 간주되지만, 타당성이나 신뢰성 혹은 정밀성은 떨어지는 경향이 있다.

이러한 기준은 아마도 사회복지 프로그램의 특성과 관련자들의 기호이며, 어느 것이 보다 우월하다고 할 수는 없다. 또한 경우에 따라 이와 같은 것들이 복합적으로 사용될 수 있을 것이다.

정리

다양한 프로그램에 대한 아이디어는 프로그램의 개발초기의 단계나 피드백을 통한 과정에 도입될 수 있으며 이를 위하여 그룹이나 부서별로 브레인 스토밍(brain storming) 방식 또는 SWAT 방식이 적용될 수 있다.

CHAPTER

10

프로그램 결과의 실행 및 결과보고

SECTION 01 | 프로그램 평가의 결과 측정 체계의 실행 · 247
SECTION 02 | 청소년 프로그램의 결과보고 ····················· 251
SECTION 03 | 사회복지 프로그램의 평가와 종결 ············ 252
SECTION 04 | 청소년 프로그램의 평가 후의 과제 ·········· 260
SECTION 05 | 대상 청소년집단의 욕구 및 서비스 이용상태를 평가하는 방법의 요약 ············ 267
SECTION 06 | 청소년 상담 프로그램의 개발의 점검 ······ 270

1절 프로그램 평가의 결과 측정 체계의 실행

1 프로그램 평가결과의 적용

모의 프로그램 평가의 결과가 산출되었다면, 이를 본 프로그램에 적용하는 단계이다. 만일 파일럿 조사로 프로그램 참가자들의 일부만 측정되었다면, 본격적으로 클라이언트 집단에 적용하는 방식으로 장소나 직원단위를 선택하는 것이 필요하다.

각 단계에서 자료수집자들의 제안과 기획에 따라 수립된 자료는 다양하고 적절한 대상자들을 모집하여 청소년 프로그램으로 활용할 수 있어야 한다. 또한 청소년 프로그램 대상자와 함께 프로그램에 대한 계약과 동의절차에 관한 정보를 제공하는 것과 청소년 프로그램 참가자나 설문 응답자에 대한 윤리적 차원에서의 비밀보장이 중요하다.

성공적인 청소년 프로그램의 수행을 위해서는 일련의 모니터링 표를 작성하여 원활한 프로그램의 진행이 되도록 한다. 또한 같은 프로그램이라도 적용되는 집단에 따라 다른 결과가 도출되는 경우도 있다.

이러한 경우에는 다른 결과를 도출하게 된 변인이 되는 요인이 무엇인지 확실히 파악할 필요가 있다. 각각의 결과 지표들에 대하여 전반적인 공통점이 있다면 하나의 성격으로서의 프로그램으로 형성되어 완성될 수 있을 것이다. 이러한 지표들은 다시 분류되고 도식화되어 적용과 분석에 도움이 되도록 수행해놓는다. 그리고 청소년 프로그램이 종결된 이후에도 각 프로그램의 참여자에 대한 분석에 추가되어야 할 사항은 다음과 같다.

① 전체 클라이언트로 프로그램 참가자의 수

② 각각의 결과를 성취한 프로그램 참가자의 수: 프로그램 종료 직후 목적의 달성이나 주제에 관한 향상을 보여준 프로그램 대상자들의 수를 분석하고 각각의 목적한 결과를 성취한 클라이언트의 퍼센트(비율)를 산출한다.

③ 프로그램 종료 일정 기간 이후 변화가 유지되는 프로그램 대상자의 수: 일정 추가 기간의 경과 후 목적한 효과가 유지되는 비율의 상황 및 조건의 변화, 효과성 등을 파악하여 클라이언트의 수와 퍼센트를 산출한다.

④ 기타 분석에 필요한 통계분석으로 평균적인 수나 인구사회학적 특성 등을 파악한다.

만일 무작위 표집절차를 이용한 샘플의 표집이 필요하다면, 프로그램 대상자의 표본을 확보하고 특정한 결과에 도달한 클라이언트에 대하여 전체적인 효과성을 산출하여 측정할 수 있을 것이다. 목적했던 결과를 성취한 프로그램의 대상자에 대한 수량과 퍼센트를 전체 클라이언트의 수와 퍼센트에 산정하여 결과를 도출하게 된다.

2 청소년 프로그램의 주요특징을 반영한 자료를 분석하기

청소년 프로그램의 목적의 달성과 같은 청소년 프로그램의 결과에 영향을 줄 수 있는 대상자와 청소년 프로그램의 특성 및 요인들을 구별하는 것은 전문가로서의 역할이며, 따라서 실행하고자 하는 자료에 관한 정확한 식별이 중요한 과제이다.

각 요인에 의하여 밝혀진 자료를 통하여 프로그램은 순환적인 과정을 거치면서 리뉴얼 될 수 있다. 이때 다음과 같은 부분을 참고하는 것이 바람직하다.

① 프로그램의 참가자인 청소년의 상황을 구분하여 각 청소년 프로그램의 참가자에 대한 상태에 따른 결과의 측정도 가능하여야 할 것이다. 그러나 성숙의 효과나 통계적 회귀와 같은 요인도 고려되어야 한다. 각각의 그룹에 따라 효과의 정도와 달성된 정도의 수적인 퍼센트도 다를 수 있다. 이러한 세부사항을 분석하고 파악하는 것은 바로 청소년 프로그램의 작성자 및 전문가의 몫이다. 결과에 있어서 프로그램 참가 청소년의 그룹 별 차이점을 이해하는 것은 보다 향후 정교한 프로그램의 차기 제작에 도움이 된다.

② 청소년 프로그램의 제작에 있어서 성, 연령 등과 같은 인구학적 특성이나 경제상황 등에 따라 청소년 프로그램의 성공 비율을 비교할 수 있다. 예를 들어, 건강, 소득, 경제, 성별, 교육 등에 따라서 어떤 유형의 청소년 프로그램이 어떤 클라이언트들에게 더 유효한가 하는 것에 대한 분석을 통하여 향후의 프로그램 제작에 반영할 수 있다.

③ 청소년 프로그램의 제작에 있어서 청소년 프로그램의 참여자들이 어떤 장소에서, 어떤 방식으로 청소년 프로그램에 참여하는 것이 보다 바람직한가 하는 정보도 필요하며, 프로그램 진행자의 어떤 경력이 도움이 되는지 파악할 필요가 있을 것이다.

④ 청소년 프로그램의 결과 자료를 제시할 시에는 청소년 이용자들에게 프로그램의

실시결과가 달리 나타나는 이유에 관한 분석이 필요하며, 이것은 같은 청소년 프로그램의 참여 청소년이라 할지라도 어떤 상황에 의해서인가? 혹시 안 좋은 결과가 산출되었다면 그 결과를 향상시키기 위해 기관이 어떤 점을 개선에 반영해야 한다거나, 계획하고 있는 것을 서술하여 기록하도록 한다.

이런 전략은 비록 일시적으로 성과적 측면의 결과에 부진한 영향을 보였다고 하더라도, 그것들을 인지하고 차기에 극복할 능력을 보유하고 있다는 점을 나타내 준다. 또한 책무성을 제시해야 하는 관련자들에게 신뢰감을 높이고, 그들의 기대성과에 부응하는 프로그램으로 거듭날 기회를 얻게 된다.

⑤ 청소년 프로그램의 성과에 대하여 다양한 관련자들에게 보고하기 위해서는 단시간에 파악이 가능하고 명료한 가시적인 효과를 높일 수 있는 표와 차트로 시각적인 제시를 하는 것이 좋다. 자료를 명확하고 이해할 수 있는 형태로 제시하는 것은 자원의 제공자에 대한 에티켓이 될 수 있다. 이러한 결과분석에 대한 효율적인 양식의 개발은 차기의 분석에 대한 노하우를 축적시키며, 단시간에 변화에 대한 기록을 효율적이고 효과적으로 기록하는 것에 도움을 준다. 또한 이러한 결과를 토대로 정보에 관하여 관련자와 참가자의 의견을 공유하고 나누는 시간이 필요하다. 이것은 시간에 따른 변화뿐 아니라 결과물에 관한 논의가 중요하다. 정보에 대한 정확한 분류는 이러한 작업을 보다 용이하게 하고, 이러한 과정은 향후 프로그램에 관한 더욱 참신한 아이디어의 도출에 중요한 기여를 할 가능성을 준다.

2절 | 청소년 프로그램의 결과보고

청소년 프로그램의 평가에서 결과를 분석하는 과정은 매우 중요한 과정이다. 자료를 분석하고 그것을 명확하게 피드백 한다면, 향후 더욱 유용하게 청소년 프로그램이 활용될 수 있으며 실시하는 프로그램의 중복을 막고 더 정교하고 개선된 프로그램으로 기획될 수 있다.

또한 청소년 프로그램의 분석결과에 대하여 자료의 입력과정에서 문서화 작업은 자료를 분석하기 위한 설문지나 질문지에 기록된 정보, 관찰자의 정보, 기록 요약표 및 기타 사례 관련 자료들을 새로운 저장 형태로 그에 대한 함의를 도출해내는 것을 가능하게 한다.

이러한 자료의 처리과정에서 명확한 자료의 입력방식은 그 과정 중에 발생할 수 있는 오류를 최소화하고 향후 올바른 대안과 방안을 도출하는 것에 대한 기본적인 토대를 제공하게 될 것이다.

정리

청소년 프로그램 결과의 보고는 전달하기 위한 내용을 압축하여 수치에 입각한 구체적인 보고와 함께 시각적 분석자료 등을 활용하면 보다 효과적인 보고가 될 수 있다.

3절 사회복지 프로그램의 평가와 종결

1 청소년 프로그램의 욕구조사에 관한 평가

1) 청소년 프로그램의 기본사항은 다음과 같이 평가할 수 있다.

① **청소년 욕구**: 청소년의 욕구 파악은 매우 중요하며 이것은 인간의 생존과 성장발전을 위해 요구되는 문제의식으로 충족되고 해결되어야 할 문제로 간주될 수 있다.

② **청소년 프로그램의 목적**: 특정한 청소년 프로그램이 달성하고자 하는 것이 프로그램의 참가자에게 필요한 것인지를 객관적으로 판단하기 위한 것으로 알아보고자 하는 문제의 정의와 실제적이고 바람직한 조건에 관한 묘사, 그리고 충족되지 못한 욕구의 발견과 욕구가 충족되지 못한 이유나 장애물을 진단하는 것이 점검되어야 하며 이를 위한 목적을 상위로 하여 목표가 설정되어야 한다.

이에 따라 어떤 유형의 정보들을 수집하며, 어떠한 서비스가 필요하며, 얼마나 제공해야 하는지에 관하여 살펴본다.

2) 청소년 프로그램 과정에 대한 평가

대표적으로는 청소년 프로그램의 중간에 실행되는 과정평가(형성평가)를 통하여 원래 의도대로 프로그램이 수행되고 목적이 달성되었는지 평가하고, 청소년 프로그램 개선을 위한 제안점을 발견하여 청소년 프로그램의 목적달성을 용이하게 하고 서비스 전달체계 및 효율성 증진을 도모하도록 한다.

3) 청소년 프로그램 결과에 관한 평가

청소년 프로그램이 본래의 목적을 성취하고 임무를 달성하였는지를 판별하기 위하여 목적의 달성 정도를 최종적으로 평가하여 청소년 프로그램 효과성(목적의 성취 여부)과 프로그램 효율성(얻은 결과와 투입된 노력 및 비용 혹은 자원과의 관계)에 대하여 최종적으로 평가한다.

4) 비용편익분석

청소년 프로그램으로 인해 발생하는 가시적 및 비가시적 편익과 청소년 프로그램을 수행하는 데 소용되는 직접 및 간접 비용을 알아보기 위한 시도로 비용편익분석을 시행한다. 여기에서 소요비용에 비하여 나타난 편익 비율을 통하여 평가자는 청소년 프로그램의 실시에 따른 사회투자의 결과를 측정하는 지표를 측정한다.

5) 청소년 프로그램 영향 분석

청소년 프로그램의 실시에는 다양한 변수의 개입 가능성이 존재하고 있다. 그러므로 청소년 프로그램 효과를 구분하기 어려운 특징이 있으며 프로그램 결과의 장기적인 효과 분석이 관심대상이 될 수 있다.

6) 청소년 프로그램 평가자

청소년 프로그램에 대한 평가자는 프로그램 평가의 연구조사에 관한 지식을 갖고 있고 해당 프로그램 대상자의 특성, 프로그램에 대한 해석의 이해도가 높으며 비용의 절감이 가능한 내부 평가자에 의한 진행방법이 있다. 그러나 이 방법은 평가와 관련된 객관성이 미확보될 수 있으며 내부 종사자와의 관계에 영향을 받을 수 있다.

그 밖에는 전문성, 객관성이 확보된 외부 평가자에 의한 진행방법이 있으나, 이 방법은 비용이 발생하며 경우에 따라 기관의 상세 상황과 프로그램이나 참여대상에 대한 이해도가 부족할 수 있다.

또한 기관평가로 프로그램이 지역사회 욕구에 반응하는 정도와 제공하는 서비스의 질, 그리고 클라이언트의 만족도 및 자원 이용의 효율성 등을 사정하는 기관 평가를 통하여 청소년 프로그램의 전략과 계획의 수립, 동기 부여 등의 사항을 체크하는 평가방식이 적용될 수 있다. 마지막으로 청소년 프로그램의 수혜대상자인 클라이언트인 청소년의 만족도 평가가 있다.

2 청소년 프로그램의 종결 및 평가

청소년 프로그램의 평가란 청소년복지 개입의 결과를 조사기법을 사용하여 청소년에 대한 개입 프로그램 등이 효과 및 효율적이었는지를 알아보는 것이다. 청소년복지실천 프로그램의 종결을 위하여 종결의 유형과 목적 및 과업을 아는 것이 중요하다.

이에 프로그램 평가의 기준과 원칙 및 평가의 종류(형성평가, 총괄평가, 효과성평가, 효율성평가, 메타평가, 노력성평가 등)에 대하여 전문적 지식을 기른다. 형성평가는 프로그램 개입의 도중에 평가할 수 있는 과정상의 운영을 살펴보고, 개입과정의 어떤 요인이 좋은 성과를 보여주었는지 살펴보는 것은 중요하며 운영 도중에 이루어지는 조사로써 계속되는 프로그램을 수정 및 보완하기 위하여 이루어지는 조사이다.

총괄평가는 개입의 결과를 분석하여 청소년 프로그램의 전반적인 효과성 및 효율성에 관한 분석을 통하여 청소년 프로그램의 피드백과 관련한 사항을 결정하는 데 활용한다. 이러한 프로그램에 대한 평가는 전문가적인 입장에서 평가하는 실무자 평가와 청소년복지사의 행동, 태도, 속성 등이 개입과정에 어떤 영향을 미쳤다고 생각하는지에 대한 피드백까지 포함하며 이에 대한 청소년, 즉 이용자에 대한 만족도 평가가 있다면 이를 통하여 평가가 가능하다. 이러한 평가는 결국 프로그램의 실시에 따른 종결과 관련되는 행위이다.

클라이언트의 변화를 위한 활동을 끝내는 시점에 프로그램이 목표한 바가 달성되어 원만하고 만족스럽게 종결할 수 있는 능력이 효과적인 청소년복지 실천의 핵심요소이다. 따라서 프로그램의 종결은 적절한 시간에 긍정적인 결과와 함께 이루어져야 하지만, 만족스러운 성과가 따르지 않는 경우에도 어떠한 이유에서 그러한 결과가 도출되었는지 점검하고 이에 대하여 프로그램 대상자인 클라이언트와의 합의에 의해 종결을 실시할 수 있다.

1) 프로그램의 종결유형

종결은 다음과 같은 다양한 상황에서 일어날 수 있으며 이에 대하여 사전에 어느 정도의 예측이 필요하다.

(1) 일정 기간 제공되는 계획된 종결

청소년 프로그램은 정해진 기간 동안에 제공되는 계획된 종결이 있으며 이는 미리 고지된 것이므로 클라이언트 입장에서 볼 때에는 갑작스러운 종결을 맞이하는 것보다 충격이 적으며, 그에 대한 마음의 대비를 할 수 있으므로 종결에 의한 감정을 해소할 충분한 시간을 가질 수 있게 된다.

따라서 초기부터 청소년복지사와 프로그램의 참가자는 개입의 시간을 미리 선정하고 시작하여, 프로그램 참가자가 청소년지도사나 프로그램에 정서적으로 애착하거나 의존하지 않도록 종결에 따른 상실감을 예측하고 감소하고자 하는 노력이 필요하다.

(2) 프로그램에 대한 시간제한이 없는 경우의 종결

청소년 프로그램에 대한 시간 제한이 없는 종결은 일반적으로 청소년지도사와의 만남을 통해 청소년 프로그램의 참가자가 얻는 것이 줄어들고, 청소년 프로그램 등의 세션에서 얻는 이득이 점차 의미성과 개선 및 중요성이 없어질 시점을 프로그램을 종결할 시기로 본다. 그러나 이에 대한 부분은 가급적이면 프로그램의 계획과 목적이 완전히 수행된 이후에 평가되는 것이 바람직하다.

(3) 청소년 프로그램 대상자의 일방적인 종결

청소년 프로그램 대상자가 갑자기 약속을 어기거나 더 이상 자신의 문제를 노출시키지 않으면서 다양한 핑계를 대는 경우 혹은 종결을 원하는 경우에 성립될 수 있다. 청소년지도사는 프로그램 참가자의 자기결정권을 존중하는 것이 바람직하다.

(4) 청소년지도사의 이동으로 인한 종결

청소년지도사의 이동으로 인한 종결의 경우에 청소년지도사는 클라이언트에 대한 감정표현을 허용하고, 다른 청소년지도사에 대한 좋은 이미지와 업무의 정확한 인계 등을 통하여 클라이언트의 무리 없는 수용을 돕는 것이 바람직하다.

2) 프로그램의 종결에 대한 클라이언트의 반응

청소년 프로그램의 종결에 대한 반응은 전형적으로 다음과 같이 네 가지로 나타난다.

① 청소년지도사에게 의존심이 증가하여 계속 상담해줄 것을 요청하는데, 프로그램의 대상자에게 독립적으로 문제를 해결하는 것이 목표였음을 강조하고 보다 독립적인 자세를 상기시킨다.

② **과거의 문제가 재발했다고 의뢰하는 경우**: 과거의 문제가 재발했음을 보고하는 경우에는 프로그램의 참가자가 세션을 통해 획득한 자원과 장점을 강조하여 자기효율성을 높여주도록 한다.

③ **새로운 문제를 호소하는 경우**: 새로운 문제를 가지고 오는 경우에 청소년지도사는

그 문제를 다루기 전에 먼저 종결에 따른 감정을 탐색하는 것이 필요하다. 종결을 지연하기 위한 것이라면 초기에 해결하고자 한 문제에 대한 해결 정도를 통하여 일차적 종결을 권유할 수 있다.

④ **청소년복지사를 대치할 다른 대상을 찾는 경우**: 청소년지도사를 대치할 대상을 찾는 경우에는 클라이언트의 의존심을 지속시키고자 하는 욕구 때문일 수 있으므로, 자신이 담당해야 하는 역할을 인식하도록 돕거나 그 이유에 대한 탐색이 필요하다.

3) 프로그램의 참여로 인한 변화결과 굳히기

청소년 프로그램의 개입과정에서 청소년지도사는 청소년 프로그램이 진행되는 동안 달성한 결과를 인지시키고 그것을 프로그램 대상자의 일상생활에 일반화시켜서 지속성을 가질 수 있도록 지지한다.

4) 프로그램의 사후관리

청소년 프로그램을 종결한 후 일정 기한이 지난 시점에서는 청소년 프로그램의 참가자인 클라이언트의 변화가 유지되고 있는지 경우에 따라 사후세션을 갖는 것이 필요하다. 청소년지도사는 항상 프로그램의 참가 목적과 목표를 명확하게 설정하여 개입해야 한다. 개입의 목표를 설정하지 않고서는 이후의 프로그램의 개입이 성공적이었는지 평가할 수 없다. 청소년 프로그램의 성공 여부를 분석하는 척도는 다음과 같은 것이 있다.

(1) 과제달성척도

프로그램의 참가자와 청소년지도사가 개입의 과제를 완수한 정도를 분석하는 척도로는 개입의 기초선의 설정이나 단일사례설계의 적용이 어려운 경우에 유용하다.

(2) 목적달성척도

목적달성척도는 프로그램의 참가자가 개별화된 목적을 충분히 달성한 정도를 측정하기 위해 사용된다. 이 척도는 정신건강, 알코올 및 약물남용 프로그램, 보호관찰과 비행 등 기타의 많은 현장에서 사용되어 왔다.

(3) 서비스 결과에 대한 체크리스트

서비스 제공의 결과 체크리스트는 한 기관에서 접수에서 종결까지 프로그램의 참여자가 수행한 개선의 자료를 수집하는 데 활용하기 위한 기록과 점검의 도구로 활용될 수 있다.

(4) 개별화된 척도

개별화된 개발 척도는 개별적인 청소년 프로그램의 참여자와 상황에 대하여 독특한 측정척도를 만들어 청소년지도사와 클라이언트의 특정한 문제 등을 측정하기 위해 고안한 척도라고 할 수 있다.

(5) 동료검토방식

동료검토는 청소년지도사의 활동을 일련의 원칙과 기준에 따라서 그 실천의 질을 동료가 평가하는 방식이다. 프로그램의 구성요인, 프로그램의 참가자, 정책 및 절차 등에 관하여 이해하고 있는 동료 청소년지도사가 프로그램의 수행을 정기적으로 평가하는 품질관리의 한 형태이다.

(6) 청소년지도사 수행평가

청소년 수행평가는 청소년지도사와 기관 모두에게 생산적인 것이 되도록 수행평가의 목적과 절차를 먼저 이해시키는 것이 중요하다. 이를 통하여 기관의 직원들이 일정기간 동안 그들의 일을 얼마나 잘 수행하고 있는지 체계적으로 사정하는 것과 연관된다.

4절 | 청소년 프로그램의 평가 후의 과제

1 청소년 프로그램의 개선

청소년 프로그램의 결과를 분석한 이후 프로그램의 실시에 의미 있고 가치 있는 정보가 산출되었다면, 청소년 프로그램의 체계를 전체 범위에서 반영할 시기이다. 이를 통하여 더 많은 경험이 축적된 이후에, 청소년 프로그램 결과의 반영은 계속하여 청소년 프로그램을 통하여 반영될 것이며 또한 계속적인 모니터링을 통하여 청소년 프로그램의 성과가 향상될 것이다. 청소년 프로그램의 실시 및 평가체계의 기획 및 실행이 이루어졌다면, 청소년 프로그램을 개선시키기 위해 결과와 분석을 최대한 활용할 시기가 온 것이다. 청소년 프로그램에 대한 결과측정의 실행에서 그 결과에 대한 정보를 프로그램 설계와 관리에 적용하는 것은 매우 의미 있고 유용한 작업이 된다.

1) 피드백과 모니터링의 반영

청소년 프로그램의 시범운영 동안 다양한 측면들이 모니터링 되고, 다양한 평가측정으로부터 피드백을 얻었으며, 수집된 자료가 분석으로 전환되고 다양한 관련 당사자들에 대한 보고를 준비하는 과정이 필요하다. 이러한 평가를 통하여 무엇이 잘 되고 그 체계가 어떻게 반영될 수 있는지 살펴보아야 한다. 시작은 결과에 대한 분석을 통해서이다. 이에 따라 다음과 같은 사항들이 점검되어야 한다.

첫째, 프로그램의 자료수집도구 점검으로 도구에 대한 사전검사를 하더라도, 운영과정에서 많은 개선점들이 나타날 수 있으므로 이에 관하여 점검하여야 한다.

둘째, 프로그램에 대한 자료수집자 훈련의 점검으로 자료의 수집자들이 전문성을 갖추고 있는지 그에 따른 개선점들이 바람직한지를 점검한다.

셋째, 프로그램의 자료수집절차로 절차과정의 적절성과 프로그램의 질을 점검하기 위해 획득한 자료를 검토하여 그것이 의도한 것이었는지와 자료수집자들이나 관계자, 서비스수혜자들이 요청하고 실시한 서비스에 관한 정보 제공과의 매칭이 적절한 것이었는지 등에 관하여 점검한다. 만일 설문지를 사용하였다면 문항의 적정성, 인터뷰라면 질문의 적정성 등도 포함되며, 샘플링 단위 등도 점검되는 것이 바람직하다.

넷째, 자료입력절차로는 과정이 원활하게 진행되었는지 하는 부분과 자료의 입력담당자들의 훈련 여부가 점검되어야 한다.

다섯째, 자료수집 및 분석시간과 비용으로 가장 많이 드는 비용은 인력비용이며 기타 비용은 사무용품 관련비용, 컴퓨터 사용비, 분석비, 자문시간 등을 포함할 수 있다.

여섯째, 절차 모니터링으로 모니터링에 관한 절차가 제공한 정보를 검토한 후에 절차 자체의 적정성을 검토한다. 모니터링을 통하여 무엇을 점검하고 싶은 것인지, 새로운 형식을 도입할 것인지, 현재 절차에서 문제가 없는지 등에 관한 세부사항들이 추가되는 것이 필요한지 점검한다.

이러한 검토에 기반하여 좀 더 효과적이고 용이하게 일련의 과정에 어떤 수정을 가할 수 있다.

2) 프로그램의 체계에 대한 정기적 점검과 검토

(1) 프로그램 참여자의 특성 간 결과성 측정

프로그램의 관리자가 효과 있는 클라이언트 집단에 대하여 그 이유를 분석하고 서비스를 배치하는 것이 좋으며, 그렇지 않은 클라이언트에 대해서는 보다 더 효과적인 전략을 모색하는 것이 바람직하다.

(2) 프로그램 단위 간의 결과 비교

청소년 프로그램 단위별로 결과를 산출함으로써 프로그램의 어떤 부분들이 더 나은 결과들을 성취했는지 살펴보고 그에 대한 부분을 반영한다. 프로그램의 과학적이고 계량화된 결과가 도출되었다면 보다 정밀한 반영이 될 것이다.

(3) 다양한 서비스 전달전략의 필요성과 결과 비교

청소년 프로그램 입안자들은 청소년 서비스의 유형과 제공 면에서 다양한 서비스 전달 접근법들과 전달체계에 대한 상대적인 성과를 비교할 수 있다. 이것은 기존의 청소년 서비스와 도입될 새로운 접근법 모두를 적절히 사정하는 것에 도움이 될 수 있다.

(4) 청소년 프로그램 이전 시행의 결과와 비교

청소년 프로그램의 이전 시행과의 결과를 비교함으로써, 청소년 프로그램 검토와 개선을 하는 데 도움이 될 수 있다. 특히 청소년 프로그램 시행결과에 영향을 미치는 외부 영향들과 지역 환경 및 경제의 변화, 의식의 변화 등을 통해 해결하려는 문제들에 대한 어젠다 형성과 합의를 불러일으키는 이슈들, 청소년 프로그램의 수행을 지원하는 재원 수준의 변화들 등을 인식하고 이를 반영하는 능력이 중요하다.

3) 청소년 프로그램의 향후 기획의 반영

(1) 예산 조율과 자원의 정당성 제공

청소년 프로그램의 시행에서 피드백된 자료는 자연스럽게 차기의 자금 및 기타 자원에 관하여 결정하는 것으로 연결되는 것이다. 어떤 결과를 더 반영하여 차기 목적한 결과를 달성하기 위해 어떤 자원을 투여해야 하는 것에 관한 기획이 정당화되게 된다. 어떤 그룹에게 성공적이었던 프로그램을 확대시키는 것과 지지하는 결과 자료들의 적용은 전문가의 몫이기도 하며, 확대된 서비스에 참여할 클라이언트들에게 배분하는 자원의 정당성이 확보되는 것이기도 하다.

(2) 재능 있는 인적자원의 투입

청소년에게 바람직한 결과를 기대하여 청소년에 대한 서비스를 향상시키기 위해서는 정보를 활용할 줄 아는 전문적 인적자원이 필요하다. 이런 노력이 프로그램의 참여자들을 위한 더 좋은 청소년 프로그램의 진행과 그에 따른 혜택을 만들고, 청소년복지서비스에서 책임성을 증대시키는 기반이 된다.

청소년 프로그램의 전문가가 정확한 비전으로 미래의 효과성에 관한 그림을 그릴 때,

청소년 프로그램의 목적과 가치관이 구현된다. 이것은 청소년의 환경 개선과도 연결이 되어야 하는 문제이지만 개선된 좋은 역량들을 제공하여 전문적 기술을 제공하여 전문가에게 제공하고 더불어 청소년 프로그램이 프로그램의 참가자에게 어떤 도움이 될 것인가에 대한 지식적인 기반과 경험적인 기반이 축적되어야 할 것이다.

(3) 청소년 프로그램의 홍보

다른 청소년 프로그램의 참가자들이 청소년 프로그램에서 얻은 변화들을 청소년 프로그램을 통하여 확인하였다면, 그러한 욕구를 가진 청소년 집단에 대하여 특정 서비스를 제공할 수 있는 정보는 프로그램의 이용자에게 매우 도움이 되는 정보가 될 것이다.

청소년 프로그램의 참여자들은 그들이 어떤 프로그램을 활용할 수 있을 것인지, 그에 대한 정보 및 의뢰서비스에 대한 청소년 프로그램들이나 기타 서비스를 제시할 때, 프로그램 참여자의 기대가 어느 정도 충족될지를 예측할 수 있다.

그리고 청소년 프로그램에 소개된 내용들이 프로그램의 참여자가 욕구로 제시한 것에 대한 의도한 결과를 낳을 수 있는지 혹은 서비스를 통하여 개선될 수 있다는 재확신도 홍보를 통하여 제공할 수 있다.

(4) 협력자들의 인식

청소년 프로그램에 대한 분석결과에 대한 결과를 다른 기관과 공유한다면, 이것은 청소년 프로그램의 중복을 피하거나 더욱 개선되는 효과를 얻거나 혹은 협력을 촉진할 것이다.

한편 서비스를 혜택이 적은 접근성이 낮은 지역으로 확대하거나, 기존의 청소년을 대상으로 하는 청소년 서비스 범위를 개선하여 확대하는 촉진적 활동으로 이어질 수 있다.

청소년 프로그램의 각 기관은 상호 서비스의 질을 모니터링하고, 향상시키기 위해서, 훈련에 대한 노하우를 공유하거나, 기법상의 조언, 특수 자원들 등을 공유하는 것에 도움이 될 수 있다. 이러한 협력적인 가치는 비영리기관이나 청소년복지에 점점 더 중요해지고 있으며, 국가기간과 민간기관 간의 협력적인 관계에도 활용될 수 있을 것이다.

(5) 청소년 프로그램의 사회적 이미지 향상

청소년 프로그램은 청소년 및 집단에게 실제로 효과가 있음을 결과의 분석을 통해 보여줌으로써, 프로그램의 참여자가 가지는 청소년 프로그램의 효과성에 대한 확신을 가질 수 있게 한다. 따라서 청소년 프로그램은 객관적인 비교의 자료를 통해 결과물의 맥락을 제시하는 것이 바람직하다. 그렇지 않다면 개인적인 판단과 취향에 따라 주관적인 평가가 될 수 있다.

(6) 기금의 확보 및 증액

청소년 프로그램의 실시에 대한 기금 확보의 문제는 중요하며 이는 기관 및 정부뿐만 아니라 법인기금의 제공자에게도 해당된다. 이것은 제3의 기금 제공자들도 결과와 분석을 제공하여 청소년 프로그램에 대해 깊은 신뢰를 갖게 된다.

청소년 프로그램 지원금을 요청하고 개선사항을 보고할 때, 객관적 결과물, 측정물,

연구성과물 등을 이에 포함시킨다면, 청소년들을 위한 기금 제공자들에 대한 책무성과 책임성에 대한 신뢰가 높아지며 이에 대한 관심도 이끌어 낼 수 있다. 이때 비교수치를 제시하는 것이 바람직하고, 실질적인 정보를 포함시키는 것이 중요하다.

5절 | 대상 청소년집단의 욕구 및 서비스 이용상태를 평가하는 방법의 요약

대상 청소년집단의 욕구 및 서비스 이용상태를 평가하는 방법으로는 구성원에게 필요한 적절한 서비스가 제공되었는지 살펴보는 것이 필요하다. 보통 지역사회에서 초점을 두고 있는 청소년집단으로부터 시작되며 그 효과성에 따라 범위가 확대될 수 있다.

청소년 프로그램 계획에 따른 실제 서비스 실천에 대한 평가를 위해 프로그램의 욕구사정과 함께 청소년 프로그램 및 재원의 사용에 대한 투명성, 서비스 수혜자의 형평성, 청소년 프로그램 수행, 지역사회 역동의 민주성, 각종 연구단체들의 공정성 모두 포함될 수 있다. 일반적으로 실시되는 청소년 프로그램의 평가방법을 최종 개략적으로 요약하여 제시하면 다음과 같다.

1 청소년 프로그램의 형성평가

청소년 프로그램의 형성평가는 과정평가와 같이 프로그램의 종결 시 이루어지는 총괄평가와 달리 프로그램의 중간에 점검되는 평가이다. 주로 이루어지는 점검은 다음과 같다.

- 청소년 프로그램 활동이 계획대로 시간과 장소와 대상에게 이루어졌는가?
- 청소년 프로그램이 계획된 자원이 계획된 시간에 계획된 양과 질로 투입되었는가?
- 청소년 프로그램이 의도했던 집단을 대상으로 실시되어 의도한 효과를 얻고 있는가?
- 청소년 프로그램이 관련 해당 법규나 규정을 잘 준수하고 있는가?
- 청소년 프로그램이 사업효과의 경로에 대한 점검은 어떠한가? 그리고 사업효과가 발생하지 않을 때 문제되는 경로는 어떠한가?
- 청소년 프로그램이 전반적인 운영계획의 실현 정도가 어느 정도인가?

2 청소년 프로그램의 총괄평가

청소년 프로그램의 효과가 과연 그 프로그램이 애초에 목적한 효과이며, 결론적으로 의도했던 결과를 얻었는가? 이에 대한 다음과 같은 사항이 점검될 수 있다. 즉, 그것은 프로그램의 투입, 전환, 산출, 결과에 대한 평가로 애초에 목표로 했던 사업효과의 양적 및 질적 평가로 사후적 평가이다.

평가내용은 다음과 같은 것들이 점검되어야 한다. 즉, 산출을 통하여 프로그램의 대상자인 클라이언트가 실제로 제공받는 이용 가능한 서비스의 양을 측정하여 프로그램의 설계에 명시된 클라이언트의 개선사항 또는 서비스의 제공을 평가한다.

청소년 프로그램의 평가는 목적달성뿐 아니라 지속적 효과에 대하여도 사후 서비스 제공이나 효과성이 검증되어야 할 것이다. 그러므로 총괄평가는 다음 청소년 프로그램의 제작 시에 환류(feed back)되어야 하며 그렇지 않고 일시적 효과에 그친다면 재원의 낭비가 될 수 있다.

따라서 청소년 프로그램을 통한 변화의 결과로는 설문조사, 표준화된 척도나 지표, 클라이언트의 만족도 등을 통해 측정이 될 수 있다. 기타로는 다음과 같은 사항이 점검될 수 있다. 청소년 프로그램의 준비와 실행으로 프로그램 주관기관 또는 진행의 준비에 따른 실행성의 최종 달성 정도는 어떠한가, 또한 청소년 프로그램에 대한 실행과정의 결과적 측면은 어떠했으며 목적의 달성 정도는 어떠했는가 등이다.

이에 대한 모니터링과 피드백은 적절한가, 어떠한 점이 다음 프로그램에서 개선될 수 있는가 하는 점이 총괄적으로 평가될 수 있을 것이다.

정리

청소년 프로그램에 있어서 형성평가와 총괄평가의 중요한 차이는 다음과 같다. 즉, 형성평가는 프로그램 도중에 이에 대한 피드백을 반영하기 위해 하는 평가의 개념이며, 총괄평가는 모든 프로그램을 종결한 이후에 하는 평가라는 것이 포인트이다.

6절 청소년 상담 프로그램의 개발의 점검

청소년 상담 프로그램의 활용을 위하여 다음과 같은 것들이 점검될 수 있다. 먼저 청소년 프로그램의 실행 초기단계에 반드시 해야 할 것으로는 프로그램 참가자의 인테이크에 관련한 것으로, 청소년 프로그램의 참가자가 기관이나 프로그램에서 수용되었을 경우 달성되어야 하는 주요 해결문제로서의 표적문제를 설정한다.

이후 우선적으로 개선할 청소년 표적문제에서 우선순위를 선정하고 그에 대한 개입방법에 대한 동의와 계약을 체결한다. 그리고 표적문제 해결을 위한 과업을 일반적인 과업, 구체적인 과업을 통하여 점검하고 이에 대한 개입에 들어간다. 필요시 계약연장 및 타기관에 의뢰할 수 있다. 이러한 일련의 과정은 상담 프로그램의 일환이라고 볼 수 있는데, 일반적 상담과 다른 것은 일련의 기획을 가지고 정해진 경로에 의하여 다양한 활동이 조직화되어 개입되고 진행된다면 일반 상담과 차이를 가질 수 있는 부분으로 상담에 활용되는 프로그램의 일환으로 적용될 수 있다.

만일 과제 중심모델을 청소년 상담 프로그램에 적용한다면 표적문제를 완화하기 위한 프로그램이 기획될 수 있다. 청소년에게 개선하고자 하는 표적문제는 청소년 참가자가 제시하는 문제 또는 해결하고자 하는 문제이며 이것은 개입의 목표가 되는 문제인데, 주의할 점은 해결하고자 하는 표적문제의 선정 시 프로그램 참가자의 의견이 최대한 반영되어 1~3개의 압축된 문제에 대하여 일련의 청소년 상담 프로그램을 기획할 수 있다. 청소년 상담 프로그램에 관한 과제는 목표를 달성하기 위해 상담 프로그램의 참가자와 청소년 복지사가 해야 하는 활동으로, 프로그램의 참여자와 청소년지도사가 계획하고 동의한 후 수행할 수 있으나 해결해야 할 표적문제를 유형화하고 그에 관한 프로그램을 기획해서 제공하는 것이 중요하다.

이때 적용될 수 있는 과제의 유형은 첫째, 일반적 과제로 청소년에게 개입할 목표달성과 관련된 상위 과제를 선정하나 이것은 행동의 방향을 제시하지만 무엇을 해야 하는지 조작적 과제를 통해서 상위 과제에 도달하기 위한 구체적인 하위 과제를 선정하여 프로그램의 참가자인 클라이언트가 수행해야 하는 구체적인 행동을 정한다.

경우에 따라 이를 위한 시연과 드라마 혹은 영화상영, 편지쓰기, 각종 도움이 되는 훈련, 게임 등을 프로그램화하여 도입할 수 있으며, 이러한 것들은 다음과 같은 과제를 통해 내면화할 수 있다. 예를 들면 과제의 성격에 따른 유형은 다음과 같다.

① **청소년 상담 프로그램의 유일과제**: 청소년 상담 프로그램의 한 번의 수행을 목적으로 계획된 과제이다.

② **청소년 상담 프로그램의 반복과제**: 상담활동에 있어서 반복적인 행동을 통해 내면화하기 위해 계획된 과제이다.

③ **청소년 상담 프로그램의 단일과제**: 상담활동에 있어서 필요한 하나의 행동으로 구조화될 수 있도록 계획된 과제이다.

④ **청소년 상담 프로그램의 복합과제**: 상담활동에 있어서 밀접하게 관련된 둘 또는 그 이상의 구분된 활동들로 계획된 과제이다.

⑤ **청소년 상담 프로그램의 개별과제**: 상담활동에 있어서 혼자서 수행하는 과제이다.

⑥ **청소년 상담 프로그램의 상호과제**: 상담활동에 있어서 두 사람 이상이 교환으로 상호 작용하는 분리되어 있으나 연관성을 가지는 과제이다.

⑦ **공유과제**: 상담활동에 있어서 둘 이상의 사람이 유사하거나 동일한 과제를 하는 것을 의미한다.

이러한 과제의 제공 시 청소년지도사가 고려해야 할 내용은 다음과 같다.

① **클라이언트의 동기에 대한 점검**: 프로그램의 참가자가 의욕이 있는지, 수행할 능력이나 에너지가 있는지, 해결할 수 있다는 희망을 주기 위한 동기의 부여가 필요하며 이 동기부여의 과정은 매우 중요한 과정이다.

② **상담과정의 과제 실행 가능성**: 청소년 프로그램을 통한 목적의 달성이 현실적으로 가능한지에 관한 점검이 사전적으로 꼭 필요하다.

③ **상담과정 과제의 바람직성**: 청소년 프로그램의 실행이 꼭 필요한 것인지 효과성 달성을 통하여 어떤 활동이 이루어져야 하는지에 관한 고려가 필요하며, 이에 대하여 다양한 대안을 비교해서 적용한다. 다음은 개략적으로 청소년복지 상담 프로그램에서 적용될 수 있는 현실치료기법과 위기개입모델을 간략히 소개하도록 하겠다.

다음과 같은 것을 청소년지도사는 각종 청소년 상담 프로그램에서 활용할 수 있다.

1) 현실치료

현실치료는 청소년을 대상으로 하는 상담에서 가장 많이 사용되는 것이다. 청소년 프로그램의 참가에 있어서 프로그램의 참가자들에게 필요한 것이 지적인 통찰보다는 현실적으로 적응하려는 용기와 책임성의 문제라는 주장이 있으며 이에 따라 현실치료는 과거를 중시하는 전통적인 상담과 달리 내담자의 행동과 "지금 그리고 책임"을 강조하는 것이다.

이에 청소년에 대한 심리적 · 정서적 문제로 현실적인 문제보다 상상적 불합리한 신념 등으로 시달리는 사람들에게 유용하게 적용되기도 한다. 이러한 현실치료 요법은 청소년들이 여러 가지 삶의 현장에 활용할 수 있는 실용적이며 구체적인 이론과 방법을 가르쳐 주어 미래에 성숙한 인간으로서 삶을 영위할 수 있도록 돕고자 하는 것이다. 궁극적으로 사람은 자기 결정적이며 자신의 삶에 대한 책임과 능력이 있다고 가정하므로, 분석심리와 달리 비결정론적이고 가지고 있는 강점에 대하여 긍정적이다.

글래서가 현실치료에서 보고자 하는 인간은 자신과 주위 사람들이 자신을 사랑하고 가치 있게 여기면서 성공적인 정체감이 발달한다고 보나, 그렇지 않을 경우 패배적인 정체감이 발달한다고 보았다. 따라서 개인의 미래에 대한 소망 혹은 바람이나 질적인 세계와 혹은 지각한 세계가 불일치하는 경우에는 갈등이 생기고 문제행동을 선택하게 되는 것으로 보는 시각이다.

그러므로 현실치료에서는 내담자가 자신이 선택한 행동과 그 결과에 대해 책임을 지도록 하는 데 있어서 자신에게 성장의 힘을 가지고 있다는 점을 부각하게 되며 이것은 로저스의 전인적 인간관과 역량강화에 있어 강점관점이 인간의 내면의 잠재된 힘을 인정한다는 점에서 공통점이 있다.

따라서 이러한 점을 부각시키고 인지할 수 있도록 하는 현실치료를 기반한 청소년 상담 프로그램이 개발된다면, 그것은 많은 청소년들이 일반적으로 겪는 여러 가지 어려움에 예방적으로 대처할 뿐 아니라 청소년으로 하여금 현실세계를 지탱하는 것에 도움이 될 수 있을 것이다. 현실치료에서 제안하고 있는 인간관은 다음과 같다.

① 인간은 자신이 스스로 건강을 증진시키고 자신을 성장시킬 수 있는 잠재된 힘을 가지고 있다. 따라서 이러한 힘의 원천으로 말미암아 인간의 변화된 행동도 가능하다고 보는 시각이다.
② 인간은 스스로 자기 결정이 가능한 존재이다.
③ 인간은 이미 선천적으로 자신이나 환경을 통제할 수 있는 존재이다.
④ 인간은 성공적인 정체감을 반전시킬 수 있는 존재로 긍정성을 갖는다.
⑤ 인간은 기본적인 욕구를 충족시키고자 하는 의지가 있는 존재이다.

2) 위기개입모델의 적용

청소년복지 프로그램은 기본적으로 프로그램 참가자의 위기에 개입하고 해결하는 것을 목적으로 한다. 따라서 청소년이 처한 위기로 인한 일시적인 삶의 불균형 상태를 회복하기 위하여 일정한 원조의 수단을 개인, 가족, 집단이나 조직 그리고 지역사회 등에 적용하는 과정이 바로 위기이론에 따른 핵심이며 청소년복지실천이다.

즉, 청소년복지실천의 프로그램 대상자들은 위협적인 인생 사건들에 노출되어 있거나 현재 위기를 겪고 있는 청소년들이다. 청소년지도사들에게 있어 위기개입서비스의 일환으로 기획된 청소년 프로그램의 제공은 이에 대한 개입의 효과를 높여주게 된다.

그리고 이러한 효과성으로 위기개입의 활용영역이 넓혀지고 있는 추세이다. 위기개입모델의 기본가정은 위기를 구성하는 다섯 가지 요소가 있으며, 이것은 위험사건, 취약상태, 촉발요인, 실제위기상태, 재통합에 의해 순환되고 있다. 이러한 위기개입모델의 이론은 다음의 가정들을 기초로 하고 있다.

3) 위기의 개념

위기의 개념은 다음과 같은 것이 있다.

(1) 상황적 위기

청소년들의 위기상태를 촉발하는 사건을 중심으로 분류해보면 위기는 상황상 발생하며 심각한 질병, 외상, 사별, 자연재해, 폭력범죄 등과 같이 갑작스럽게 발생하는 외부사건에 기인하여 위기 등이 발생한다.

(2) 발달적 위기

청소년의 위기는 발달단계에서의 인간의 성숙과정에서 발생하는 생활사건과 발달의 단계마다 요구되는 발달과업에 의하여 새롭게 대처해야 하는 자원의 필요성에 의한 성숙위기 등이 있다. 이러한 성숙의 발달적 위기는 다음 단계의 발전에 영향을 준다.

(3) 실존적 위기

브래너는 실존적 위기를 위기의 사건에 추가하여 인간은 사고하는 동물이므로 목적, 책임, 독립성, 자유, 헌신 등 인간에게 있어서 중요한 이슈를 동반하는 내적 갈등이나 불안과 관련된 위기를 성장과정에서 경험한다고 보았다.

4) 위기상태

위기상태는 일반적으로 청소년들의 정서적인 상태에 초점을 두어 혼돈, 걱정, 절망, 분노와 같은 감정을 동반하는 격심한 정서적인 혼란의 상태를 뜻한다. 이는 위기에 처한 개인이 심리적 취약성의 약화, 방어기제에 따른 위축, 문제해결 및 대처능력의 심각한 와해를 경험하게 될 때 발생하게 된다는 것을 뜻한다.

이러한 위기상태는 6~8주 정도 지속된다고 보며, 이에 대한 신속한 대처가 중요하므로 청소년의 정서적인 상태는 인간의 위기극복에 있어서 중요한 부분이다. 그렇다면 이러한 위기에 대하여 어떠한 점검이 필요한지 살펴보자.

(1) 청소년의 위험 사건

청소년에게 발생한 위기는 청소년 개인 및 사회적인 위험으로 간주할 수 있으며 따라서 청소년을 둘러싼 개인, 조직, 가족, 집단, 지역사회에서 언제라도 발생할 수 있다.

이러한 위기는 대체로 위험 사건에 의해 시작되는데, 위험 사건은 외부적인 스트레스에서 발행할 수도 있으며 혹은 심리적인 내부적인 압력에 의할 수도 있는데 이것은 하나의 재난인 사건일 수도 있으며 연속적으로 축적되어온 사건일 수도 있다. 예를 들어, 이것은 부모님의 실직이나, 가족의 병고 등이 있을 수 있다.

(2) 청소년의 취약상태

만일 청소년이 위험 사건에 대하여 항상적 균형을 잃는다면 바로 취약상태에 노출되게 된다. 이러한 취약상태는 이전의 평형상태를 회복하기 위하여 평소 사용하던 문제해결 기제를 시도하게 되며(개인마다 사건을 인지하는 정도에 따라 나름대로의 방법으로 대처하는데, 예를 들면 무계획적인 쇼핑, 취미생활, 수면, 폭식, 음주 등이 있을 수 있다).

그러나 이에 성공하지 못하면 위기상황에 대처하기 위한 새로운 방법을 모색해야 하며 이에 쉽게 접근하여 대처할 수 있도록 하는 청소년복지에 관련한 기관들이 폭넓게 오픈되어 있어야 할 것이다.

(3) 위기의 촉발요인

위기의 촉발요인은 인간에게 있어서 긴장과 불안이 최고 상태일 때의 취약상태를 불균형 상태로 만드는 요인으로 작용하게 된다. 어떤 위기상황에서는 위험 사건이 압도적이어서 위기상황이 촉발요인이 되지만, 어떤 경우에 촉발요인은 위험 사건과 직접 관련이 없을 수도 있으며 청소년 개인의 지각에 따라 발생하기도 하고 이것은 개인차가 많이 있다. 이는 청소년마다 지각하고 대처하는 정도가 다르기 때문이다.

(4) 위기에 대한 청소년의 인식 차이

위기상황이 진행되면 청소년 개인이 가지고 있는 인식에 따라 위협, 상실, 도전으로 달리 인식되기도 한다. 따라서 정서적 반응의 차이가 개인적으로 달리 나타나는데 위기상황을 주관적으로 어떻게 인식하고 해석하는지에 따라 정서적 반응이 달라진다.

즉, '위협'으로 인식하는 경우의 청소년들은 높은 수준의 불안을 경험하고, '상실'로 인식하는 사람들은 우울, 결핍감의 반응을 보이며, 반면 '도전'으로 인식하는 사람들은 어느 정도의 불안을 경험하더라도 여기에서 희망과 기대를 찾는다.

(5) 갈등의 재현

위기상황은 청소년이 경험한 과거에 해결되지 않았거나 부분적으로 해결된 갈등을 현재 상황에서 재활성함으로써 현재의 대처능력을 나타내게 된다. 만일 과거에 성공적으로 대처했다면 이러한 위기는 오히려 하나의 도전의식이 될 것이다.

(6) 예측이 가능한 반응

청소년기에 발생하는 위기는 다양한 상황을 포함하고 있지만, 특정 위기상황을 예측할 수 있는 단계를 거치며 각 단계에서 예측할 수 있는 정서적 반응과 행동이 나타난다. 이것은 위기가 가지는 위험성의 정도에 따라 다르나 개인적인 심리적 성향에 따라서도 다를 수 있다.

그러므로 특정 단계에서 어떤 부분에 초점을 맞추어야 하는지에 대한 단서를 제공하고 있다. 예를 들면, 개인의 특징에 따라 집착하는 부분과 간과하는 부분, 외면하는 부분이 다르기 마련이나 심리적인 위축이나 갈등의 상황에 대한 개입이 필요하다.

(7) 위기의 시간 제한성

위기는 오랜 기간 동안 지속되는 것이 아니라, 시간 제한적인 성격을 가지고 있다. 따라서 위기개입은 실제 위기기간을 넘지 않는 4~6주 이내에 이루어지나 경우에 따라 3~6개월에 이르기도 한다. 이 시기에 청소년에게 위기에 대한 트라우마가 발생하지 않도록 노력하는 것이 필요하다.

(8) 위기개입의 효율성

위기상황에 있는 청소년들은 현재 자신의 대처기제가 적절하지 못하다는 것을 경험하며 외부의 영향과 원조에 쉽게 반응하기도 한다. 따라서 청소년지도사는 위기를 겪는 프로그램 대상자에게 도움이 될 수 있는 상담 등을 제공할 필요가 있다. 즉, 절실할 때 적시의 도움이 커다란 효과가 있다는 것이다. 이에 대한 개인적인 경험들에 비추어 생각해 본다면 쉽게 이해할 수 있다.

(9) 재통합

재통합의 단계에서는 현재 청소년에게 일어난 문제에 대해 인지적으로 이해하게 되고, 위기 관련 감정을 방출하고 변화를 수용하며, 새로운 대처행동 유형을 개발하여야 하는 과제를 가지게 된다. 그러나 이러한 상황은 청소년 개인적인 성숙도에 따라 다르다. 또한 청소년이 위기상황을 극복함으로써 숙련감, 자기존중감, 자기효능감의 증진을 경험하게 될 수 있기도 하다. 따라서 이 단계에서 청소년들이 학습하고 훈련한 적응기제는 장래 다른 상황을 효과적으로 대처하는 데에 적용될 수 있을 것이다.

5) 청소년에 대한 개입과정의 개략적 정리

초기단계 *공식화 (첫 회기 면접)	중간단계 *수행 (1~6번째 정도 면접)	종결단계 *종결 (최종 8회기 면접까지 포함)
A: 위기상태에 초점 두기 • '지금 여기'에 집중한다. • 정서가 감소됨에 따라 클라이언트의 정서적 반응을 표현케 하고, 위험한 사건 탐색하기가 필요하다. • 취약상태의 유형과 그 영향 발견하는 활동 • 위기상태로 인해 일어나는 장애를 사정한다.	A: 자료수집의 단계 • 빠진 자료 얻기 • 불일치 자료 확인하기 • 주요 주제(상실, 불안, 도전)에 대하여 선택하기	A: 종결 결정의 단계 • 의뢰된 이후의 기간 확인하고 클라이언트에게 고지시킨다. • 접촉의 여지를 남겨놓고 마친다. • 종결에 대한 저항을 다루는 것이 필요하다.
B: 평가의 단계 • 상황에 대한 설명을 하고, 우선적인 문제들을 정하여 진술한다. • 클라이언트의 우선순위 확인한다. • 주요 문제를 정한다.	B: 행동변화의 단계 • 문제영역에서 클라이언트의 대처기제 확인한다. • 현실적인 단기간의 목표를 정한다. • 전반적인 과업을 정한다. • 실제적인 과업들을 공동으로 성취한다. • '사고하는' 과업들을 공동으로 성취한다.	B: 진행상황 검토단계 • 진행과정 요약한다. • 주요 주제 검토한다. • 실행했던 과업들, 성취도나 목표, 변화, 미완성된 작업들 다시 생각해본다.
C: 계약의 단계 • 클라이언트와 사회복지사를 위해 목표, 과업을 정의한다.	C: 과업의 중간점검 • 과업수행의 성과를 중간점검한다. • 중간평가를 반영한다.	C: 미래 계획의 단계 • 현재 문제 논의한다. • 클라이언트의 계획 논의하기, 클라이언트가 과정이 끝났음을 느끼도록 도와준다. • 클라이언트가 다른 문제들을 가지고 돌아가는 것에 대해 괜찮다고 느끼도록 도와주는 것이 필요하다.

6) 집단 대상 사회복지실천 프로그램의 비교

청소년복지실천에서 집단적인 개입에는 3가지 주요 모델들이 있다. 즉, 청소년의 집단 구성의 목적에 따라 ① 사회적 목표모델, ② 치료모델, ③ 상호작용모델로 분류될 수 있다. 따라서 이를 청소년복지 프로그램에 적용하여 활용할 수 있다.

특징	사회목표모델	치료모델	상호작용모델
목적	사회적 의식의 변화를 도모한다. 이를 위하여 사회적 책임, 책임 있는 시민 및 사회 · 정치적 행동, 사회에 대한 개인의 적응, 집단선 추구	역기능적 행동을 하는 성원의 치료와 재활을 목적으로 한다. 이를 위하여 개인의 목적 성취를 지원하기 위한 수단으로써의 집단강조, 개인선을 추구한다.	적정 수준의 적응과 사회화를 성취하기 위해 성원 간 상호지지체계 형성한다. 이를 위해 대인관계 향상, 집단 및 개인 양자의 선을 위한 집단과 개인 간 상호관계 강조하며 here and now, 상황과 집단이 관여하는 체계 자체에 관심을 갖는다.
담당 주체	지역사회복지관	임상기관, 사회복지기관 · 시설	지역복지관, 임상기관
초점	대규모 사회환경에 속한 개인에 초점을 둠	개인적 역기능 변화에 초점을 둠	성원 간의 자조, 상호지지 체계 개발에 초점을 둠
지도자 역할	역할모델, 조력자, 교사의 역할	변화 대리인, 전문가, 조력자, 중개자의 역할	중개자, 조력자의 역할
대상	이웃, 지역청소년을 대상	역기능이나 문제해결을 위해 원조를 필요로 하는 자를 대상	공동 관심사를 성취하기 위해 협력하는 구성원을 대상으로 함
활동	토론과 참여, 합의와 집단과제의 개발 및 실행, 지역사회 조직화, 성원의 사회적 행동기술의 습득과 사회변화에 필요한 프로그램 등	성원의 행동 유형을 변화시키기 위해 구조화된 운동을 하거나 직접 또는 간접적 영향력 발휘하도록 한다.	성원들의 관심사를 토론한다. 상호지지 형성하고 상호이익이 되는 결속된 사회체계를 형성한다.
집단	3~30명 정도로 구성된다.	7~10명 정도로 구성된다.	유동적이지만 15명 이상을 넘지 않도록 구성한다.

청소년복지 프로그램에 활용될 수 있는 상기모델에 관한 설명을 기술하면 다음과 같다.

(1) 사회적 목표모델

사회적 목표모델은 초기 집단사회사업의 목표를 성취하기 위한 기본적 모델이며, 중심 개념은 사회 책임감이다. 사회적 목표모델은 선량한 시민의 양성에 목적을 둔 인보관 운동과 집단사회사업으로부터 성장하였다. 이 모델은 지역사회 내의 범죄, 빈곤과 같은 사회문제를 다루기 위해서 지역복지관이나 시민조직, 보건 또는 복지위원회 등에서 활용되어 당시는 대학생과 같은 청소년을 주축으로 하여 인보관 활동으로 나타나기도 하였다.

(2) 상호작용모델

상호작용모델은 집단성원과 사회 간의 상호의존적인 관계를 통하여 집단성원들의 요구와 문제를 해결하는 것에 보다 초점을 두고 있다.

즉, 집단을 통해 청소년 개인의 기능과 사회의 기능을 향상시키는 것을 목적으로 한다. 대표적인 집단은 가정폭력 피해 청소년집단 등으로 이 집단 속에서 성원들은 상호를 지지하고 재보증(확신주기)을 통해 자신의 인생에 대한 통제력에 도움을 받는다.

인본주의 모델로도 불리는 상호작용모델은 개별 성원 및 집단 간의 상호관계에 초점을 두고 있다. 이 모델은 청소년뿐만 아니라 많은 다양한 계층에게 적용될 수 있으며 다양한 집단활동을 통하여 시작 이전에 특정한 목표를 설정하지 않으며, 그보다 집단사회사업 과정을 통한 상호작용에 초점을 두어 과정 중에 목표를 설정하는 특징이 있기도 하다.

(3) 치료모델

치료모델은 개인이 치료를 위한 도구로 집단을 활용하는 모델이다. 집단은 개인의 목적을 달성하는 방법이나 관계상황으로 집단과정을 통한 변화를 목표하며, 그 자체가 목적이 아니라 개인의 치료와 재활을 위한 수단이다.

알코올중독자들의 회복집단, 정신치료의 집단 등의 치료가 목적인 집단이 대표적인 예이다. 역사적 맥락에서 치료적 모델의 발전은 집단사회사업이 전문사회복지실천에 통합될 수 있게 하는 기원이 되었다.

치료모델은 사회적 기능수행에 있어서 문제가 있거나 문제발생 위험이 높은 개인에게 원조하는 것을 강조하고 있는 임상모델의 하나이다. 집단사회복지사의 역할은 전문가와 집단성원 간의 개별적으로 계약된 치료목표에 기초한 계획적이며, 목표지향적인 성격을 가지고 있다.

따라서 집단구조와 집단과정에서의 변화는 그 자체가 목적달성을 위한 수단이 된다. 이 모델은 그 밖에도 장애인, 범죄자, 교정시설, 병원, 가족 서비스기관 등에서 활용되게 되며 각종 치료를 목적으로 활용될 수 있다.

7) 집단 프로그램의 역동성

집단은 역동적인 힘을 통하여 변화해 나가면서 청소년 개별 성원에게 영향을 주어 변화를 유도하고 문제해결 능력을 함양한다. 따라서 청소년복지사는 집단에 영향을 주는 집단역학을 잘 이해하고 있으면서, 집단역동성을 이해할 수 있도록 각 집단과 개별성원,

그리고 집단발달 및 과정에 주는 영향을 분석하고 적절한 개입을 할 수 있는 프로그램 기획자가 되어야 한다.

실행, 문제해결, 과제성취, 문제경감 필요에 따라 선택할 수 있다. 다음의 활동에 대하여 조별 토론하거나 개인발표에 활용해보자.

- 표적문제에 대하여 명확히 규정하고 구체화한다(최대 3개 정도).

- 문제를 진술하고 명명한다(변화해야 할 특정조건과 행동들을 규정한다).

- 사정한다(표적문제와 목표와 연관하여 사정한다).
  - 표적문제에서 살펴볼 것은 무엇인가?
    얼마나 자주 일어나는가(빈도)?
    어디에서 일어나는가(장소)?
    누구와 함께 있을 때 발생하는가(참여자들)?
    기타 선행사건들
    결과(영향)과 의미성(중요성)은 무엇인가?

  - 사회적 맥락(문제를 촉발하고 지속하는 사회조건들)
    예 직장-학교 상황들
    경제적 지위
    가족이나 또래집단
    주거상태나 문화배경

  - 인지정서적 상황
    클라이언트의 성격
    기능양식
    개인의 자원점검
  - 기타 사정

- 그에 대한 대안을 창출한다.
  - 가능한 범위 내의 문제해결 행동을 찾아내고 규명한다.

• 타인, 기관들과 지지적이고 협력적 행동들에 대해 협의한다.

• 의사결정(목표들을 확인하고 무엇을 할 것인지 선택하여 세부 개입전략을 계획한다.)
  - 계약과 목표를 재확인한다.
  - 기본적인 개입방법을 결정한다.
  - 시간과 순서를 정한다.
  - 참여자를 정한다.
  - 클라이언트가 동의하고 이해하도록 한다(고지된 동의).
  - 그리고 다른 사람들이 동의하고 이해하도록 한다.

• 실행(전략을 수행한다)하고 과제들을 개발한다.
  - 과제들을 형성한다.
  - 과제들에 관해 클라이언트가 이해하고 동의하도록 한다.
  - 과제들에 관한 근거와 보상에 대해 이해하도록 한다.
  - 과제에 관하여 요약한다.
  - 예측되는 어려움을 점검한다.
  - 클라이언트의 과제실행을 위한 계획을 세운다.
  - 과제들을 요약해 본다.
  - 클라이언트의 과제수행을 위한 계획을 세운다.

• 과제수행을 지원한다.
  - 과제의 남은 회기수를 점검한다.
  - 자원을 획득하고 사용한다.
  - 자원 제공의 장애물을 찾아낸다.
  - 지시하거나 지시한다.
  - 모의 훈련을 해본다.
  - 과제수행의 역할 연습, 모의 훈련, 지도 연습을 한다.
  - 모델링과 옹호를 위해 클라이언트를 동반하여 함께한다.
  - 과제수행의 장애물을 찾아낸다.
  - 장애물은 사회환경에서의 자원 부족, 스트레스, 차별, 구조적 문제들이나, 대인 간 상호작용에서의 결핍과 갈등, 협력 부족, 심리적 상태에서의 두려움, 의심, 지식 부족, 장애물을 제거, 감소, 변경하기 위한 행동을 계획한다.
  - 기술의 부족, 다른 사람들의 협력과 지지의 부족, 자원 부족 등 과제수행의 실질적인 장애물을 개선하도록 한다.

- 과제수행의 인지적 장애물을 경감하기 위해 두려움, 의심, 지식 부족, 역신념에 대해 토의한다.
- 사회복지사의 과제에 대해 계획하고 진술한다. 즉, 클라이언트에게 사회복지사의 과제들에 대해 알려주고, 과제실행과 문제상태를 점검한다.

• 그에 관하여 검증한다(개입의 가능한 효과들을 점검, 검사, 확인, 구체화한다.)

• 모니터링한다(문제상태에 대해 정기적으로 기록한다. – 구조화된 표기법, 차트, 그래프, 간결한 이야체 코멘트를 사용한다).

• 다음의 상황이 발생하면 계약을 수정 혹은 일부 변경한다.
  - 진보가 만족스럽지 못할 때
  - 진보가 기대 이상이 있을 때
  - 새로운 문제가 발생했을 때
  - 문제가 다른 성격을 취했을 때
  - 과제들이 수행되지 않거나 제대로 수행되지 않았을 경우
  - 지지와 자원이 비효과적일 경우
  - 청소년지도사의 과제들이 비효과적이거나 비현실적일 경우

CHAPTER

11

청소년복지기관의 홍보

1 패러다임의 전환 290

청소년 복지기관의 홍보사회사업을 이해하기 이전에 먼저 홍보의 개념이 어떠한 것인지 알아볼 필요가 있다. 먼저 홍보란 어떤 주체의 목적이나 비전 및 운영에 관하여 행해지는 활동을 외부에 알리고 궁극적으로 상품의 소비와 후원 등의 운영에 참여하도록 유도하는 총체적 활동을 의미한다.

따라서 청소년복지사업의 홍보는 지역사회의 사람들이 사회복지활동을 이해하고 동참하는 것과 클라이언트에게 기관의 활동을 이해하도록 하는 것 등이 포함된다. 결론적으로 홍보란 결국 특정한 목적을 추구하는 기관의 활동과 비전을 외부에 알리고 자원을 유인하며 연계하는 것을 촉진하는 활동이라고 할 수 있다.

이를 위하여 서비스의 개선사업과 지역사회 내 인지도 증진 및 신뢰의 구축이 필요하다. 신뢰의 구축을 위해서는 기관 내의 신뢰 및 기관의 가치인정 및 홍보전담 인력의 배치 등이 중요한 요인이며 이는 다음과 같다.

첫째, 기관 내에서 신뢰감의 구축을 위해서는 기관운영이 투명해야 하며 직원의 비젼과 목적에 따른 합심도 중요하다. 즉, 프로그램 진행 및 필요성에 대한 공감 및 이해가 필요하며 기관운영 전반에 대한 이해도 필요하다. 또한 좋은 프로그램이 있더라도 그러한 공급에 따른 올바른 수요가 창출되지 않는다면 프로그램의 소비가 원활하지 않게 될 것이다. 따라서 프로그램의 기획은 그에 대한 홍보 및 실행 그리고 점검까지의 과정이 포함됨을 알 수 있다.

청소년복지기관의 홍보는 사회복지기관과 지역사회와의 양방향적 의사소통을 통하여 사회복지기관이 지역사회 내 존재하는 능력과 이미지를 향상시키며 기관의 운영과 직결된다. 그러므로 청소년복지조직의 홍보전략은 매우 중요하며 청소년복지기관의 프로그램의 개발 및 제공은 이용자들의 편의를 증진시키고 그에 대한 효과적인 수혜를 받을 수 있도록 돕는다.

그러나 이러한 과정은 정보의 적절한 제공이 없다면 이루어지기 어려울 것이며 이에 따라 필요한 것이 효율적인 청소년복지기관의 홍보라고 할 수 있다.

1 패러다임의 전환

(1) 청소년복지기관의 상호경쟁

청소년복지기관도 상호 경쟁한다. 즉, 청소년복지기관도 이용자들 및 후원자들의 선택에 따라 후원이 이루어지는 경우가 많다. 따라서 후원의 근거가 되는 사항과 그에 대한 투명한 실행을 통한 신뢰감의 구축은 잠재적인 후원의 가능성을 증진시킨다.

(2) 홍보방법의 다양성

현대사회에서 홍보의 방법은 다양하며 이는 기존의 유명인의 이미지 활용의 기초적인 홍보방식에서 일반인 참여의 다양한 정보적 접근을 활용한다. 이것은 홈페이지의 구축, SNS 및 각종 이벤트가 마케팅을 위해 활용되며 그 밖에도 아웃리치 방식으로 찾아가는 서비스의 제공을 통해 보다 가까이 밀착형으로 홍보하는 방식도 활용될 수 있다.

(3) 기관의 새로운 이미지 창출

청소년복지기관은 사회에 선한 일을 하고자 하는 사람들의 잠재된 욕구를 일깨우고 이를 하나로 수렴하여 조직의 긍정적인 이미지 창출에 후원자들이 함께 참여하도록 하는 것은 매우 바람직한 홍보방식이다.

이를 위해서 참여자들이 함께 홍보하고 선호하는 것만큼 바람직한 것이 없으며 조직의 구성원 모두가 조직이 가지고 있는 이념과 가치를 자부심을 가지고 내재화할 수 있도록 하는 이미지의 창출이 중요하다.

(4) 매체의 적극적 활용

매체라 함은 시청각 자료의 활용으로 기관홍보, 사진 및 현수막 설치, 팸플릿이나 소식지 제작뿐 아니라 기관의 포럼활동에 대한 책자 제작과 인터넷 홈페이지의 제작이나 공청회 활동 등 다양한 방식으로 활용될 수 있다.

또한 각종 비영리 분야의 단체와의 협력을 통하여 인적 및 물적 자원을 획득할 수도 있으며 지역사회를 통한 적극적인 연계가 홍보의 연결로 작용할 수 있다. 이러한 것은 기업의 마케팅 기법의 도입뿐 아니라 지역사회의 변화에 대한 매개체 역할을 할 수 있도록 현대사회에서 클라이언트를 소비자로 인식하고 접근하는 트랜드가 확산됨에 따라 고객만족을 위한 마케팅 지향의 경영이 중요함을 알 수 있다.

특히 현대사회에서는 시민의 힘이 중요하며 이러한 시민의 의식과 힘을 모을 때 커다란 시너지가 발현됨은 각종 비영리조직이나 NGO활동의 기본이 됨을 알 수 있다. 그러므로 사회복지기관의 관리자도 이러한 경영마인드를 가지고 다양한 매체를 활용하여 접근하는 것이 중요하다.

(5) 환경의 고려

사회복지 프로그램은 환경에 대한 고려가 필요하다. 사회복지조직은 특정한 목적을 추구하기 위해 정형화된 구조를 갖는 사회집단으로 정치(합법성과 정치관련조직 등), 경제(산출비용, 인력, 수요자)를 비롯하여 환경과 상황의 영향을 받는 성격을 지닌다.

이는 조직과 환경 간의 상호작용이 조직의 내부 역학관계에 영향을 미친다는 것을 가정하고 있으며, 조직의 서비스 생산이라는 거시적인 목적달성을 위해 반드시 고려되어야 한다. 따라서 사회복지조직은 외부환경을 고려하여 탄력적으로 다양한 전략을 사용해야 한다. 이것에는 경쟁(competition), 협력(cooperation), 계약(contract) 등의 요인 등이 활용된다.

또한 외부환경에 적응하는 과정에서 사회복지조직들이 채택하는 전략이 사회복지조직의 구조와 과정에 어떻게 영향을 미치는지 정치경제이론을 통하여 살펴볼 수 있다. 그러나 정치경제 이론뿐 아니라 각종 무형의 가치와 이념과 환경이 생태학적으로 혹은 체계이론적으로 명확하게 어떻게 영향을 주고받는지를 규명하기는 어렵다.

그 외에도 사회복지조직에 대하여 제도이론을 통하여서도 설명이 가능한데, 이것은 거시적인 제도환경 요소들에 초점을 맞추어 사회복지조직이 생존을 위해서 제도적인 규칙을 합법성의 원천이자 자원획득을 위한 통로로 어떻게 활용하는지에 대하여 이해할 필요가 있다. 국가나 전문직 등은 이러한 제도를 통하여 사회가 지향하는 규범적 지향을 이해할 수 있다.

향후 청소년복지 프로그램의 개발분야는 사회복지실천의 가장 핵심적인 전략의 하나로 발전될 것이다. 따라서 각 부분의 개념과 실천영역의 적용이 보다 활발히 이루어질 수 있도록 사회복지전문가로서의 기량을 향상시키는 것이 필요할 것이다.

부 록

긍정심리를 활용한 임파워먼트 프로그램이 비행청소년에게 가지는 효과

본 부록에서는 비행청소년들을 위해 긍정심리와 문화체험 프로그램을 제작하여 실시하고 이를 실천현장에서 적용하여 어떠한 성과가 있었는지 살펴보고자 하였다. 즉, 비행청소년들을 새로운 시각에서 수용하여 이들 스스로 자신들의 자원을 객관적이며 긍정적으로 바라보고 스스로 임파워먼트 해 갈 수 있도록 하기 위한 정책적 방안을 제시해보고자 한다. 또한 정부로부터의 문화복지의 촉진 정책입안과 청소년 관련 프로그램을 효과적으로 활용할 수 있도록, 현재 이슈화되고 있는 긍정심리학과 문화체험 프로그램을 중심으로 하여 비행청년들의 프로그램 참여 후 임파워먼트에 어떠한 변화를 미치는지 알아보고자 하였다. 본 부록의 결과 긍정심리 프로그램과 문화체험 프로그램을 통하여 청소년 임파워먼트의 함양에 영향을 미치는 요인이 될 수 있음을 알 수 있었다.

이를 통하여 비행청소년의 임파워먼트를 함양하기 위해서 비행청소년들에게 긍정심리의 함양을 위한 정책적 프로그램의 도입방안 모색이 중요하며 문화체험을 통한 예술적 소양의 함양이 비행청소년들의 임파워먼트에 중요한 함의가 될 수 있음을 알 수 있었다.

청소년의 시기는 아동기나 성인기에 비하여 인간의 성장과정의 특성상 비행이나 문제행동, 정신병리 현상이 급증할 수 있는 시기로, 지역사회의 청소년 문제는 사회문제와 연결되므로 이에 관한 대처가 요구된다. 청소년 범죄와 폭력을 살펴보면 과거 연령대비 19세 소년 범죄비율이 가장 높았으나 2007년 이후 16세 소년 범죄율(21.1%)이 19세 소년 범죄율(15.6%)을 5% 이상 앞서고 있어 청소년 범죄의 연령이 낮아졌음을 알 수 있다(보건복지가족부, 2013). 이러한 현상은 또한 학교생활에서 빈번히 발견되고 있으며 따라서 비행청소년들에 대한 대책이 필요하다. 그러나 현재 이들에 대한 유용한 프로그램을 제공하기보다는, 정책적으로 이들에게 타율적인 단순 지역봉사를 실시하게 하는 낙인감 부여로 실질적인 도움이 필요한 청소년들에게 이중고를 안겨주기도 하였던 것이 사실이다. 따라서 비행청소년들에 대한 새로운 심리학적 차원으로 개입할 수 있는 프로그램의 실시가 절실한 시점이다.

비행청소년은 병리적인 시각에서 보는 것보다는 청소년이 경험할 수 있는 예비 사회인으로서의 경험이 더욱 중요한 것이 사실이다. 특히 비행청소년에 관하여 과거의 선도적 차원이나 교정적인 관점에서 이들을 바라보기보다는 이들을 있는 그대로 수용하고 이들의 심리적 역동성에 대하여 보다 긍정적인 차원에서 이들의 자원을 이끌어주는 것이 필요하다. 비록 비행청소년이라 할지라도 이들 역시 성장욕구를 지닌 성장기의 청소년들임을 간과하면 안 될 것이다. 이에 2002년 이래로 칼 로저스에 의하여 제시된 강점관점의 인간존중과 마틴 샐리그만의 긍정심리를 적용하여 인간의 심리에 관하여 긍정성을 부여하고 그에 대한 과학적 측면을 적용하는 것의 효과를 비행청소년을 대상으로 적용하여 보고자 한다.

긍정심리학은 기존의 고정적이며 진단적인 견해에서 나아가, 인간이 자신만의 고유한 능력이 있다는 것과 긍정정서들의 기능을 과학적인 방법으로 인간의 강점관점의 견해를 증명할 수 있는 장점이 있다(Seligman, 2002). 이에 대하여 샐리그만(2002)은 긍정심리학이 인간의 일상의 삶을 풍요하게 하는 감성들을 탐색하는 과정이라고 하였다. 또한 개인의 특성, 즉 강점과 자원을 포함한 긍정심리학에 근거한 개인의 특성개발이 매우 중요하다고 보았다(Seligman, 2002). 그러나 아직은 이러한 분야는 긍정심리학 적용이 초기단계라고 볼 수 있으며 이에 대한 더욱 활발한 경험적 연구 및 분석이 필요할 것으로 보이며 특히 심리적 개입이 필요한 성장기 청소년들에게 적용된다면 유용한 효과가 있으리라 사료된다.

따라서 본 부록은 비행청소년에 대한 과거의 통제적인 관점에서 벗어나, 이들이 궁극적으로 필요로 하는 심리적 개입의 도움을 제공하여 도움을 필요로 하는 청소년들에게 실질적인 도움을 주고자 하였다. 이를 위하여 현장의 청소년들에게 보다 도움이 되고자 긍정심리를 통하여 효능감을 증진하고 임파워먼트를 함양할 수 있는 프로그램을 제작하여 실시하였다.

비행청소년들에게 긍정심리학이 필요한 이유로 긍정심리학의 탐색적 활동은 청소년들에게 자율적 존재로 스스로의 자아에 개입하며 주도하는 경험을 통하여 청소년들이 일상생활영역에서의 다양한 감성과 활동들을 통해 소기의 성과를 거둔다면 그 효과는 정책적으로도 유용한 청소년 지원정책이 될 것이다. 이에 본 부록에서는 비행청소년으로 공격성과 분노조절의 어려움이 있는 청소년에게 성장기에 제공되는 긍정심리와 임파워먼트 프로그램을 통하여 이들을 위한 개입에 대하여 정책적인 함의를 제공하고자 한다.

임파워먼트(empowerment)의 사전적인 의미는, "~에게 힘 또는 권한을 주다." 혹은 "~에게 능력이나 자격을 부여하다."라는 의미를 지니며, 고정관념에 대해 새로운 눈으로 현상을 바라보아 행동을 시도하며 성취의 경험을 습득하는 것이라 할 수 있다. 그런데 임파워먼트의 활동에서 중요하게 활용되는 것으로는 비판의식과 강점관점을 들 수 있다(Lee, 2001).

강점관점은 1989년 '강점관점'(strenghs perspective)의 개념이 처음 언급되면서 등장한 이래 병리양상을 지니는 계층이나 소외계층의 역량강화에 활용되어 왔다(Weick, Rapp, Sullivan, & Kisthardt, 1989). 이후 임파워먼트의 개념은 문제보다는 강점에 관해 질문함으로써 개인 및 가족 스스로 자신의 능력을 발견하고 새로운 관점에서 바라보도록 하기 위해 활용되었다(Kaplan & Girard, 1994).

이후 이에 대한 해외사례를 보면, 긍정심리는 특정인뿐 아니라 보편적인 일반인에게도 유용한 도움이 될 수 있다는 연구가 발표되고 있으며, 임파워먼트 프로그램은 건강한 심리적 회복에 효과가 있음이 증명되고 있다. 이에 관한 조사 보고를 통해서 살펴보면 음주운전, 자살, 알코올 및 약물중독에 대하여 청소년의 사망률이 높은 지역에서 임파워먼트의 실천가인 Freire의 이론을 적용하여 알코올과 약물남용의 예방 프로그램(Alcohol and Substance Abuse Prevention Program: ASAP)의 실시 이후 청소년들의 음주운전, 알코올 및 약물복용의 위험에 관한 인식을 개선시켰다는 보고가 있다(Wallerstein & Bernstein, 1988).

이러한 임파워먼트는 자기효능감을 기본으로 하고 있는데 자기효능감이란 개인이 어떤 결과의 산출을 위해 요구되는 행동을 성공적으로 수행할 수 있다는 자신감을 의미하며, 주어진 상황의 처리를 위해 개인의 인지적 자원 및 동기의 활용 등 다양한 행동의 과정을 동원할 수 있다는 자기능력의 판단과 신념이다(Bandura & Wood, 1989). 한편 자기효능감은 또래의 영향이 성장기에 미치는 중요성을 강조하면서, 또래를 통하여 자기효능감의 발달과 사회적인 정당성에 영향을 준다고 보았으며, 인간의 성장에 따라서 그 중요성이 증가하는 경향이 있다.

그런데 비행청소년은 이러한 효능감의 경험이 부족하며 또래끼리의 부정적 영향을 주고받는 경향이 있다. 따라서 자기효능감의 형성과 성취는 간접 및 직접적으로 인간의 발달에서 성취경험, 정서적 경험을 통하여 성장기에 긍정적인 영향을 줄 것이라 사료된다.

따라서 우리나라의 비행청소년들에게 긍정심리 적용의 임파워먼트 프로그램의 함의를 살펴보아 이에 대한 정책 및 실천적 함의를 살펴보는 것은 중요하다. 그동안 행동의 문제를 보이는 청소년(Cox, 2006; Lamb-Parker, LeBuffe, Powell, & Halpern, 2008), 부랑 청소년(Bender, Thompson, McManus, Lantry, & Flynn, 2007), 청소년 정신건강문제(Nabors, Weist, & Tashman, 1999)에게 임파워먼트 프로그램이 도움이 되었던 서구의 사례를 비추어 볼 때 이는 우리나라의 비행청소년을 위한 정책적 입안에도 도움이 될 것으로 사료된다.

임파워먼트 프로그램은 자기의 이해, 강점의 발견, 대인관계 향상, 의사소통의 증진 등에 도움이 된다(이광숙, 2003). 임파워먼트 모델을 활용하는 집단 프로그램은 상호 간의 경험을 통한 정체성과 권리의식을 바탕으로 하는 역량강화가 목적이다. 그러므로 청소년을 위한 임워먼트 프로그램을 통하여 '자신을 지각하는 긍정적 인식'은 자기효능감을 높일 수 있으며 이를 통해 문제해결능력이 증가하고 사회 참여 및 환경의 통제감이 증가될 수 있다(이윤화, 2000). 따라서 본 청소년 프로그램의 진행에서 주목하고자 하는 것은 다음과 같다.

긍정심리에서 선정한 중심개념은 다음과 같다. 첫째, 일상생활의 점검으로 프로그램을 통해 비행청소년 스스로 일상에 객관적으로 접근하는 것에 도움을 주고자 하였다. 이에 대하여 Csikszentmihalyi(1997)는 감정과 목표만큼 중요한 것이 또한 사고의 인지적인 과정이라 하면서, 자신의 일상적인 생활을 통한 패턴을 ESM(Experience Sampling Method)으로 구분하여 반추할 것을 권하고 있다. 이를 위해서는 현재 알고 있는 것, 활동, 시간, 장소, 사랑의 느낌의 포착과 자신이 잘 할 수 있는 것을 아는 것과 자신과의 대화가 무엇보다도 중요하다(Csikszentmihalyi, 1997).

둘째, 긍정적 심리학에서는 내면 자아를 탐색하는 것에 다양한 시간의 할애를 권하고 있다. 이러한 활동은 외부기준의 평가가 아닌 청소년 스스로 내면적 자아를 접하는 기회가 되며, 이를 통하여 가정, 사회, 영성 등의 시각을 넓히는 균형 잡힌 시야는 조화로운 관점에 도움을 준다.[5] 또한 긍정 및 부정적 감정상태, 대표감정 등을 체크해보는 방법을 긍정심리학에서는 훈련한다(Seligman, 2009). 이것은 강점중심의 이해에 초점을 두고 자기실현의 균형을 강조한 것이다(Lopez & Snyder, 2003).

셋째, 비행청소년들에게 꼭 필요한 과정으로 부정적 감정들을 다루는 방법을 경험한다. 감정의 부조화를 겪기 쉬운 청소년기의 시기에 있어서, 긍정심리학이 부정적 감정과 긍정적 감정의 성과와 효과를 과학적으로 비교하고 생각하는 훈련은 중요하다(Seligman, 2004). 이를 통하여 부정적 감정들에 대응할 수 있는 다양한 방법을 경험하고 구체적인 감정을 탐색하는 것이 필요하다(Seligman, 2009). 청소년들은 이러한 과정을 통하여 문제를 객관적으로 바라볼 수 있는 훈련을 하고 다양한 대처방법을 훈련하여 스트레스의 사건을 위협보다 도전으로 지각하고, 문제에 대해 효과적으로 접근할 수 있다(Lopez & Snyder, 2003).

넷째, Lyubomirsky(2007)는 "긍정적인 습관이나 부정적인 습관은 자신의 선택을 뜻"하며, 자신의 심리적인 취약함은 없는지 탐색하도록 하는 것은 인지 행동적 차원에서 행동교정에 대한 사고 훈련이 될 수 있다고 하였다. 이러한 활동은 비행청소년들이 문제나 스트레스 상황에서 "스스로의 태도를 선택"하는 주도적 자세에 도움이 된다. Lyubomirsky(2007)는

5) 체크리스트들은 청소년들이 긍정심리학을 통해 스스로가 탐색할 뿐만 아니라 균형 차원에서 바라보도록 하는 것에 유용하다(Seligman, 2002).

직면하게 되는 역경이나 좋지 못한 사건의 특성을 적어보도록 하여 이를 구체적으로 파악하도록 하고 있다. 그 이후 부정적인 신념의 종류를 탐색하고, 그에 따른 행동과 결과를 기록하여 부정적 믿음에 도전하고, 문제를 다른 각도에서 해석하는 가능성과 선택적 의지와 활동을 탐색하도록 하였다. 이러한 활동을 통하여 비행청소년은 스스로의 자아가 부정적 인식의 상황에 머무르지 않고, 문제를 스스로 분석하며 대안을 세우고 실천하는 과정을 돕는 훈련이 된다(Lopez & Snyder, 2003).

다섯째, 긍정감정의 실생활 적용연습에 관하여 청소년 스스로 "자신의 가치에 의미부여"는 "삶에 대한 긍정적인 영향"을 미칠 수 있는데, 가치를 발견하고 이해하며 감정을 조절하는 능력을 경험할 수 있다. 또한 사회적 관계를 위한 인간관계 및 스트레스 관리에 대한 대응전략, "행복의 연습", 용서하기 등의 훈련과 몸과 영혼의 건강을 돌보기 위한 "명상" 등도 활용될 수 있다(Lyubomirsky, 2007). 그런데 자기효능감은 임파워먼트의 핵심개념이다. 임파워먼트는 비판적이고 창조적이며 지역사회에 효과적으로 동참할 수 있도록 스스로 효능감을 경험하게 되는 상태라고 할 수 있으며 이는 비행청소년을 지지하는 내적 자원이 될 것이며 이에 대한 정책적인 지원이 필요하다.

이에 국영희(2008)은 비행청소년의 사회복귀를 위한 단기 임파워먼트 프로그램 효과에 관한 연구를 소년원 가퇴원 청소년을 대상으로 실시하여 효과성을 입증하였고 권근영(2008)은 빈곤청소년 임파워먼트 프로그램 개발과 평가를 통하여 임파워먼트 프로그램을 실시하였으나 국내에서 실시된 임파워먼트 프로그램은 그 필요성에 비하여 아직도 활성화되지 못하고 있는 것이 현실이며 보다 다양한 접근이 필요하다.

1 프로그램의 설정

이에 청소년 프로그램의 설계에 따른 추진전략은 다음과 같다. 먼저 자기 효능감을 근거로 하는 임파워먼트의 필수요소는 집단의 참여이며(Florin & Wandersman, 1990; Labonte, 1994), 이에 대하여 Wallerstein(1992)은 따라서 타인과의 상호작용을 통해 통제 및 비판적 사고의 임파워먼트가 개발되기 시작한다고 하였다.

비판적 사고는 동기화 및 공감적 경청의 대화를 통한 긍정적 행동의 도출을 포함하며, 이것은 오히려 자신의 변화에 영향을 주기 위한 과정으로 학습자는 참여를 통하여 상호-통합하는 것을 배우게 된다(Wallerstein, 1992). 그런데 이와 같이 임파워먼트 프로그램은 교육적인 전략을 근거로 프로그램 개발에 적용되어야 한다(Freire, 1970).

이에 본 프로그램에서는 비행청소년들에게 긍정심리와 임파워먼트의 프로그램을 제공하여 이를 통하여 심리적 변화가 있는가? 하는 것으로 본 프로그램의 목적으로 설정하고자 한다. 이러한 목적에 대한 분석이 필요한 이유는 청소년들이 일반적으로 한 번씩 경험하는 폭력성과 공격성을 유발하는 분노에 청소년들 스스로 유용하게 대처하도록 하는 것에 대한 실천학문의 도움이 필요하기 때문이다.

즉, 본 프로그램의 중요성은 비행청소년들이 프로그램의 참여하여 삶의 유용한 경험을 하도록 하는 것이다. 이러한 프로그램의 의의는 비행청소년들의 폭력이 분노조절능력의 상실을 극복하고 청소년 내면의 자원의 취약성을 극복하도록 도움을 주고자 하며 그에 대한 정책적 방향의 모색을 하고자 한다.

본 프로그램을 제안하고자 하는 이유는 폭력 청소년들을 낙인화하지 않고, 그들이 건강한 심리적 내면을 구축할 수 있도록 꼭 필요한 경험을 제공하기 위해 긍정심리학과 임파워먼트를 도입하여 비행청소년으로 하여금 유용한 경험을 하도록 하는 것이다. 또한 본 프로그램이 중요한 이유는 대다수 사회복지관 실천 현장에서 지역사회를 통한 폭력청소년에 대한 적절한 프로그램 제공에 대한 정책이 부재하다는 것이다. 이에 다음과 같이 프로그램을 제시할 수 있다.

표 1 제1부 긍정심리 프로그램

<table>
<tr><th colspan="4">청소년 긍정심리 증진 프로그램 실시내용</th></tr>
<tr><th colspan="2">그룹활동</th><th>회기</th><th>학 습 내 용</th></tr>
<tr><td colspan="2">오리엔테이션</td><td>1</td><td>긍정심리의 필요성과 앞으로의 활동에는 어떤 것들이 포함되는지 안내하고 기본적인 원칙을 소개하며 팀 등을 형성한다.</td></tr>
<tr><td rowspan="8">긍정심리</td><td>긍정심리학의 사례연구 소개</td><td>1</td><td>• 긍정심리학의 기원과 소개 – 긍정심리의 환경 및 일대기 분석 등의 사례 및 연구(Murray, 2003)의 소개 및 사전 측정
• MBTI 측정 및 풀이</td></tr>
<tr><td>내적자원 점검 및 해석</td><td>1</td><td>조화를 위한 긍정심리학의 다양한 척도를 활용한 내적자원 점검 및 해석</td></tr>
<tr><td>일상점검을 통한 ESM의 분류</td><td>1</td><td>자신의 일상생활 점검 일상적인 생활을 통한 패턴을 ESM(Experience Sampling Method)으로 분류 – 흘려버리는 시간의 양과 질을 체크 등</td></tr>
<tr><td>부정정서에 대한 대처법 소개</td><td>2</td><td>일상생활 가운데 긍정정서와 부정정서의 분류 및 이에 대한 대처법 소개</td></tr>
<tr><td>부정적 믿음의 탐색 – 다른 각도에서 해석하기</td><td>2</td><td>부정적 믿음을 탐색하고 문제를 다른 각도에서 해석과 가능성 탐색</td></tr>
<tr><td>인지 행동적 차원의 행정교정에 대한 사고 훈련과정 소개</td><td>2</td><td>인지 행동적 차원에서 행동교정에 대한 사고 훈련과정을 소개</td></tr>
<tr><td>감정의 대비를 통한 객관적 지식 나누기</td><td>3</td><td>다양한 감정을 분류하고 탐색하며, 청소년들은 감정의 대비과정과 다양한 감정들에 대한 객관적 지식을 나누고 의미를 부여할 수 있다.</td></tr>
<tr><td>긍정성 강화를 위한 대화노트 만들기</td><td>3</td><td>긍정적인 청소년 발달을 중심한 강점과 몰입경험 나누기(PYD: positive youth development): 자신과의 대화노트 만들기</td></tr>
<tr><td rowspan="4">긍정심리 및 연계활동</td><td>미래의 탐색을 통한 지지편지 보내기</td><td>3</td><td>미래의 준비와 함께 우정, 자신의 직업에 대한 믿음과 그에 따른 준비과정의 이야기 나누어 보기 – 그룹친구들과 지지와 격려 편지 보내기</td></tr>
<tr><td>무의탁 노인 도시락 배달 봉사하기</td><td>4</td><td>무의탁 노인 도시락 배달 등의 지역 봉사활동 참가하고 느낀 점 발표하기</td></tr>
<tr><td>감사 헤아리기 및 동료발표</td><td>4</td><td>감사 헤아리기 연습과 경험의 표현 및 그에 대한 동료와 발표시간 나누기</td></tr>
<tr><td>감사의 편지를 보내는 시간</td><td>4</td><td>그동안의 반추와 함께 가족과 친구 그리고 자신에게 감사의 편지 보내기</td></tr>
</table>

▌표 2▌ 제2부 긍정심리를 통한 자기효능증진

청소년 자기효능감 증진 프로그램 실시내용			
그룹활동		회기	학 습 내 용
오리엔테이션		5	자기효능감의 필요성과 앞으로의 활동에는 어떤 것들이 포함되는지 안내하고 기본적인 원칙을 소개하며 팀 등을 형성한다.
자기 효능감	자기의 이해 A	5	나를 돌아보는 활동: MBTI 검사, 적성검사 실시–진로 찾기 과정은 나를 알아가는 과정 속에서 알아갈 수 있다. • 자기의 장단점 탐색 – 성격, 흥미, 가치, 적성의 탐색과 준비계획
	자기의 이해 B (생활과 감정 이분)	5	• 자기효능감 증진을 위하여 긍정심리 이해 1) 본 시간은 자신의 이해에 대한 2번째 시간으로 일상생활을 통한 몰입의 시간과 버려지는 시간을 구분해보는 시간을 가짐으로써 자신을 돌아보는 시간을 갖는다. 2) 일상생활중 상황이나 관계에 대한 자신의 감정을 이분화함으로써 긍정의 심리와 부정의 심리를 구분해보고 이에 의해 파생되는 예측효과에 대해 토론해본다. 3) 이러한 자기성찰은 사회적 활동을 앞둔 예비 진로설정에 어떠한 도움을 줄 것인가에 대하여 토론해본다.
	재명명 해보기	5	• 임파워먼트(역량강화)의 개념의 기초로서의 자기효능감 강화를 위한 활동의 시간 공유 1) 자기효능감은 비판적 이해의 활동이다. 따라서 자기 및 상호이해의 시간을 가진 뒤 자신의 단점과 관계 및 상황에 대하여 재명명의 시간을 가짐으로써, 자신이나 상호 관계 혹은 상황에 대한 긍정적 인식과 이해를 도모하는 시간을 갖는다. 2) 또래와의 발표의 경청을 통하여 상호 교우의 입장 등을 이해하는 효과를 함양할 수 있다.
	상호 이해	6	'학교의 고백': 나부터 바라보기. 즉, 자신부터 스스로를 보아야 하는데 서로 상대방을 보고 이야기한다는 것으로부터 활동을 시작한다. 이 시간을 통하여 자신을 돌아보는 시간을 가진 후, 교우관계나 교사와의 관계에 대한 상대방의 입장을 들어보는 시간, 너 전달법이 아닌 나 전달법을 활용하여 의사소통하기 • 타인과의 상호작용 이해–사회적 위치에 관하여 성찰하는 시간
	시청각 교육	6	시청각 활용–EBS 프로그램 시청 후 학생 토론심리 프로그램 시간을 가짐: 인간 다큐 프라임과 인간의 두 얼굴 등을 시청함: 인간에게는 양면성이 있으므로 사회에서 보았을 때, 혹은 부모님의 기대치 등 제3자

청소년 자기효능감 증진 프로그램 실시내용			
그룹활동		회기	학 습 내 용
			의 평가와 자신의 모습이 다를 수 있다는 것에서 출발해서, 어떻게 사는 것이 행복한가를 함께 토론하며 고민해보는 활동을 갖는다. 이러한 시청각 활동은 직접적 영향보다는 방향모색에 도움을 주기 위한 것이다.
자기 효능감 및 연계 활동	협동 학습	6	그룹 활동 – 협동학습활동: 다양한 직업의 세계를 조사하고 전지에 그려보고 토론하기. 그리고 각 팀 간의 연계에 관해 토론해보기. 또한 이러한 직업의 준비를 위해서는 어떠한 준비가 필요한지 토론하기 1) 미래의 직업탐색–삶과 직업에 있어서의 일의 소중함을 알기 2) 사회의 변화에 대한 자기효능감의 이해와 직업의 세계 탐색 및 태도 구상
	직업세계 구상	7	Life Cycle그리기– 좋아하는 활동 잘하는 것들을 넣어보고, 효능감과 적성에 맞는 학과 생각해보고 직업의 세계 밑거름 그리기 1) 바람직한 직업관과 윤리의식, 생활습관, 개인의 책임감 등을 고려할 수 있다. 2) 자신과 직업세계와의 관계를 살펴보고 직업을 구상해본다.
	진로나무 그리기	7	자기 주도 학습 지도 구상하며 진로나무 그리기. 자기효능감을 토대로 자기가 가고 싶은 분야로 진학하기 위하여 중학교 때 알아보아야 하는 정보와 고등학교에서 진학 한 이후에는 무엇을 준비해야 하는지 어떻게 준비해야 하는지 커리어 포트폴리오 형식으로 만들어 본다. 1) 진로의 목표를 탐색하고 정보수집 · 분석해보기 2) 합리적 목표달성을 위한 과정에 관하여 생각하기
	발표의 시간	7	발표의 시간: 그동안의 시간에 관한 느낀 점에 관하여 되돌아보고 서로의 이야기를 들어보며 상호 격려하는 시간을 갖는다. • 미래계획의 탐색의 결과 어떠한 것이 필요하며 자기효능감 대비 현재의 습관과 비교하여 개선점과 필요한 상호작용에 관하여 발표 후 의견 공유하기–상호 제안 및 격려의 시간을 갖는다.

표 3 제3부 효능감을 기반한 임파워먼트 프로그램

구분			주요내용
제목	임파워먼트		
목적	강점관점을 근거로 한 교우들과의 토론을 통하여 개인, 대인관계, 및 사회 · 정치적 임파워먼트의 향상을 도모할 수 있다.		
회기별 목표 및 활동내용	8회기 (내안에 이런 면이. 자신을 새로운 관점에서 바라보기)	도입 8회기	자기효능의 개념을 중심으로 하여 임파워먼트의 기본개념을 간단히 소개한다. 활동규칙을 강점관점의 차원에서 학생들과 함께 정해보는 시간을 갖는다.
		활동 8회기	• 과거의 별명에 대한 서로의 느낌을 나누고 • 강점관점에 근거하여 새로운 닉네임을 정한다. 이에 대한 자신의 의견과 느낌을 서로 나누어 본다.
		활동 8회기	자신의 단점을 강점관점의 차원에서 재해석해보는 시간을 갖고, 서로의 생각을 나누는 시간을 갖는다. 교사는 이와 같이 자신을 명명하는 작은 시도가 개인적 임파워먼트의 시작임을 인식시켜준다.
	9회기 (나, 너 그리고 우리. –사회에서의 자신의 효능감 파악 및 발휘할 수 있다)	도입 9회기	그룹의 강사는 생태학적 차원의 모형을 간단히 소개하며, 이러한 측면 안에서 개인의 역할 및 기능에 대해 생각해보도록 한다.
		활동 9회기	강점관점에 근거하여 가정, 학교, 사회에서의 개인적 역동성을 중심으로 하여 자유롭게 그룹의 주제를 선정하고 성찰 및 토론을 통해 발표하게 된다.
		활동 9회기	사회적 측면에서 자신과 상대방을 강점관점으로 바라보며 자유롭게 토론한다. 이를 그룹별로 토의하고 발표한다. 교사는 이를 취합하여 서로가 강점관점으로 상대방을 볼 수 있도록 한 이후의 변화된 모습을 정리하고 활동의 취지를 설명하며 마무리 한다.
	10회기 (나의 꿈을 펼칠 거야 –미래에 대한 계획을 스스로 세워본다).	도입 10회기	사회 내에서의 직업의 다양성을 이해한다. 또한 이를 보는 외부인식과 내부인식에는 차이가 있을 수 있으며, 무엇보다 자신의 믿음의 체계가 중요함을 간단하게 이야기해줄 수 있다.
		활동 10회기	미래의 직업에 대한, 현 이슈나 간단한 물품이 배달되기까지의 필요한 직업에 대하여 탐색하면서 발표하고 빙고게임을 해본다. 서로의 생각을 공유할 수 있다.
		활동 10회기	자신의 미래를 설계해보며 자신만의 로드맵을 구상하여 그려보고 발표를 통해 서로의 꿈과 미래의 이야기를 공유하고 상호 격려하는 시간을 나눈다.

본 프로그램(PYDP: positive youth development program)에서는 먼저 긍정심리를 위하여 일상 생활 가운데 긍정정서와 부정정서의 분류 및 이에 대한 대처법의 소개 및 부정적 믿음을 탐색하고 문제를 다른 각도에서 해석하며 가능성을 탐색하고 인지 행동적인 차원에서 행동교정 사고 훈련소개, 다양한 감정의 분류와 함께 다양한 감정들에 대한 객관적 지식을 나누고 의미를 부여하며 긍정적인 청소년 발달을 중심으로 한 강점과 몰입경험을 나누게 된다.

본 프로그램은 비행청소년에 대한 차별적 시각보다는 이들이 건강하고 정상적인 역할을 할 수 있도록 긍정심리 및 임파워먼트를 적용한 프로그램을 실시하였다. 이를 통하여 청소년을 위한 지역사회복지정책으로 유용하게 활용될 수 있도록, 이슈화되고 있는 긍정심리와 파워먼트 프로그램을 중심으로 청년들에게 유익한 프로그램을 제공하고자 하였다.

이것은 최근 주목받고 있는 긍정심리학과 청소년 임파워먼트를 폭력 청소년에게 적용하여 지역사회차원의 접근으로 새로이 프로그램으로 제작하여 실시하였다는 것에 의의가 있다. 그동안 강점관점은 다양한 도전에 직면해 있는 집단들에 적용되어 온 바 있다. 임파워먼트 프로그램은 그동안 서구에서는 이미 취약계층이나 약물남용이나 심리적 이상을 보이는 집단에서 효과적인 프로그램으로 입증된 바 있으나 국내에서 전문직 이외의 청소년에게 적용된 예는 많은 편은 아니다.

임파워먼트 프로그램의 조건으로는, Freire(1970)의 교육철학에서 제시한 것과 같이, 참여, 대화, 상호 경험 나누기, 지지, 의사결정 및 문제해결 등의 임파워먼트 전략을 사용하고(Freire, 1970), 실생활에서 유도될 수 있는 맥락적 접근이 가능해야 한다(Chacoff, 1989). 따라서 본 프로그램에서는 이러한 구성요인을 감안하여 임파워먼트 프로그램을 실시하고 그에 대한 분석을 활용하여 다음과 같은 결과를 얻을 수 있다.

임파워먼트는 어느 시기보다 청소년기에 매우 유용하게 활용될 수 있다. 청소년기는 특히 신체 및 심리적인 변화가 극심하여 혼란을 극복하고 자아정체성을 형성해가는 중요한 시기이다(양계민, 조혜영, 2010). 따라서 이 시기의 중요한 발달과업을 완수하기 위해서는 정서적 지지, 지적인 자극 등의 기회가 충분히 제공되어야 할 것이다(이인재, 2006). 이러한 취지에서 본 프로그램은 비행청소년으로 하여금 생활 속에서 자신의 내면을 탐색하고 생활 속에서 자신의 시야를 점검하는 것은 성년에 앞서 매우 중요한 경험이 될 것이며 사회 및 정책적으로도 그 의미가 크리라 생각된다.

이에 본 프로그램의 결과가 지역사회의 전문기관과 지역사회 사회복지관을 찾는 비행청소년들에게 보다 귀중한 체험을 제공할 수 있는 프로그램으로 활용될 수 있다. 본 프로그램의 의의는 그동안 임파워먼트만을 가지고 프로그램을 진행했던 경향이 있었으나 본 프로그램에서는 임파워먼트의 효과적인 도출을 위해서, 청소년에게 꼭 필요한 긍정심리와 자기효능감 훈련 같은 일련의 과정의 활동을 선행하여 보다 효과적이고 연계적인 프로그램이 진행될 수 있도록 기획하였다는 것이다.

결론적으로 본 프로그램의 취지는 폭력 청소년에게 부여되기 쉬운 낙인감보다는 일상의 청소년의 범주에서 이들을 바라보고 이들에게 꼭 필요한 경험을 제공하고 내적인 자원을 발견하도록 하기 위하여 작성되었다. 이를 위해 긍정심리학의 맥락 가운데 청소년들에게 유용하게 활용될 수 있는 영역들을 분류하여 프로그램으로 제작하여 적용하였다.

그러므로 본 프로그램의 결과가 서구의 현장과 같이 우리나라에서도 지역사회의 비행청소년들을 다루게 되는 각종 사회복지기관에서 비행청소년들에게 청소년 정책의 일환으로 활용될 필요가 있다. 본 청소년 프로그램이 정책적으로 적용되어 성공적으로 추진된다면, 현재 지역사회의 청소년 문제를 담당하는 지역기관에서 청소년들을 임파워먼트하는 역할을 담당하게 될 것이다. 또한 나아가 지역사회복지관이 실질적으로 청소년 문제의 중심에 서서 그 역할과 능력을 갖추는 것에 기여하게 될 것이다. 아울러 이러한 소기의 성과는 정책적으로도 활용되어 각 학교 차원에서 실시하는 각종 청소년을 위한 프로그램으로 적극 활용될 가능성도 높다.

■ 참고문헌

강경심(2011). 고등학교 기술, 가정 교과서의 진로교육단원 내용분석. **대한가정학연구, 49**(8), 113-124.

강덕규(2007). 정신장애인의 변화동기 분석과 동기향상 프로그램의 효과. 경북대학교 박사학위논문.

곽미정 · 문신용(2010). 시민의식 영향요인 연구: 청소년자원봉사활동의 동기, 진로 성숙도, 학업스트레스를 중심으로. **시민사회와 NGO, 8**(2), 111-141.

국영희(2008). 비행 청소년의 사회복귀를 위한 단기 임파워먼트 프로그램 효과에 관한 연구, 서남대학교 대학원 박사학위논문.

국영희 · 김극명(2008). 비행청소년의 사회복귀를 위한 단기 임파워먼트 프로그램 효과. **한국자치행정학보, 23**(1), 397-410.

김수정(2008). 빈곤가정 아동, 청소년의 자아탄력성 및 사회적지지가 임파워먼트에 미치는 영향. **한국아동복지학, 2**(5), 9-38.

김일환(1996). 교육개혁안에 따른 초등학교 진로교육 실천방향. **진로교육연구, 5**, 47-66.

김장희 · 김계현(2007). 초등학생의 직업역량 육성에 대한 초등학교 교사들의 인식. **아시아 교육연구, 8**(3), 81-114.

김정미 · 김성회(2005). 여성임파워먼트 향상을 위한 인지행동 집단 상담과 게슈탈트 집단 상담과의 비교. **상담학연구, 6**(3), 821-835.

김종운 · 박성실(2011). 대학생의 정서지능, 진로장벽, 진로결정 자기효능감이 진로결정에 미치는 영향. **진로교육연구, 24**(4), 209-229.

김충기(1995). 교육개혁에 따른 고등학교 직업 · 진로교육의 방향. **기술교육연구, 4**, 60-78.

김충기(2000). **진로교육의 이론과 실제**. 교육과학사.

김형식 · 이영철 · 신준섭(2010). **사회복지행정론**. 양서원.

김희성(2002), 빈곤가정 청소년의 자립준비에 관한연구. 이화여자대학교 대학원 박사학위논문.

남수정(2011). 고교생의 진로교육의 현황 및 진로역량과의 관계연구. **청소년학연구, 18**(11), 83-304.

류종훈 · 김근식 · 김철진 · 배성찬(2013). **사회복지프로그램 개발과 평가**. 청목출판사.

류창열(2005). **기술교육원론**. 충남대학교출판부.

박미은(2001), 정신장애인에 대한 임파워먼트 실천의 필요성과 개입방안에 대한 연구. **재활복지, 5**(1), 32-55.

박순희(2000). 중학생의 내외 통제성 및 학업 성취도와 진로성숙도와의 관계 연구. 동국대학교 석사학위논문(미간행).

박영신 · 김의철 공역(1997). **자기효능감과 삶의 질**. 교육과학사.

변귀연(2002). 집단괴롭힘 피해학생의 역량강화를 위한 집단프로그램 개발과 효과. 서울대학교 대학원 박사학위논문.

손은령 · 이순희(2011). 국내 진로 집단지도 및 집단프로그램의 연구동향과 후속 연구과제. **교육 연구논총, 32**(2), 129-147.

신영화(1999). 학대받는 아내의 능력고취를 위한 집단사회사업실천의 효과성. 서울대학교 대학원 박사학위논문(미간행).

신용주(2005). 정보화교육을 통한 노인 임파워먼트의 모색. **평생교육학연구, 11**(4), 33-53.

신익현(1996). 인력개발 정책과 학교 진로교육의 방향. **진로교육연구, 6**, 35-65.

신임선 · 장윤옥(2012). 커리어포트폴리오형 및 교사주도형 진로탐색 프로그램이 중학생의 진로 성숙도와 진로정체감에 미치는 효과. **한국가정과교육학회지, 24**(1), 85-104.

안세지 · 김세일 · 강은주(2012). 중학생 진로집단상담 프로그램의 활동내용 분석. **인문학논총, 29**, 345-386.

안정선 · 정상원 · 김선숙(2004). 사회복지전공대학생의 임파워먼트를 위한 훈련프로그램의 효과성 연구. 임상사회사업연구.

안창규(2003). **Holland 진로발달검사 실시요강**. 한국가이던스.

양계민, 조혜영(2010). 청소년 방과 후 아카데미 프로그램에 대한 효과성 인식이 참여 청소년의 심리사회적응 및 학업성취요인에 미치는 영향, **청소년복지연구, 12**(1), 61-92.

양미경 · 김소연 · 여성희(2005). 제 7차 중학교 과학 교과서에 제시된 진로교육 관련 내용분석. **한국생물교육학회, 33**(3), 338-349.

양숙미(2000). 정신지체 성인자녀의 부모를 위한 역량강화집단 프로그램 개발과 효과. 서울대학교 대학원 박사학위논문.

양희산(2001). 대학교 진로교육 프로그램의 개발과 활용. **진로교육연구, 14**, 67-77.

유평수(2008). 고등학생의 임파워먼트 수준이 학교적응에 미치는 영향분석. **청소년학연구, 15**(1), 171-196.

유평수(2008). 전문계 고등학생의 임파워먼트 향상 프로그램 효과 분석. **청소년학연구, 15**(7), 1-21.

이경림(2006). 빈곤가족아동의 사회적 지지가 아동 역량에 미치는 영향. 강남대학교 대학원 박사학위논문.

이광숙(2003). 능력증강교육 프로그램이 비행청소년의 능력증강과 정신건강에 미치는 효과. 전남대학교 박사학위논문.

이상준 · 남영옥(2008). 가정폭력경험 청소년의 임파워먼트가 학교적응유연성에 미치는 영향. **미래 청소년학회지, 5**(2), 63-82.

이승길(2003). 경찰공무원의 임파워먼트가 직무만족에 미치는 영향. **한국경찰학회보, 6**, 243-269.

이영대(2002). 제7차 교육과정과 진로교육강화방안. **경제교육연구, 8**, 221-241.

이윤화(2000). 역량강화적 접근의 효과성에 관한 연구: 지역사회복지관의 자립지원프로그램을 중심으로. 연세대학교 박사학위논문.

이인재(2006). **저소득층 가정 청소년 탈 빈곤 정책에 관한 연구: 한국사회의 신 빈곤**. 한국도시연구소 엮음. 한울 아카데미.

이장범(2012). 가출 청소년의 우울과 사회적 지지가 임파워먼트에 미치는 영향. 명지대학교 대학원 박사학위논문.

이재창(1994). 진로교육 발전방안 탐색에 관한 연구. **한국진로교육학회, 2**, 80-119.

이현림(2007). **진로상담**. 양서원.

이혜경(2007). 지역아동센터 아동의 사회적 지지 및 임파워먼트와 심리사회적적응. 숙명여자대학교 대학원 박사학위논문.

이혜경(2010). 임파워먼트가 치과 의료종사자에게 미치는 영향. **한국치위생교육학회, 10**(2), 297-310.

이효선(2003). **사회복지윤리와 철학의 이해**. 학지사.

이희순 · 김희진 · 윤성혜 · 천성문(2010). 중학교 기술 · 가정교과와 연계한 진로교육 프로그램의 구안과 적용. **직업교육연구, 29**(3), 247-263.

임미옥 · 정연옥(2010). 교과통합 진로교육 프로그램이 초등학생의 진로성숙도와 자아존중감에 미치는 영향. **한국실과교육학회지, 2**, 379-398.

임용수(1995). 학교 진로교육 체제의 조직과 운영방안: 진로교육 강화를 위한 사회체제 접근의 탐색적 고찰. **진로교육연구, 4**, 36-59.

임은미 · 장선숙(2002). 인터넷을 활용한 진로정보탐색 프로그램이 중학생의 진로성숙도에 미치는 영향. **청소년상담연구, 10**(2), 161-174.

장석민(1994). 미래사회에 대비한 진로교육의 방향. **진로교육연구, 2**, 1-25.

장석민(2001). **진로교육목표 및 내용 체계화연구**. 한국직업능력개발원.

정금자 · 이은영(2010). 유아교육기관 교사의 임파워먼트가 직무만족도와 조직 헌신도에 미치는 영향. **한국영유아보육학, 62**, 125-146.

정무성(2014). **사회복지 프로그램 평가 매뉴얼**. 정민사.

정미경 · 안남규(2001). 초등실과교과에서의 진로교육 내용분석에 관한 연구. **대구 교육대학교 초등 교육연구논총, 17**(3), 103-125.

정수진 · 류창임(2009). 중학교 기술교과 교육과정에서의 진로교육 내용분석. **기술교육연구, 28**(1), 25-42.

정영진(1996). 학생 개개인의 다양성을 중시하는 진로교육 방안. **과학과 교육, 4**, 221-233.

정윤경 · 이지연 · 김나라(2005). **중 · 고등학생용 커리어포트폴리오**. 한국직업능력개발원.

조성심 · 주석진(2010). 체험활동중심 진로교육 집단 프로그램이 고등학생의 진로 준비행동에 미치는 효과분석. **진로교육연구, 23**(3), 41-64.

조용선(2009). 중학생을 위한 컴퓨터 시뮬레이션 활용 학교집단 상담프로그램 개발. 한국 교원대학교 대학원 박사학위논문.

주애란(2006). 중학생의 인터넷게임중독 예방을 위한 임파워먼트교육 프로그램의 효과. 전남대학교 대학원 박사학위논문.

천정웅 · 김미옥 · 최영민 · 노혜련 · 이용교(2009). **강점관점 청소년 개발 레질리언스**. 신정출판사.

최균식 · 임경희(2010). 진로탐색 프로그램과 영상매체 진로교육이 고등학생의 진로성숙도에 미치는 효과 비교. **상담평가연구, 3**(2), 31-45.

최말옥(2002). 정신장애인의 임파워먼트 증진을 위한 자기옹호프로그램의 효과. 부산대학교 대학원 박사학위논문.

최봉주 · 김희정(2010). 영상매체를 활용한 중학생의 진로자기효능감 향상 집단 상담 프로그램 개발. **중등교육연구, 58**(2), 127-156.

최영민(2007). **임파워먼트와 사회복지실천**. 나남출판. 27-32.

최정인 · 박미진 · 유계식(2001). **대학생의 진로결정수준과 진로탐색 자기효능감과의 관계**. 아주대학교 학생상담센터.

최지나 · 이용진(2012). 정보통신 기술과 생활 단원에서 진로교육 수업자료개발. **대한공업교육학회, 37**, 145-164.

하진의(2003). 대학생을 위한 진로탐색 프로그램 개발. **백록논총, 5**(2), 229-251.

홍봉선 · 남미애(2010), **청소년복지론**. 공동체. 19-42.

황성철(2009). **사회복지 프로그램 개발과 평가**. 공동체.

Baldwin, J. H., Rawlings, A., Marshall, E. S., Conger, C. O., & Abbott, K. A. (1999). Mom empowerment, too!: A program for young mothers involved in substance abuse. *Public Health Nursing, 16*(6), 376-383.

Bandura, A. (1977), Self-efficacy: Toward a unifying theory of behavioral change. *Psychological Review, 84*, 191-215.

Bandura, A. (1977). *Social Learning Theory*. Englewood Cliffs, New Jersey: Prentice-Hall.

Bandura, A. (1982). Self-efficacy mechanism in Human Agency. *American Psychologist, 37*, 122-147.

Bandura, A. A., & Wood, R. E. (1989). Effect of perceived controllability and performance standards on self-regulation of complex decision making. *Journal of Personality and Social Psychology, 56*, 805-814.

Bender, K., Thompson, S. J., McManus, H., Lantry, J., & Flynn, P. M. (2007), Capacity for Survival: Exploring Strengths of Homeless Street Youth. *Child Youth Care Forum, 36*, 25-42.

Betz, N. E., & Hackett, G. (1981). The relationship of career-related self-efficacy expectations to perceived career options in college women and men. *Journal of Counseling Psychology, 28*, 399-410.

Bolton. B., & Brookings J. (1998). Development of a measure of intrapersonal empowerment. *Rehabilitation Psychology, 43*(2), 3-21.

Cohen, B. Z. (1999). Intervention and supervision in strengths-based social work practice. *Families in society, 80*(5), 460-466.

Conger, J. A., & Kanungo, R. N. (1988). The empowerment process: Integrating theory and practice. *Academy of Management Review, 13*(3), 475, 471-482.

Coopersmith, S. (1967). *The Antecedents of Self-esteem*. W. H. Freeman.

Cox, K. F. (2006). Investigating the impact of strength-based assessment on youth with emotional or behavioral disorders. *Journal of Child and Family Studies, 15*(3), 287-301.

Csikszentmihalyi, M. 저(1997). 이희재 역(1999). **몰입의 즐거움**. 서울: 해냄.

De Jong, P., & Miller, S.D. (1995). How to interview for client strengths. *Social Work, 40*(6), 729-736.

Delgado, M., & Barton, K. (1998). Murals in latino communities: Social indicators of community strength. *Social Work, 43*(4), 346-356.

Early, T. J., & GlenMaye, L. F. (2000). Valuing families: Social Work Practice with Families from a Strengths Perspective. *Social Work, 45*(2), 118-130.

Florin, P., & Wandersman, A. (1990). An introduction to citizen participation, voluntary organizations and community development: Insights for empowerment through research. *American Journal of Community Psychology, 18*(1), 41-53.

Forrester, R. (2000). Empowerment: Rejuvenating a potent idea. *The Academy of Engagement Executive, 14*(3), 67-80.

Freire, P. (1970). *Pedagogy of the oppressed*. The Continue Publishing Corporation.

Ginzberg, E. (1951). *Career Maturity Inventory Theory to General Theory*. New York: Columbia University Press.

Gribbons, W. D., & Lohnes, P. R. (1964). Relationship among measures of readiness for vocational planning. *Journal of Counseling Psychology, 41*, 13-20.

Gutierrez, L. (1990), Working with women of color: An empowerment perspective. *Social work, 35*(2), 149-154.

Harren, V. A. (1979). A model of career decision-making for college students. *Journal of vocational behavior, 14*, 119-133.

Holyday, M., & Cronin, R. (1990). Families first: A significant step toward family preservation. *Families in Society*, 303-306.

Johnson, M. J., & Rhodes, R. (2000). Advancing a strengths perspective in the study of vulnerable populations: Seeing resilient victims in a context of adversity and oppression. *The Journal of Baccalaureate Social Work, 6*(1), 53-66.

Kaplan, L., & Girard, J. (1994). *Strengthening High-risk Families*. New York: Lexington Books.

Labonte, R. (1994). Health promotion and empowerment: Reflections on professional practice. *Health Education Quarterly, 21*(2), 253-268.

Lal. S., Saini, R. K., Khanna, P., & Malik, J. S. (1991). Empowerment you girls for health and development. *Indian Journal of Pediatrics, 58*, 357-362.

Lamb-Parker, F., LeBuffe, P., Powell, G., & Halpern, E. (2008). A strength-based, systemic mental health approach to support children's social and emotional development. *Infants and Young Children, 21*(1), 45-55.

Lazarus, A. A. (1971). *Behavior Therapy and Beyond*. New York: Mcgraw-Hill.

Lazzo, D. A. (1993). The relationship between undergraduates' locus of control and career development. *Journal of College Student Personal, 34*(3), 227.

Lee, J. (2001). *The Empowerment Approach to Social Work Practice*. New York: Columbia University Press.

Lent, R. W., & Hackett, G. (1987). Career self-efficacy: Empirical status and future directions. *Journal of Vocational Behavior, 30*, 347-382.

Lopez, S. J., & Snyder, C. R. (2003). 이희경 · 이영호 · 조성호 · 남종호 공역(2008). **긍정심리평가: 모델과 측정.**

Lyubomirsky, S. (2007). 오혜경 역(2008). **행복도 연습이 필요하다**. 서울: 지식노마드.

Musker, M., & Byrne, M. (1997). Applying empowerment in mental health practice. *Nursing Standard, 11*(31), 45–47.

Nabors, L. A., Weist, M. D., & Tashman, N. A. (1999). Focus group: A valuable tool for assessing male and female adolescent perceptions of school–based mental health service. *Journal of Gender, Culture and Health, 4*, 39–48.

Parsons R. (1999). Assess Helping Process And Client Outcomes in Empowerment Practice. In W. Shera, and L. M. Wells (Eds.), *Empowerment Practice in Social Work* (p.401). Canadian Scholars' Press Inc.

Poole, D. (1994). *Empowerment-oriented Social Work Practice with the Elderly*. Newbury Park, CA: Sage.

Rogers, C. R. (1961a). *On Becoming a Person*. Boston: Houghton Mifflin Company.

Rogers, C. R. (1970b). *Carl Rogers on Encounter Groups*. Harper & Row.

Schofield, R.(1998). Empowerment education for individuals with serious mental illness. *Journal of Psychosocial Nursing, 36*(11), 35–40.

Schonert–Reichl, K. A., & Muller, J. R. (1996). Correlates of help–seeking in adolescence. *Journal of Youth and Adolescence, 25*, 705–732.

Seligman, M. (2004). 김인자 역(2006). **긍정심리학: 진정한 행복 만들기**. 안양 물푸레.

Seligman, M. (2009), 우문식, 윤상운 역(2011). **플로리쉬**. 안양: 물푸레.

Seligman, M. E., & Csikszentmihalyi, M. (2000). Positive Psychology: An Introduction. *American Psychologist, 55*, 5–14.

Seligman, M. E. (2002). Positive Psychology, Positive Prevention, and Positive Therapy, In C. R. Snyder & S. J. Lopez(Eds.), *Handbook of Positive Psychology*(pp.3–9). New York: Oxford University Press.

Sherer, M., Maddux, J. E., Mercandants, B., Prentice–Dunn, S., & Jacobs, B. (1983). The self–efficacy scale: Construction and validation. *Psychological Reports, 51*, 663–671.

Souse, L., Ribeiro, C., & Rodrigues, S. (2006). Intervention with multi–problem poor clients: Towards a strengths–focused perspective. *Journal of Social Work Practice, 20*(2), 189–204.

Spreitzer, Gretchen, M. (1995). Psychological empowerment in the workplace: Dimensions, measurement, and validation. *Academy of Management Journal, 38*(5), 1442–1465.

Staples, H. (1990), Powerful Ideas about Empowerment. *Administration in Social Work, 14*(2), 29-42.

Super, D. E. (1953). A Theory of vocational development. *American Psychologist, 8*, 185-190.

Super, D. E. (1957). Applications of self-efficacy theory to the understanding and treatment of career indecision. *Journal of Vocational Behavior, 22*, 63-81.

Super, D. E. (1976). *Career Educational and the Meaning of Work Monographs on Career Education*. U. S. Office of Education.

Thomas, K. W., & Velthouse, B. A. (1990). Cognitive element of empowerment: An interpretive model of intrinsic task motivation. *Academy of Management Review, 15*(4), 666-681.

Tipton, R. M., & Worthington, E. L. (1984). The Measurement of generalized self- efficacy: A study of construct validity. *Journal of Personality Assessment, 48*, 545-548.

Wallerstein, N. (1992). Powerlessness, empowerment and health, implications for health promotion programs. *American Journal of Health Promotions, 6*, 197-205.

Wallerstein, N., & Bernstein E. (1988). Empowerment education: Freire's ideas adapted to health education. *Quarterly, 15*(4), 379-394.

Weick, A., Rapp, C., Sullivan, W., & Kisthardt, W. (1989). A strengths perspective for social work practice. *Social Work, 34*, 350-354.

Zimmerman et al. (1992). Self-motivating for academic attainment: The role of self-efficacy beliefs and personal goal setting. *American Educational Research Journal, 29*, 663-706.

Zimmerman M. A. (1990). Toward theory of learned hopefulness. *Journal of Research in Personality, 24*, 71-86.

Zimmerman M. A. (2000), Empowerment Theory: Psychological, Organization and Community Levels of Analysis. In J. Rappaport, and E. Seidman (Eds.), *Handbook of Community Psychology* (pp. 44-63).

■ 저자소개

곽미정	2013년 상명대학교에서 〈수도권 법인 및 개인 장기요양시설 요양보호사의 직무만족 및 서비스 질 영향요인 연구〉로 행정학 박사학위(2013)를 취득하고, 현재 김포대학교 사회복지과 교수로 재직 중이다. 주요 관심분야는 사회복지실천, 행정 및 정책 분야이며 주요 논문으로는 "청소년 임파워먼트 프로그램의 효과성분석"(2014)등 다수가 있으며, 저서로는 노인복지론, 사회복지프로그램 개발과 평가 등이 있다. 그 밖에 사단법인 사회복지개발원의 수석연구자문위원으로 있다.
정명희	평택대학교 사회복지학 박사, 현재 중원대학교 사회복지학과 교수로 재직 중이며, 주요 관심분야는 다문화사회복지 및 사회복지실천의 사례관리 등이며, 주요 활동으로는 안양시비산종합사회복지관장, 한국다문화총연합회(KMC) 사무총장, 한국사회공헌학회장, 한국가족복지학회 이사, 한국케어매니저먼트학회 이사를 역임하였고, 저서로는 다문화사회의 이해와 복지, 지역사회복지론, 정신건강론 등 다수의 저서와 논문이 있다.
홍희석	숭실대학교에서 2007년 사회복지학 석사학위를 취득하고 현재 김포대학교 교수로 재직 중이며, 사회복지공동모금회 평가지원단으로 활동하고 있다. 주요 관심분야는 사회복지행정이며, 주요 활동으로는 사회복무요원교재(2008)와 지역아동센터교육 매뉴얼개발(2010)을 하였다. 1998년부터 사회복지실천현장에서 노인복지, 지역복지 분야에서 활동하였고, 2010년 사회복지유공자로 장관상을 수상하였다.
김재원	단국대학교에서 〈국민연금 장기재정 예측 시뮬레이션 연구〉로 행정학(복지행정)박사학위를 취득하고, 현재 서정대학교 상담아동청소년과 교수로 재직 중이다. 주요 관심분야는 청소년복지이며, 주요 논문으로는 청소년교육복지 다각화 및 활성화방안(2017)등 다수이며, 저서로는 청소년지도방법론, 청소년문화론, 가족복지, 인간행동과 사회환경 등 다수가 있다.
손혜신	대구대학교에서 〈청소년 생활환경에 따른 학교사회복지서비스 욕구에 관한 연구〉로 사회복지학 석사학위(2003)를 취득하고, 숙명여자대학교 대학원에서 교육공학을 전공하였으며, 현재 대경대학교 사회복지과 교수로 재직 중이다. 주요 관심분야는 청소년 지도방법 및 프로그램 개발 분야이며, 주요 저서는 인성과 직업윤리. 청소년활동론 등이 있다. 그 밖에 EBS 아동. 청소년 심리검사 전문컨설턴트를 지낸 바 있다.
신용식	명지대학교 대학원 행정학과에서 〈발전행정의 정체성 재정립에 관한 연구〉로 행정학박사학위(2004)를 취득하고, 명지대, 서울시립대, 중앙대, 숭실대, 광운대, 국민대 등에서 시간강사를 하였고, 현재 경동대학교 사회복지학과 교수로 재직하고 있다. 주요 관심분야는 사회복지행정 및 사회복지정책, 청소년활동, 청소년육성제도 등 청소년복지 분야이며, 주요 논문으로는 사회적 자본 형성을 위한 청소년 단체활동의 강화방안(2013), 절대빈곤정책의 실효성 고찰(2016) 등 다수가 있으며, 저서로는 청소년활동론, 청소년정책 및 육성제도론, 청소년지도방법론 등이 있다.
이창수	청소년학, 행정학, 사회학, 사회복지학 등을 공부하고 대구대학교에서 "도·농 지역사회 단위 교류 활성화 방안에 관한 연구"로 행정학 박사 학위를 취득하였으며, 현재 대덕대학교 사회복지과 교수로 재직 중이다. 주요 관심분야는 지역사회복지, 청소년 지도 분야이며, 주요 논문으로는 지역사회복지관의 청소년 프로그램 연구 등 다수가 있으며, 저서로는 청소년복지론, 지역사회복지론 등 다수가 있다. 그 밖에 청소년지도사, 청소년상담사, 평생교육사자격증과 사단법인 청소년지도연구원의 임원, 청소년보호지도학회 학술이사 등이 있다.
전대성	서울대학교 대학원 도시 및 지역계획 석사, 명지대학교에서 사회복지학 석사를 취득하고 단국대학교에서 행정학박사를 취득하였다. 현재 경북전문대학교 사회복지학과장으로 재직 중이며, 관심 분야로는 정신건강, 사회복지실천, 인간행동과 사회환경, 노인복지 분야이며, 주요 저서로는 사회복지법제론, 정신건강론, 아동생활지도 등 다수의 저서가 있다.

청소년 프로그램 개발과 평가

1판 1쇄 인쇄 — 2018년 3월 2일
1판 1쇄 발행 — 2018년 3월 5일

저 자 - 곽미정 정명희 홍희석 김재원
손혜신 신용식 이창수 전대성
발 행 인 - 강 철 원
발 행 처 - 양 성 원
주 소 - 경기도 파주시 검산로 173번길 29-20
전 화 - 031-946-3861(代)
팩 스 - 031-946-3864
이 메 일 - tnwpub@naver.com
홈페이지 - tnwpub.co.kr
출판등록 - 2015년 8월 31일 제 2015-000211 호

ISBN 979-11-6126-104-1

정가 19,000원